Dietmar Grieser, geboren 1934 in Hannover, lebt seit 1957 in Wien.

In diesem Buch erweist sich der Bestsellerautor Dietmar Grieser erneut als Literaturdetektiv der Sonderklasse. Auf seinen Streifzügen durch zwölf Länder ist es ihm gelungen, die realen Vorbilder berühmter literarischer wie musikalischer Figuren aufzuspüren und auszuforschen. Wer steckt hinter Fausts Gretchen, hinter Thomas Manns Tadzio, hinter Fontanes Effi Briest? Wer sind die Personen, die für Wedekinds *Liebestrank*, Hofmannsthals *Der Schwierige* oder Becketts *Warten auf Godot* Modell gestanden haben? Welche wirklichen Person wurden in den Sarastro der Mozartschen *Zauberflöte* oder in Puccinis *Madame Butterfly* verwandelt? Wer gern einen Blick hinter die Kulissen wirft, wird in Dietmar Griesers Buch eine faszinierende Lektüre finden.

Von Dietmar Grieser ist im Insel Verlag unter anderem erschienen: *Alle Wege führen nach Wien*. Abenteuer eines Literaturtouristen; *Schauplätze der Literatur*. Vom Zauberberg zur Strudlhofstiege. *Pinocchio, Pumuckl und Peter Pan*. Kinderbuchfiguren und ihre Vorbilder.

insel taschenbuch 2938
Dietmar Grieser
Sie haben wirklich gelebt

Dietmar Grieser
Sie haben wirklich gelebt

Literarische Figuren
und ihre Vorbilder
Mit zahlreichen Abbildungen

Insel Verlag

insel taschenbuch 2938
Erste Auflage 2003
Insel Verlag Frankfurt am Main und Leipzig

Hinweise zu dieser Ausgabe am Schluß des Bandes
Vertrieb durch den Suhrkamp Taschenbuch Verlag
Druck: Memminger MedienCentrum AG
Printed in Germany
ISBN 3-458-34638-4

1 2 3 4 5 6 – 08 07 06 05 04 03

INHALT

Für Elfriede

Die Nachwelt wird auf dich als auf ein Muster sehen.

EWALD VON KLEIST

Zu allen Zeiten haben sich die Schriftsteller Modelle aus dem Leben geholt.

JAKOB WASSERMANN

Der Dichter hat aus einer Privatangelegenheit eine Sache der Menschheit zu machen.

EGON FRIEDELL

Das Schriftstellerdasein ist auch dadurch abenteuerlich, daß einem viel und ganz Unvorhersehbares ins Haus kommt.

MARTIN WALSER

Was da, Identität! Will er mich wohl mit seinen Identitäten in Frieden lassen?

THOMAS MANN

VORWORT

»Ich habe es mir einfach nicht träumen lassen …«

»Der Kellner des Gasthofes ›Zum Elephanten‹ in Weimar, Mager, ein gebildeter Mann, hatte an einem fast noch sommerlichen Tage ziemlich tief im September des Jahres 1816 ein bewegendes, freudig verwirrendes Erlebnis.« Nach 44 Jahren strikter Absenz war »die Hofräthin Witwe Charlotte Kestner, geb. Buff«, Goethes Wetzlarer Jugendschwarm und »Modell« der Werther-Lotte, der Versuchung erlegen (Stefan Zweig nennt es eine »süße Torheit«), den Theseus ihrer Mädchenjahre wiederzusehen: »Lotte in Weimar«. Thomas Mann wird 1939 dem »wahrhaft buchenswerten Ereignis« einen seiner vergnüglichsten Romane abgewinnen.

Dem Kellner Mager, ein »Mann von Kopf«, eine »von jung auf literärische Seele, wohlbelesen und citatenfest«, den die unverhoffte Konfrontation mit dem »geheiligten Wesen« gänzlich aus der Fassung bringt, räumt der Dichter fast das gesamte erste Kapitel ein. »Das Haus hat also die Ehre und die unschätzbare Auszeichnung, die wahre und wirkliche, das Urbild, wenn ich mich so ausdrücken darf –«, stammelt der vor Ehrfurcht Erschauernde und unternimmt alles, die Formalitäten der Ankunft künstlich in die Länge zu ziehen, um der »Begegnung mit einer vom Schimmer der Poesie umflossenen Persönlichkeit« das Äußerste abzugewinnen, »die hier waltende Identität und die sich eröffnende Perspective« auszukosten: »Es ist nicht gemeine und unstatthafte Neugier.«

Was also ist es dann?

»Es ist einem beschieden, an der Quelle selbst – man muß es wahrnehmen, man darf es nicht ungenützt –«: Wieder geraten ihm im Taumel der Erregung die Worte außer Kontrolle: »Ich habe es mir einfach nicht träumen lassen.«

Eine lächerliche Figur, dieses Faktotum Mager – auf einer Stufe stehend mit Klatschmaul, Promi-Groupie und Autogrammsammler?

Wohl kaum. Hat es der Thomas-Mann-Leser denn nicht immerhin mit einem Mann zu tun, der auf präzise Kenntnis jenes Werkes verweisen kann, dessen »weltberühmte und unsterbliche Heldin« ihm nun »in voller Leiblichkeit« gegenübersteht? Wie oft haben er und »Madame Mager« sich »bei der Abendkerze mit zerflossenen Seelen über die himmlischen Blätter gebückt«!

Man wird ihn also lediglich in seinem unbändigen Gleichsetzungsdrang bremsen müssen: »Mein lieber Herr Mager, Sie übertreiben gewaltig, wenn Sie mich oder auch nur das junge Ding, das ich einmal war, einfach mit der Heldin jenes vielbeschrienen Büchleins verwechseln.«

Dann aber wird man wohl einräumen dürfen: Es hat schon seinen besonderen Reiz, den Blick auf das reale Alter ego einer literarischen Figur zu richten – was immer von jenem in diese eingeflossen sein mag: ein paar flüchtige Züge nur oder aber der ganze Mensch. Alles ist möglich: vom zarten Farbtupfen bis zur vollkommenen Abbildung, von der behutsamen Verfremdung bis zur radikalen Umformung, von der Kunstfigur bis zum Prototyp. Im Umgang mit dem der Wirklichkeit abgewonnenen Rohmaterial hat der Dichter freie Hand. Ob man ihm dabei über die Schulter blicken darf?

Verlockend ist es allemal: Wie war das doch gleich mit

der »echten« Effi Briest? Wer verbirgt sich hinter Ibsens Hedda Gabler, hinter Schnitzlers Leutnant Gustl, hinter Brechts Puntila? Wie kamen Scholem Alejchem zu seinem Milchmann Tewje, Franz Werfel zu seiner Teta Linek, Heinrich Mann zu seinem »Blauen Engel«? Und überhaupt: Was sind das für Menschen, die in die Literatur eingehen – Auserwählte? Oder aber Durchschnitt: Leute wie du und ich? Tun sie selber etwas dazu, oder passiert »es« einfach? Und wie wirkt »es« auf sie zurück? Zahlt ihnen der Schriftstellerverband eine Leibrente, gehen sie fortan stolzerhobenen Hauptes durchs Leben oder im Gegenteil aufs schwerste verunsichert – wie Schlemihl, dem sein Schatten abhanden gekommen ist?

Thomas Manns Tadzio – ist er nicht einem Knaben nachgezeichnet, dem der Dichter in jungen Jahren tatsächlich am Lido von Venedig begegnet ist? Wie wär's, man nähme seine Spur auf? Die Lara aus Boris Pasternaks »Doktor Schiwago« – auch da hat man irgendwann von persönlichen Nahverhältnissen gehört. Und der verkrüppelte Bettler Porgy aus den Slums von Charleston – richtig: Sogar er hat leibhaftig gelebt. Auf nach Amerika!

In keinem Adreßbuch der Welt wird man die Namen Sarastro oder Madame Butterfly finden. Nachreisen kann man ihnen trotzdem. In Brechts »Hauspostille« steht eines der seltsamsten Liebesgedichte deutscher Sprache: »Erinnerung an die Marie A.« Die Dame ist kein Phantom. Nur klammern Sie sich nicht an das A – die Augsburger Jugendliebe des Dichters hat in späteren Jahren einen anderen geheiratet. Hinter Nathan dem Weisen lugt der mit Lessing befreundete Philosoph Moses Mendelssohn hervor; die Titelfigur aus Joseph Conrads Roman »Almayers Wahn« ist einem niederländischen Handelsmann namens William

Charles Olmeyer abgeschaut, der dem Autor 1887 in Borneo über den Weg gelaufen ist. Und dem Münchner Kaufmannssohn Maximilian Kronberger setzt Stefan George mit der zum Gott erhobenen Gestalt des Maximin ein bleibendes Denkmal.

Kein Berufsstand, der von den höheren Weihen literarischer Verewigung ausgeschlossen bliebe: Als Wilhelm Busch seine »Fromme Helene« kreiert, gehen seine Gedanken zurück zu jener Marie Euler, die ihm in seinen Frankfurter Jahren 1869-1872 den Haushalt besorgt hat. In die Figur des Schwejk fließen mancherlei Züge des Prager Offiziersburschen Strašlipka ein, der demselben 91. Infanterieregiment angehört, in dem auch Autor Jaroslav Hašek seinen Militärdienst ableistet. Und das Mädchen Piroschka, das in Hugo Hartungs Nachkriegsbestseller dem deutschen Austauschstudenten Andreas den Kopf verdreht, hat sogar in Wien Spuren hinterlassen: In der Rodauner Klosterschule Santa Christiana hat Katalin Késöi aus Hódmezövásárhely ihr amüsantes Ungarndeutsch gelernt. In der Gruft des zum Hospital umgewandelten Schlosses im böhmischen Kuks sind die sterblichen Überreste jenes Reitergenerals Spork beigesetzt, den Rilke in der »Weise von Liebe und Tod des Cornets Christoph Rilke« aufleben läßt, und der Pariser Prominentenfriedhof Père Lachaise hat seinen Namen von jenem Beichtvater Ludwigs XIV., den Molière in der Gestalt des Lüstlings Tartuffe auf die Bühne bringt.

Eine Zeitungsnotiz gibt Gustave Flaubert den Anstoß zu seinem Roman »Madame Bovary«: Es ist die Nachricht vom Selbstmord einer gewissen Delphine Delamare, Gattin eines Landarztes aus der Gegend um Rouen, die aus Langeweile zur Ehebrecherin wird, sich in Schulden stürzt und schließlich keinen anderen Ausweg sieht, als den Giftbe-

Christian Voigt, Urbild des Sexualmörders Moosbrugger aus Robert Musils Roman »Der Mann ohne Eigenschaften«

cher zu leeren. Doch was macht der Dichter nicht aus dem banalen »sujet terre-à-terre«! So sehr geht er in dem Stoff auf, daß er bei Abschluß seiner Arbeit, nach der »wahren« Emma Bovary gefragt, ohne jedes falsche Pathos antworten kann: »C'est moi.« Modell und Autor werden eins.

Ähnlichen Ursprungs ist die Fabel von Heinrich Manns »Professor Unrat«; in seiner Autobiographie »Ein Zeitalter wird besichtigt« gibt der Dichter bereitwillig zu Protokoll, wie er 1904 während eines Aufenthaltes in Florenz einer

Vorstellung im ›Teatro Alfieri‹ beiwohnt und in der Pause eine Zeitung kauft: »Darin las ich die Geschichte, die dereinst ›Der blaue Engel‹ heißen sollte ... In meinem Kopf lief der Roman ab – so schnell, daß ich nicht einmal bis ins Theatercafé gelangt wäre. Ich blieb versteinert sitzen, bemerkte dann, daß der Vorhang wieder offen war, und so viel Beifall aus dankbarem Herzen hat nicht oft ein Schauspiel von einem einzelnen Gast erhalten.«

Auch Robert Musil schöpft aus der Tagespresse: Die Berichte über den Zimmermann Christian Voigt, der 1910 im Wiener Prater eine Prostituierte umbringt, zu lebenslänglichem Kerker verurteilt wird und im Gefängnis von Garsten seine Strafe absitzt, liefern dem Dichter die Konturen für die Figur des Sexualmörders Moosbrugger im »Mann ohne Eigenschaften«. Und der Lyriker Theodor Kramer verwertet die makabre Zeitungsmeldung von dem Burschen, der den Leichnam seines Vaters beiseite schafft, in seinem Zimmer einschließt und auf Eis legt, um die Rente des Verblichenen zu kassieren, zu der Ballade »John Holmes«.

Einer, der bei der »Materialbeschaffung« ganz seinem Glück vertraut, ist James Joyce: Es werde schon auf ihn zukommen, was er brauche. Als ihn für eine Weile eine Arbeitsflaute lahmlegt, reist der Dichter nach Locarno und macht dort die Bekanntschaft einer reichlich abenteuerlichen Dame, die ihn auf »ihre« Insel im Lago Maggiore einlädt. Zwei Monate später sitzt er wieder über dem Manuskript des »Ulysses«: Das Circe-Kapitel beginnt Gestalt anzunehmen ...

Die Frage nach dem »Who is who?«, für die einen unstatthafte Neugier und somit verächtlich, für die anderen aufschlußreiche biographische Fußnote und somit legitimer Teil der Datensammlung, wird gestellt, seitdem es fiktive Literatur gibt und Menschen, die sie lesen. Manches davon ist gängiges Lexikonwissen: Hinter Hölderlins Diotima darf man Susette Gontard, die Mutter seiner Frankfurter Zöglinge, vermuten; in der Beatrice der »Divina Commedia« spiegelt sich Dantes florentinische Jugendliebe; von einem Türknauf im alten Bamberg läßt sich E.T.A. Hoffmann zur Märchenfigur des »Apfelweibes« inspirieren. Friedrich de la Motte-Fouqué begegnet als Besatzungsoffizier in der Weserstadt Minden der fünfzehnjährigen Elisabeth von Breidenbauch: Urbild seiner »Undine«; die Kellnerin jener Weinwirtschaft, mit der Schiller während seiner Dresdner Zeit anbandelt, kehrt in »Wallenstein« als »Gustel von Blasewitz« wieder; und daß Lessing seinem Freund Ewald von Kleist, fünf Jahre nach dessen Tod, mit dem Major Tellheim in »Minna von Barnhelm« ein Denkmal setzt, hat für den in die Angelegenheit eingeweihten Verleger Friedrich Nicolai sogar eine »ganz besondere Rührung«.

Nicht immer machen es die Dichter, die sich bezüglich der »Herkunft« ihrer Figuren in der Regel bedeckt halten, den Spurensuchern so leicht wie Arthur Schnitzler: Als der Zweiundvierzigjährige, von einem spektakulären Suizidfall im damaligen Wien aufgeschreckt, sein Schlüsselstück »Das Wort« zu Papier bringt, sind die meisten der handelnden Personen noch am Leben. Um sie zu »schonen«, gilt es also einen Dreh zu finden, die wahren Zusammenhänge zu verschleiern. Bei den Namen fängt's an: Peter Altenberg wird einfach auf den Kopf gestellt, aus »alt« wird »neu«, aus »Berg« wird »Hof«. Aber auch »Neuenhof« ist dem Dichter noch immer zu deutlich, zu platt. Es wird also weitergedrechselt. Bis er schließlich bei »Treuenhof« landet. Anastasius Treuenhof.

Aus dem Erfinder Robert Fulton, der mit dem um 1800 von ihm konstruierten Unterseeboot Nautilus in die Geschichte der Kriegstechnik eingeht, formt Jules Verne in seiner Romanutopie »20 000 Meilen unter Meer« die Gestalt des Kapitäns Nemo, aus dem westfälischen Pfandleiher Soistmann Berend wird in Annette von Droste-Hülshoffs Novelle »Die Judenbuche« der Jude Aaron, aus dem nach Amerika ausgewanderten Wiener Bildhauer Karl Bitter in Gerhart Hauptmanns Roman »Atlantis« die Nebenfigur des Bonifazius Ritter. Auch Ernst Toller schöpft aus der eigenen Erlebniswirklichkeit: Hinter Sonja L., der Protagonistin seines Dramas »Masse Mensch«, versteckt sich die Frau eines namhaften Münchner Gelehrten, die sich 1918 tatsächlich mit einer Gruppe revolutionärer Arbeiter solidarisiert und dafür ihr Eheglück opfert.

Als im Oktober 1960 im Londoner Old Bailey der Lady-Chatterley-Prozeß abrollt, scheut der Vertreter der Anklage nicht davor zurück, die Titelfigur des inkriminierten Romans mit Frieda von Richthofen, der Gattin des Verfassers, gleichzusetzen. Die Folge: Frau von Richthofens Biograph Robert Lucas läßt die Lebensgeschichte des Lady-Chatterley-Urbildes mit dem Seufzer enden: »Arme Frieda! Vier Jahre nach ihrem Tod saß man über sie zu Gericht ...«

Auch von Fällen, wo sich das »Modell« (oder dessen Nachfahren) offen mit der Nobilität literarischer Verewigung brüsten, weiß man: Wenn der Bredstedter Advokat Heinrich Momsen die Kupferstiche aus dem ererbten Familienbesitz abstaubt, tut er es im stolzen Bewußtsein, der Ururenkel jenes »nordfriesischen Kopernikus« Hans Momsen zu sein, der Theodor Storms Schimmelreiter Hauke Haien zum Verwechseln ähnlich sieht; die spanische Bürgerkriegskämpferin Dolores Ibárruri läßt es sich gern gefal-

Frieda von Richthofen, Gattin des englischen Romanautors D. H. Lawrence und Urbild der »Lady Chatterley«

len, in Hemingways Roman »Wem die Stunde schlägt« als Partisanin Pilar verherrlicht worden zu sein; die Berliner Dichtermuse Lisa Matthias plärrt, als sie sich dazu entschließt, ihre Memoiren zu schreiben, 325 Buchseiten lang »Ich war Tucholskys Lottchen«; begierig stürzen sich die Medien auf den englischen Bautechniker Ian Potter, nachdem Joanne Rowling ihren Spielkameraden aus Kindertagen in einem Interview als den »originalen« Harry Potter geoutet hat; und in der »Bassa« zwischen Po und Appenin, wo Giovannino Guareschi seine berühmten Schelmenromane spielen läßt, setzt alsbald ein heftiger Wettstreit unter den Dörfern der Region ein: Jedes will, als es um die Identifizierung des »echten« Don Camillo geht, den streitbaren Pfarrer für sich reklamieren ... Nur die Frankfurter Bankiersgattin Marianne Willemer, die als Suleika in den »Westöstlichen Diwan« eingegangen ist, lüftet erst lange nach Goethes Tod das Geheimnis ihres Beitrags zur Weltliteratur.

Ganz anders Arnold Schönberg: Höchst unwirsch reagiert er auf die Entdeckung, im »Doktor Faustus« als Vorlage für den wahnsinnigen Komponisten Adrian Leverkühn »benützt« worden zu sein: Als er in einem Supermarkt seines Exilsitzes Pacific Palisades zufällig der Thomas-Mann-Vertrauten Marta Feuchtwanger begegnet, ruft er ihr grimmig nach: »Aber Syphilis hab ich nicht!« Heinrich Böll, sowieso allergisch gegen jeden Versuch, die Begriffe »fiktiv« und »dokumentarisch« gegeneinander auszuspielen, wehrt nach dem Erscheinen des Romans »Gruppenbild mit Dame« alle Fragen nach der Identität seiner Leni mit der lakonischen Auskunft ab: »Sie ist zusammengesetzt aus meiner Erfahrung mit Frauen in Krieg und Frieden.« Und Françoise Sagan, ihrerseits von »Aufdeckern« bedrängt, gibt sich blasiert: »Leute, die mir bereits bekannt sind, in meinen Romanen unterzubringen würde mich zu Tode langweilen.«

Sie tut gut daran, denn das freimütige Eingeständnis des Schriftstellers, auf nachprüfbare Realien zurückgegriffen zu haben, birgt auch mancherlei Gefahren in sich. Der Bankier Stephan Jakobowicz, dem Franz Werfel die Fabel seiner Emigrantenkomödie »Jacobowsky und der Oberst« verdankte, erhob allen Ernstes den Anspruch, an den Tantiemen des Autors beteiligt zu werden, und um den »Onkel Franz« aus Thomas Bernhards Roman »Die Ursache« wurde monatelang prozessiert. Alphonse Daudet sah sich gezwungen, seinen »Barbarin de Tarascon« mit Rücksicht auf eine ortsansässige Familie gleichen Namens in einen »Tartarin« umzutaufen – so, wie sich ein Jahrhundert später Tennessee Williams von der Heldin seines Schauspiels »Süßer Vogel Jugend« trennen mußte: Das »Original«, die mit ihm persönlich bekannte Tochter eines griechischen Diplomaten, verlangte 50000 Dollar Schmerzensgeld. Anders Max Frisch: Als er sich nach der Uraufführung seines Schauspiels »Graf Öderland« über manche allzu aktuelle Deutung ärgern mußte, sperrte er den vorliegenden Text für sämtliche Bühnen und entschloß sich zu einer Neufassung.

Die Grenze des Zulässigen ist dort überschritten, wo der Spurensucher leer ausgeht, sich jedoch darüber hinweggesetzt und sich kurzerhand seine eigene Wirklichkeit zurechtzimmert: Edmond Dantès, Alexandre Dumas' »Graf von Monte Christo«, ist eine durch und durch erfundene Figur – ohne jede Anleihe aus der Wirklichkeit. Der Tourist, der nach Marseille kommt und sich zum Château d'If, dem Schauplatz des Romans, übersetzen läßt, wird gleichwohl in »seine« Kerkerzelle geführt.

Ja, es sind Fälle bekannt, wo sogar der Autor selber beim Phantomspiel kräftig mitmischt. Vier Jahre nach Erscheinen des »Baal« schreibt Brecht eine Art Nachwort, in dem er sich über den Ursprung seiner Figur ausläßt: »Es war ein gewisser Josef K., von dem mir Leute erzählt hatten, die sich sowohl an seine Person als auch an das Aufsehen, das er seinerzeit erregt hat, deutlich erinnern konnten. K. war das uneheliche Kind einer Waschfrau. Er geriet früh in üblen Ruf. Verschiedene dunkle Fälle, zum Beispiel der Selbstmord eines jungen Mädchens, wurden auf sein Konto gesetzt.«

Brecht-Forscher haben sich der Mühe unterzogen, anhand der Augsburger Kriminalakten dem »wirklichen« Baal nachzuspüren. Es ist ihnen nicht gelungen. Inzwischen weiß man auch wieso: weil es diesen Tunichtgut Josef K. niemals gegeben, weil der Dichter die ganze Sache fingiert hat. Welches Interesse er an dieser quasi-historischen »Beglaubigung« haben mochte? Ganz einfach: Ohne realen Hintergrund, so mutmaßte Brecht, könnte sich der »große Baal« zum unverbindlichen Mythos verflüchtigen, das wollte er verhindern, und deshalb das unecht-echte Modell.

Auch das also gibt es.

Der Systematiker, der einmal den »Gotha« der literarischen Figuren zusammentragen und zum Lexikon bündeln wird, hat ein hartes Stück Arbeit vor sich: Sein Terrain ist unabsehbar weit – von der Helene Alving bis zum Großen Gatsby, von Forsyte bis Karamasow, vom Nymphchen Lolita bis zur Irren von Chaillot. Einigen wenigen unter ihnen bin ich gefolgt, lebenden wie toten. Einigen schon vor vielen Jahren, anderen in allerjüngster Zeit. Manchen aus bloßer Neugier, manchen aus alter Anhänglichkeit, manchen – gleich Mager, dem Kellner des Gasthofes ›Zum Elephanten‹ in Weimar – im Überschwang des Entdeckerglücks: »Ich habe es mir einfach nicht träumen lassen.« Träumen Sie mit!

Rouge et blanc

ALEXANDRE DUMAS
Die Kameliendame

Acht Minuten Fußweg trennen sie voneinander: Ihr Grab liegt in Gruppe 15, seines in Gruppe 21. Die Kameliendame und ihr Dichter. Friedhof Montmartre, Paris.

Parallele und Kontrast halten einander die Waage: Beide vom selben Jahrgang 1824, erreicht Alexandre Dumas ein Alter von 71, Alphonsine Plessis stirbt mit 23. Pompe funèbre hier, schlichte Ornamentik dort: Die Skulptur der Poetengruft zeigt den Verblichenen in voller Mannesgröße, den Gedenkstein der Kurtisane schmückt eine Kamelienblüte aus Porzellan.

Rose-Alphonsine Plessis, die sich in späteren Jahren Marie Duplessis nennen und nach ihrem Tod als Marguérite Gautier beziehungsweise Violetta Valéry in die Roman-, Theater-, Opern- und Filmliteratur eingehen wird, kommt 1824 in einem kleinen Dorf in der Normandie zur Welt. Von der Mutter weiß man so gut wie nichts; der Vater, von Beruf Kesselflicker, ist ein schwerer Alkoholiker. Noch im Kindesalter von einem Landarbeiter aus der Gegend entjungfert, folgt die Minderjährige einem Mann, der dem Alter nach ihr Vater sein könnte, nach Paris, wo sie sehr bald dahinterkommt, daß man sich als Liebesdienerin leichter durchs Leben bringt als mit einer schlechtbezahlten Stelle als Korsettmacherin. Vor allem wenn man, was die Freier betrifft, wählerisch und nur zahlungskräftigen Männern von Stand zu Willen ist.

Mit der Zeit pendelt es sich bei einer Zahl von sieben

Verehrern mit festem Wochenplan ein: Jedem von ihnen bleibt »sein« Tag reserviert – ein präzis funktionierendes Syndikat der Lust. Auch der bejahrte Graf Stackelberg, in seiner aktiven Zeit Gesandter der russischen Botschaft in Paris, muß zur Kenntnis nehmen, daß all die üppigen Geschenke, mit denen er seinen Schützling überschüttet, nicht dazu ausreichen, sie von der »Konkurrenz« fernzuhalten.

Von Alphonsines frappanter Ähnlichkeit mit seiner frühverstorbenen Tochter fasziniert, will er die Zwanzigjährige von ihrem lasterhaften Lebenswandel befreien und zur Monogamie überreden – da tritt abermals ein neuer Galan auf den Plan. Diesmal handelt es sich um einen Gleichaltrigen: Alexandre Dumas ist – so wie sie – gerade zwanzig geworden. Sohn des Roman- und Theaterschriftstellers gleichen Namens, der mit Werken wie »Die drei Musketiere«, »Das Halsband der Königin« und »Der Graf von Monte Christo« zur ersten Garnitur unter Frankreichs Autoren der Zeit zählt, hat der Filius seine Karriere noch *vor* sich,

Rose-Alphonsine Plessis, Urbild der Violetta Valéry aus Alexandre Dumas' Roman »Die Kameliendame«

sammelt erste Erfahrungen in den literarischen Salons der Hauptstadt, bereist zwischendurch Spanien und Nordafrika, stürzt sich ins Pariser Theaterleben. Und dort, in einer der Proszeniumslogen des »Théâtre des Variétés«, lernt er im Spätherbst 1844 die bildhübsche Alphonsine kennen und spannt sie ihrem betagten Begleiter aus. Es ist ebenjener Graf Stackelberg, der ihr kurz zuvor noch eine Luxuswohnung am Boulevard de la Madeleine eingerichtet sowie eine eigene Karosse und zwei Rassepferde zum Geschenk gemacht hat.

Dumas zieht mit seiner Geliebten aufs Land, die Schwindsüchtige braucht unbedingt frische Luft. Doch auch diese Verbindung ist nicht von Dauer: Nach nur einem Jahr – Trennungsgrund: Eifersucht – gehen die beiden auseinander, Alphonsine (die sich mittlerweile, eine adelige Herkunft vortäuschend, Duplessis nennt) fällt wieder in ihr gewohntes Mätressendasein zurück. Die Dichter Alfred de Musset und Eugène Sue erfreuen sich ihrer Gunst ebenso wie der Klaviervirtuose und Komponist Franz Liszt, der sich gerade von der Mutter seiner drei Kinder, der Gräfin Marie Cathérine d'Agoult, losgesagt hat. Die schnöde Verlassene, deren jüngere Tochter Cosima später Richard Wagners Frau werden wird, rächt sich an dem untreuen Liszt, indem sie – unter dem männlichen Pseudonym Daniel Stern – einen Roman herausbringt, der deutlich autobiographische Züge trägt.

Alphonsine schert dies alles wenig, in ihrem Salon herrscht ein ständiges Kommen und Gehen, vielleicht ahnt die immer wieder von Schwächeanfällen Heimgesuchte, daß ihre Tage gezählt sind. Apropos Tage: Zu ihrem zweifelhaften Ruhm trägt unter anderem auch jener delikate Tick bei, sich stets eine frische Kamelienblüte ans Dekolleté zu heften – an 25 Tagen im Monat eine weiße, an den restlichen fünf eine rote. Ihre Liebhaber sollen wissen, woran sie mit ihr sind – ein ebenso poetisches wie drastisches Signal. Madame Barjon, die Blumenhändlerin in der Rue de la Paix Nr. 14, hat für ihre Stammkundin stets das Gewünschte auf Lager.

Am 5. Februar 1847, nicht einmal 23 Jahre alt, stirbt Alphonsine Plessis in ihrem Liebesnest am Boulevard de la Madeleine Nr. 11; es handelt sich um dasselbe Haus, das auch für Genüsse anderer Art berühmt ist: In den unteren Stockwerken stellt die Schokoladefabrik »Zur Marquise de Sévigné« ihre Spezialitäten her.

Ob unter den Verehrern, die Alphonsine Plessis auf ihrem letzten Weg das Geleit geben und ihrer Bestattung auf dem Friedhof Montmartre beiwohnen, auch Alexandre Dumas ist, wissen wir nicht. Auf jeden Fall wäre er für sein Fernbleiben entschuldigt, denn Dumas tut ungleich mehr als all die anderen, die ihrem Sarg nur ein Schäufelchen Erde nachwerfen: Er macht sie unsterblich, indem er sich noch in ihrem Todesjahr an den Schreibtisch setzt und ihrem Andenken mit einem Roman huldigt, der zu einem der größten Publikumserfolge des 19. Jahrhunderts werden wird: »La Dame aux Camélias«. Es ist die nur mäßig verschleierte Geschichte der lungenkranken Marguérite Gautier, die aus Liebe zu dem sie umwerbenden Gesellschaftstiger Armand Duval ihren bisherigen Lebenswandel aufgibt, jedoch von dessen Vater bedrängt wird, mit Rücksicht auf den guten Ruf der Familie den Sohn »freizugeben«, daraufhin wieder in ihr früheres Milieu zurückkehrt und den verzweifelt Fallengelassenen erst auf dem Sterbelager über ihr heroisches Liebesopfer aufklärt.

Dumas legt seinen Roman nicht als schlüpfrig-schwüle

»chronique scandaleuse« an, sondern entscheidet sich für ein Sittenbild mit sozialkritischem Einschlag, das bei aller Melodramatik der Handlung auf eine flammende Verteidigung des neuen Typus »ehrbare Dirne« hinausläuft: Seine Sympathie gilt nicht der verlogen-dünkelhaften »guten Gesellschaft« (der er selber angehört), sondern der sich selbstlos aufopfernden Liebenden aus der »demi monde« (ein Begriff, den Dumas als erster in die Literatur einführt).

Armand Duval – das ist niemand anderer als er selbst, hinter Marguérite Gautier verbirgt sich seine Kurzzeitgeliebte Mademoiselle Plessis, und das Boudoir in der Rue d'Antin Nr. 6, mit dessen Schilderung die Romanhandlung einsetzt, ist mit Alphonsines Wohnung am Boulevard de la Madeleine identisch. Für die Versteigerung ihres Nachlasses gibt es übrigens einen prominenten Zeugen: Alexandre Dumas' dreizehn Jahre älterer englischer Kollege Charles Dickens, der seine Arbeit am »David Copperfield« unterbrochen hat, um in Paris frische Kraft zu tanken, befindet sich, auf das spektakuläre Ereignis aufmerksam geworden, unter den Zaungästen der denkwürdigen Auktion.

Die französische Erstausgabe des Romans umfaßt zwei Bände und erscheint 1848, also nur wenige Monate nach dem Tod der Protagonistin; zwei Jahre darauf folgt in einem Wiener Verlag die deutsche Übersetzung – zunächst noch in strenger Anlehnung an den Originaltitel: »Die Dame mit den Camelien«. Erst mit Otto Flakes neuer Version anno 1907 kommt es zu der griffigeren Variante »Die Kameliendame«, bei der es wohl ein für allemal bleiben wird.

Gleich seinem Vater beherrscht auch Alexandre Dumas fils *beide* Sparten: die dramatische wie die erzählende, und so verstreichen keine vier Jahre, bis »La Dame aux Camélias« auch die Bühne erobert. Die Premiere am 2. Februar

1852 im Pariser »Théâtre Vaudeville« wiederholt, ja übertrifft noch den Erfolg der Buchausgabe, und da sich unter den vielerlei Gästen von auswärts, die der Aufführung beiwohnen, auch der neununddreißigjährige Giuseppe Verdi befindet, der – nach Erfolgen wie »Nabucco«, »Ernani«, »Macbeth«, Luisa Miller«, »Rigoletto« und »Der Troubadour« – nach einem weiteren Opernstoff Ausschau hält, ist es nur *einen* Schritt zur Vertonung des Kameliendame-Sujets: Francesco Piave, der Hausautor des Teatro la Fenice in Venedig, der schon mehrfach mit Verdi zusammengearbeitet hat, erhält den Auftrag, Alexandre Dumas' Schauspiel in ein Libretto umzuwandeln, wobei die Handlung im großen und ganzen der des Originals folgt und nur die Namen der auftretenden Personen ausgewechselt werden. Aus Marguérite Gautier wird eine Violetta Valéry, aus Vater und Sohn Duval ein Georg und Alfred Germont, und der blumige, nur *scheinbar* romantische Stücktitel »La Dame aux Camélias« weicht dem schärferen »La Traviata«, obwohl sich durch das Motiv der »vom rechten Wege Abgekommenen« ein kritisch-moralisierendes Element einschleicht, das eigentlich der heroisierenden Parteinahme für die Hauptfigur diametral zuwiderläuft.

Erst der Film – all den 33 Kinoversionen voran: George Cukors 1936 gedrehte Fassung mit Greta Garbo, Robert Taylor und Lionel Barrymore – greift wieder auf den Originaltitel zurück, und auch wenn es eines Tages in keinem Blumenladen der Welt mehr Kamelien zu kaufen geben sollte, weil der von dem auf die Philippinen ausgewanderten mährischen Jesuiten Georg Joseph Kamel um 1700 entdeckte und nach ihm benannte Zierstrauch von anderen und modischeren Gewächsen verdrängt sein wird: Der Kameliendame ist ein ewiges Leben gewiß.

Das Duell

THEODOR FONTANE
Effi Briest

»Alles erledigte sich rasch, und die Schüsse fielen. Crampas stürzte. Innstetten, einige Schritte zurücktretend, wandte sich ab von der Szene.«

Das Duell.

Das berühmte Duell aus *Effi Briest.*

Ehemann und Nebenbuhler zielen aufeinander.

»A tempo avancierend und auf zehn Schritt Distanz.«

Keine fünf Druckzeilen in Theodor Fontanes Roman – es scheint, als habe sich auch der Dichter das über dem Vorgang waltende Prinzip äußerster preußisch-militärischer Knappheit zu eigen gemacht.

Ort der Handlung: eine *»Stelle zwischen den Dünen«* am Ortsrand der hinterpommerschen Kreisstadt Kessin, *»hart am Strand«,* dort, wo der vorderste Sandhügel einen Einschnitt hat und den Blick aufs Meer freigibt. *»Überall zur Seite hin standen dichte Büschel von Strandhafer, um diesen herum aber Immortellen und ein paar blutrote Nelken.«*

Auf den Landkarten wird man dieses Kessin vergebens suchen: Es ist Fontanes Erfindung. In Wirklichkeit denkt der Dichter an Swinemünde, den renommierten Badeort an der Ostsee, den befestigten Vorhafen von Stettin.

Bevor *Effi Briest* in Buchform auf den Markt kommt, bringt die *Deutsche Rundschau* den Roman in sechs Fortsetzungen als Vorabdruck: von Oktober 1894 bis März 1895. Sie ist zu dieser Zeit eine der führenden Kulturzeitschriften im Reich, die Veröffentlichung erregt entsprechend großes Aufsehen, Fontane erhält eine Menge Post. In einer seiner Antworten deckt er die Hintergründe der Fabel auf:

»Es ist nämlich eine wahre Geschichte, die sich hier zugetragen hat, nur in Ort und Namen alles transponiert. Das Duell fand in Bonn statt, nicht in dem rätselvollen Kessin, dem ich die Szenerie von Swinemünde gegeben habe. Crampas war ein Gerichtsrat, Innstetten ist jetzt Oberst. Effi lebt noch, ganz in Nähe von Berlin.«

Kann es da ausbleiben, daß Neugierige sich sogleich auf die Suche nach den wahren Fakten machen – vor allem in Bonn?

Doch weder die Heimatforscher noch die Fontane-Experten gelangen ans Ziel: In keiner der örtlichen Zeitungen findet sich rund um das bewußte Datum – als Termin des Duells steht der 27. November 1886 fest – auch nur der kleinste Hinweis auf ein Ereignis dieser Art, das sich in oder um die Stadt Bonn zugetragen hätte.

Dafür berichtet der Berliner Korrespondent der *Bonner Volkszeitung* am 3. Dezember 1886:

»Vergangenen Samstag fand hier ein Duell zwischen einem höheren Offizier und einem Amtsrichter aus Düsseldorf unter schweren Bedingungen statt. Der Letztere erhielt einen Schuß in den Unterleib und starb am Mittwoch.«

»Hier« – das heißt also: in Berlin.

Fontane hat, indem er das Ereignis in seinem Roman in den Phantasieort Kessin und in seiner Briefantwort nach Bonn verlegt, gleich doppelt geflunkert, und es ist leicht zu erraten, warum: Zwei seiner Protagonisten, nämlich die Urbilder von Geert Innstetten und Effi Briest, sind am Leben, noch dazu in nächster Nähe – da will er jede Enthüllung der tatsächlichen Umstände vermeiden, scheut die Peinlichkeiten indiskreter Verifizierung, führt die Spurensucher in die Irre.

Statt ins heimatliche Berlin ins davon weit entfernte Bonn.

Wieder sind es zwei Freundesbriefe, die näheren Aufschluß geben. Der eine geht an Marie Uhse, der andere an Clara Kühnast. Fontane schreibt:

»Es ist eine Geschichte nach dem Leben, und die Heldin lebt noch. Ich erschrecke mitunter bei dem Gedanken, daß ihr das Buch – so relativ schmeichelhaft die Umgestaltung darin ist – zu Gesicht kommen könnte.«

Im zweiten Brief wird er deutlicher:

»Vielleicht interessiert es Sie, daß die wirkliche Effi übrigens noch lebt, als ausgezeichnete Pflegerin in einer großen Heilanstalt. Innstetten, in natura, wird mit nächstem General werden. Ich habe ihn seine Militärcarrière nur aufgeben lassen, um die wirklichen Personen nicht zu deutlich hervortreten zu lassen.«

Das leidige Problem, das Schriftsteller immer dann haben, wenn sie ihre Stoffe der Wirklichkeit entlehnen – und gar zu Lebzeiten ihrer Protagonisten.

Berlin, Winter 1888/89. Theodor Fontane, soeben siebzig geworden, ist zu einer Abendgesellschaft bei Emma von Lessing eingeladen. Im Salon der Frau des Herausgebers der *Vossischen Zeitung* verkehrt auch das Ehepaar Ardenne: Major Armand von Ardenne und dessen Gemahlin Elisabeth geb. von Plotho. Da er die beiden schon längere Zeit nicht mehr hier angetroffen hat, erkundigt er sich bei der Gastgeberin nach ihrem Verbleib. Und erfährt, was geschehen ist: Herr von Ardenne hat eine ehebrecherische Beziehung seiner Frau aufgedeckt, sich von ihr scheiden lassen, den Nebenbuhler im Duell getötet, nach Verbüßung einer Festungshaft seine militärische Karriere fortgesetzt und schließlich ein zweites Mal geheiratet. Und Exgattin Elisabeth, durch Gerichtsbeschluß ihrer beiden Kinder beraubt, steht nunmehr auf eigenen Füßen, bringt sich fortan als Krankenpflegerin durch.

Theodor Fontane ist von dem, was er da zu hören bekommt, wie elektrisiert, macht es zum Sujet seines nächsten Romans: *Effi Briest.*

Wir wissen es seit dem Tag, da der 1997 in Dresden verstorbene Physiker Manfred von Ardenne sein jahrelang streng unter Verschluß gehaltenes Familienarchiv geöffnet und dem Literaturhistoriker Hans Werner Seiffert großzügig Einblick gewährt hat: Die Frau, die sich hinter Fontanes Romanfigur verbirgt, ist niemand anders als Elisabeth von Ardenne, seine Großmutter.

Enkel Manfred selber ist es, der ihr – und zwar am Rande der Feierlichkeiten zu ihrem neunzigsten Geburtstag am 26. Oktober 1943 – die Zunge löst. Angeregt von der Zufallsbegegnung mit einem Neffen des Major-Crampas-Urbildes Emil Hartwich einige Jahre davor (der ihn mit den Worten »Ihr Großvater hat meinen Onkel im Duell erschossen!« in die wahren Zusammenhänge einweiht), beginnt sich Professor von Ardenne für die geheimnisumwitterte Gestalt dieses Mannes zu interessieren, erforscht dessen Biographie und bekommt auf diese Weise eine Schrift in die Hand, in der der an allen öffentlichen Problemen seiner Zeit brennend interessierte Jurist seine aufsehenerregenden sozialhygienischen Ansichten festgehalten hat: *Woran wir leiden.* Manfred von Ardenne empfindet spontan Sympathie für die fortschrittlichen Gedankengänge des Autors und teilt dies seiner Großmutter in einem Vieraugengespräch mit. Und er tut noch ein übriges – er versichert

Elisabeth von Ardenne geb. von Plotho,
Urbild der Effi Briest (hier im hohen Alter)

die alte Dame, nun ganz offen auf die seinerzeitige Affäre anspielend, seiner uneingeschränkten Solidarität: »Ich hätte damals ganz genauso gehandelt wie du!«

Dieses Bekenntnis ist für die neunzigjährige Elisabeth von Ardenne das Signal, endlich ihr lebenslanges Schweigen zu brechen.

Tief bewegt von der offenherzigen Rede ihres Enkels, bringt sie wenige Tage später ein Päckchen zur Post und macht es Manfred zum Geschenk. Es ist jenes Briefbündel aus den Jahren 1882 bis 1886, das den Zweikampf vom 27. November 1886 ausgelöst hat: Emil Hartwichs Korrespondenz mit Elisabeth von Ardenne.

Im Begleitschreiben an den Enkel fügt sie hinzu:

»Du bist der einzige, der mich danach gefragt hat. So sollst Du auch das wenige bekommen, das ein hartes

Schicksal mir von dem strahlenden Menschen gelassen hat. Daß Dir die Freude wurde, durch einen Verwandten in ein gerechtes gutes Licht den Mann gerückt zu sehen, der unendliches Leid, aber auch unendliches Glück in mein Leben gebracht hat, war mir ein Geschenk. Deshalb lege ich Euch die leichten Briefe bei, die einen Einblick gewähren in den Frohsinn und die Unbeschwertheit unseres Sonnendaseins damals.«

Schon bald werden über Elisabeth von Ardenne und ihr literarisches Alter ego Effi Briest die ersten wissenschaftlichen Abhandlungen, später sogar ganze Bücher erscheinen, und unter dem Titel *Das Duell* wird auch das Fernsehen das »Doppelleben« dieser bemerkenswerten Frau nachzeichnen.

Ebenso sind Identität und Biographie des Geert-Innstetten-Urbildes Armand von Ardenne geklärt: jenes Mannes, der, plötzlich mißtrauisch geworden, mit einem Nachschlüssel die Geheimschatulle seiner Frau aufbricht, die Briefe des Nebenbuhlers und damit dessen »verbotene« Beziehung entdeckt, die Ehebrecherin zur Rede stellt, sich von ihr scheiden läßt, sie unter Mitnahme der beiden Kinder verstößt und den anderen im Zweikampf tötet.

Nur dieser andere – Major von Crampas im Buch, Amtsrichter Emil Hartwich in Wirklichkeit – bleibt weiter im Dunkel der Geschichte.

Wer also ist dieser »Damenmann«, wie Fontane ihn nennt, dieser »Mann vieler Verhältnisse«?

Am 9. Mai 1843 kommt er in Danzig zur Welt; sein Vater, der Geheime Oberregierungs- und Baurat Emil Hermann Hartwich, wird es in vorgerückten Jahren bis zum Eisenbahnpräsidenten bringen, als Initiator der Berliner Stadtbahn geht er in die Baugeschichte der Reichshauptstadt ein. In Berlin absolviert der Junior das humanistische Gymnasium, an der Universität Heidelberg studiert er Jurisprudenz, nach seiner Militärzeit bei einem rheinischen Kürassierregiment und Referendarjahren in Berlin tritt er in Köln in den staatlichen Justizdienst ein und landet schließlich als Richter in Düsseldorf.

Hero Jung heißt die Frau, die er mit knapp fünfundzwanzig heiratet; trotz der drei Kinder, die zur Welt kommen, wird es keine glückliche Ehe. Noch hingebungsvoller als in seinen Jünglingsjahren widmet er sich nun seinen Steckenpferden Sport und Malerei. Passionierter Ruderer, gründet er eine Reihe von Sportvereinen; seine Kritik am herrschenden Erziehungssystem und sein vehementes Eintreten für den Sport als Allheilmittel gegen Verweichlichung und Dekadenz wird sogar im preußischen Unterrichtsministerium Widerhall finden und zur Einführung des obligaten Turnunterrichts an den Schulen beitragen. Seinen musischen Neigungen frönt er sowohl als Cellospieler wie als Landschafts- und Porträtmaler; in der Hautevolée, in der der Gesellschaftsmensch Hartwich verkehrt, sind es vor allem die Künstler, deren Nähe er sucht. Aber in einer Garnisonsstadt wie Düsseldorf bleiben auch Kontakte zu den hier stationierten Offizieren und deren Familien nicht aus, und so lernt der inzwischen Vierunddreißigjährige am 6. Jänner 1878 bei einem Abend im Künstlerverein »Malkasten« die zehn Jahre jüngere Frau eines vor einigen Monaten zum 11. Husaren-Regiment nach Düsseldorf abkommandierten Rittmeisters kennen, die ihn vom ersten Augenblick an fasziniert: Elisabeth von Ardenne.

Die Ardennes, ihrerseits seit fünf Jahren miteinander verheiratet, Eltern einer vierjährigen Tochter namens Margot und eines ein Jahr alten Sohnes namens Egmont, sind aus Berlin zugezogen und zählen nun für sieben Jahre (mit einer längeren Unterbrechung, die den Ehemann als Brigadeleutnant nach Metz führt) zu den oberen Zehntausend von Düsseldorf. Zunächst in der Kronprinzenstraße 32 wohnhaft, beziehen sie im Sommer 1881 ein Nobellogis im linken Flügel des Kavalierhauses von Schloß Benrath, und unter den Gästen, die sie in dem prachtvollen Rokokobau mit dem bis ans Rheinufer reichenden Park empfangen, ist auch Emil Hartwich. Die Benrather Tafelrunde, der unter anderem der Maler Wilhelm Beckmann, eine lokale Dichtergröße sowie eine Reihe ausgewählter Regimentskameraden des Hausherrn angehören, trifft sich fast täglich; ob Geburts- oder Namenstage – alles wird gemeinsam gefeiert, auch Weihnachten und die übrigen Feste, und bei besonderen Anlässen legt man historische Kostüme an und ergötzt sich im Stil der Zeit an »lebenden Bildern« und neckischen Scharaden.

Wer sich dabei am übermütigsten gebärdet, ist Elisabeth von Ardenne und Hausfreund Emil Hartwich.

»Mit wachsendem Bangen« sieht Malerkumpan Wilhelm Beckmann (wie er später in seinen Memoiren eingestehen wird) die Katastrophe voraus, *»daß ein solcher Verkehr bei einem der Freunde eines Tages die gewaltsam zurückgehaltene Glut der Empfindungen sprengen und die Selbstbeherrschung durchbrechen würde ...«*

Es folgen Zusammenkünfte zu zweit, es folgen gemeinsame Ausritte, bei denen Emil Hartwich und Elisabeth die Freunde zurücklassen, und es folgen vor allem eine Reihe von Porträtsitzungen in Hartwichs Atelier: Der Verehrer malt das Objekt seiner Verehrung.

Das so entstehende Ölbild wird den beiden Liebenden

zum willkommenen Alibi für weitere intime Stelldicheins. Und wenn sie nach außen hin – um der Konvention willen – streng am gebotenen »Sie« festhalten, so sprechen die Briefe, die zwischen Maler und Modell hin und her gehen, eine um so deutlichere Sprache:

»*Wenn Sie mich morgen nicht brauchen können*«, handelt Hartwich mit Elisabeth den Termin der nächsten Porträtsitzung aus, »*werde ich mich den ganzen Nachmittag in meiner Klause verschließen und von dem reizenden gestrigen Abend zehren, der mal wieder ganz nach meinem Herzen war.*«

Noch ist das Verhältnis von Ehemann und Nebenbuhler spannungsfrei: Rittmeister von Ardenne bemerkt nicht, wie ihm seine Frau zu entgleiten droht. Wohl aber werden Auffassungsunterschiede zwischen den beiden Männern spürbar – etwa, wenn bei einem der Hausfeste auf Schloß Benrath zu vorgerückter Stunde die Ardenne-Kinder, vom lauten Gesang der Gäste aus dem Schlaf geweckt, im Nachthemd zu der Gesellschaft stoßen, dort freudig begrüßt werden, aber, statt auf die Fragen der Erwachsenen artig zu antworten, ihnen schlaftrunken die Zunge herausstrecken und sich mit einem unwilligen »Bäh!« verabschieden.

Hausherr Armand von Ardenne ist über die Ungezogenheit der beiden Sprößlinge erzürnt und brüllt ihnen nach: »Was für eine Disziplinlosigkeit!« Strafend blickt er dabei seine Frau an, der er, der streng Autoritäre, wohl das Fehlverhalten der Kleinen anlastet. Und Elisabeth entschuldigt sich: »Es tut mir aufrichtig leid.«

Da schaltet sich Emil Hartwich ein: »Was, um Himmels willen, soll daran so schlimm sein? Disziplin lernen die Kinder noch früh genug. Ich habe selbst drei Jungen. Der

Älteste hat neulich mein Handexemplar des Strafgesetzbuches mit lauter Strichmännchen illustriert!«

»Das Strafgesetzbuch?« Armand von Ardenne ringt um Fassung. Den auf bedingungslosem Gehorsam bestehenden Offizier und den nachsichtig-liberalen Richter mit den musischen Neigungen trennen Welten.

Am 1. Oktober 1884 tritt Armand von Ardenne, einer neuerlichen Versetzung folgend, seinen Dienst in Berlin an. Zum Adjutanten des Kriegsministers befördert, geht er nun noch mehr in seinen Berufspflichten auf, hat für Frau und Kinder kaum noch Zeit. Gattin Elisabeth trauert den unbeschwert schönen Tagen am Rhein nach – und dem Mann, dem diese schönen Tage in erster Linie zu verdanken sind: Emil Hartwich. Sind schon in Düsseldorf, wenn man sich gegenseitig einlud, Verabredungen traf, einander Glückwünsche übermittelte oder Dankadressen, laufend Briefe zwischen den Häusern Hartwich und Ardenne ausgetauscht worden, so nimmt die Korrespondenz nun, wo man auch örtlich voneinander getrennt ist, noch an Umfang zu, und vor allem: Absender und Adressat sind jetzt nicht mehr zwei miteinander befreundete Familien, sondern zwei Einzelpersonen, die einander in glühender Leidenschaft zugetan sind. Natürlich können sie – mit Rücksicht auf den Sittenkodex ihrer Zeit und ihres Standes – ihren Gefühlen nicht freien Lauf lassen: Wenn Emil Hartwich das Wort an die ferne Geliebte richtet, tut er es nie mit dem vertrauten »Du«; Anreden wie »Gnädigste und Hochverehrteste«, »Sehr geehrte Herrin« oder »Liebe Frau Else« sind schon das Äußerste an Intimität, das man riskiert. Wir müssen also, wenn wir die sich anbahnende Katastrophe begreifen wollen, lernen, zwischen den Zeilen zu lesen.

Es sind die ersten Weihnachten, die man nicht miteinander verbringt: Elisabeth fertigt in Berlin ein Geschenk für Hartwich an, und der bedankt sich überschwenglich:

»Zum ersten Mal in meinem Leben habe ich das stille Glücksgefühl, daß jemand mir in weiter Ferne durch seiner Hände Werk eine Freude zu bereiten suchte. Das haben Sie gewiß geahnt. Obgleich ich nie einen Weihnachtswunsch habe, ist es Ihnen doch gelungen, eine Lücke auf meinem Schreibtisch zu füllen.«

Hartwichs Gegengeschenk ist ein Bild von seiner Hand. Es zeigt eine Moorlandschaft in der Nähe von Bonn – der melancholische Charakter des Kunstwerks soll die düstere Seelenverfassung seines Schöpfers widerspiegeln, unter der dieser seit dem Weggang der Geliebten leidet:

»Der Boden schwindet einem unter den Füßen, und manchmal glaubt man, das ganze Land würde mit Baum und Strauch versinken. Wenn meine Stimmung besser ist, male ich Ihnen etwas Freundlicheres.«

Aber selbst wenn ihn der Trennungsschmerz zu übermannen droht, versteckt sich Hartwich konsequent hinter dem unverfänglichen »Wir«:

»Daß ich Ihnen gerade heute schreibe, hat seinen guten Grund. Heute vor sieben Jahren war jener denkwürdige ›Malkasten‹-Abend, den das Schicksal ausersehen hatte, die Familie von Ardenne mit Hartwich zusammenzufügen. Aber die Menschheit kommt mir vor wie die Scherben in einem Kaleidoskop; jede Drehung der Erde läßt das alte Bild zusammenfallen und erzeugt ein neues, das kaum wiederzuerkennen ist und mit dem alten nur die bunten Scherben gemeinsam hat.«

Auch Hartwichs Silvesterbrief ist scheinbar an die gesamte Familie gerichtet, doch eben nur scheinbar. Warum sonst enthielte Elisabeth ihn – ebenso wie alle anderen – den Ihren vor und verschlösse ihn in ihrer Geheimschatulle? Hartwich schreibt:

»*Wenn ich auch unverantwortlich lange geschwiegen habe, so glauben Sie bitte nicht, daß ich nicht tief und schmerzlich die Lücke empfände, die mir das Scheiden der Familie Ardenne gebracht hat, und daß ich nicht wüßte, wie dankbar ich gerade Ihnen sein muß, deren Duldsamkeit und Nachsicht es mir ermöglichte, so oft die Gastfreundschaft Ihres Hauses zu mißbrauchen.*«

Ein noch gewaltigerer Gefühlsstau entlädt sich in der Glückwunschadresse, die Hartwich zu Elisabeths Geburtstag losschickt:

»*Was ich Ihnen alles wünsche, brauche ich Ihnen nicht herzuzählen: Sie wissen, wie aufrichtig ich es mit Ihnen und den Ihrigen meine. Ich will Ihnen bloß hinzufügen, daß meine Freundschaft an Treue und Innigkeit gewonnen hat. Die Trennung ist immer aber auch ein Prüfstein dafür, ob man jemandem wahrhaft ergeben ist. Ich glaube, daß ich meine Probe bestehen werde.*«

Mit Verspätung sendet Hartwich der Angebeteten einen Stoß Photographien nach Berlin; sie sind bei einem der Kostümfeste im Düsseldorfer Ständehaus aufgenommen worden, wo die beiden als Ritterfräulein und Ritter posiert haben. Beziehungsvoll schon der Titel der Scharade: »Ein Schritt vom Wege«. Und beziehungsvoll auch Hartwichs Begleitschreiben:

»*Halten Sie mich nicht für selbstlos, wenn ich sie Ihnen zu Füßen lege. Es ist der reine Egoismus, bei Ihnen durch äußere Zeichen die Erinnerung an Düsseldorf wachzuhalten.*«

Hartwich wie Elisabeth sind sich darüber im klaren, daß

sie beide an den falschen Lebenspartner geraten und nun Gefangene ihrer einmal eingegangenen Beziehungen sind. Was bleibt ihnen anderes übrig, als sich zu arrangieren?

Hartwich scheint darin der Erfolgreichere zu sein, und er weiß seiner Frau dafür ausdrücklich Dank. So nennt er sie einmal »die Gute«, ein andermal »die Vernünftige«, und er kommt dabei zu dem Schluß:

»Wir sind auf dem schönen Standpunkt angelangt, daß wir uns beide stets das Beste gönnen, ohne einer den anderen in seinem Tun zu beschränken. Wir Deutschen sind meistens zu spießbürgerlich und zu kleinlich.«

Vorsicht ist also geboten – übrigens auch gegenüber allzu neugierigen Briefträgern. Selbst bei der harmlosesten Nachricht gibt Hartwich dem verschlossenen Kuvert den Vorzug vor der offenen Korrespondenzkarte:

»Der Post wegen mache ich diese Hülle um den Brief. Zwar kann ihn jeder, der Lust hat, lesen, aber ich glaube, die Beamten sind instruiert, man muß ihnen das Handwerk erschweren. Verwahren Sie ihn; ich will auch Ihre persönlichen Zeilen fortlegen, sie werden uns später gewiß freudig an die unbestritten reizenden Tage erinnern, die wir in unserem kleinen Kreise erleben; ich glaube, daß nur wenige Menschen dieses reine und schöne Glück genießen.«

Als Hartwich eines Tages Elisabeth ein Tagebuch schenkt, schreibt er ihr eine Widmung auf die erste Seite, die offen ausdrückt, wie sehr er unter der Trennung leidet:

»Nichts ist schmerzlicher, als sich im Elend an glückliche Tage zu erinnern.«

Wie läßt sich diesem »Elend« beikommen? Auf zwölf engbeschriebenen Briefseiten teilt er ihr seine Pläne mit:

»Ihnen will ich nun ein Geheimnis anvertrauen, aber Sie dürfen wirklich nicht darüber sprechen. Ich bin stark da-

Elisabeth von Ardenne zu der Zeit,
da Theodor Fontane sie in Berlin kennenlernte

bei, mir ein Jahr Urlaub zu nehmen, das ich zum ernsten Studium und zu Reisen verwenden will. Die Einbußen des Gehaltes werde ich zum Teil dadurch ersetzen, daß ich Aufträge zum Copieren wahrhaft schöner Sachen annehme, die in mein Feld schlagen. Ich habe im neuen Museum von Antwerpen eine Copie nach einem Porträt von Velazquez gesehen, die ich ohne Übertreibung heutigen Tages, das heißt nach großem und andauerndem Fleiß, mindestens genau so gut male.«

Gleichzeitig hält Hartwich die Geliebte dazu an, den Briefverkehr zwischen der Kurfürstenstraße 103 in Berlin (wo die Ardennes logieren) und der Leopoldstraße 21 in

Düsseldorf (seiner eigenen Adresse) zu intensivieren: »*Schreiben Sie mir bitte öfter, damit ich nicht gar zu traurig werde!*«

Ganz arg erwischt es ihn, als er eines Tages – es ist inzwischen Frühsommer 1886 – in einer Gastwirtschaft beim Benrather Schloß einkehrt und nun auf Schritt und Tritt an die einstigen Stunden seligen Zusammenseins erinnert wird:

»*So darf ich Ihnen wohl als Zierde dieses Briefes ein paar Rosenblätter beifügen. Erkennen Sie den Wunsch, Sie auf blumigen Pfaden wandeln und auf Rosen gebettet zu sehen?*«

Im Oktober tritt ein Ereignis ein, das auf ein Wiedersehen der seit zwei Jahren Getrennten hoffen läßt: Emil Hartwichs in Berlin ansässiger Schwiegervater ist gestorben, man ist zum Begräbnis geladen, rüstet zur Reise vom Rhein an die Spree. Nur eines scheut Hartwich: die Begegnung mit Armand von Ardenne. Wie läßt sie sich vermeiden? Vielleicht so:

»*Ich glaube, Sie tun Armand einen Gefallen, wenn Sie ihm nichts von diesem Brief und seinem traurigen Inhalt sagen. Er könnte kraft dieses denken, mit bei dem Begräbnis zu sein. Ich finde aber, daß er bessere Dinge zu tun hat, als hinterm Totenwagen eines ihm an und für sich doch sehr fernstehenden Mannes herzulaufen. Daß ich meine Freunde in Berlin und vor allem Sie, verehrteste Else, so unerwartet bald wiedersehe, versüßt mir meine Reise und kann mir selbst die Nachtfahrt im rosigsten Licht erscheinen lassen.*«

Ob Hartwich auf dem Weg nach Berlin wohl das Medaillon um den Hals trägt, in dem er eine Locke der Angebeteten verwahrt? Er hat sich dieses Erinnerungsstück damals vor zwei Jahren unter einem Vorwand erbeten: Um an ihrem Porträt auch weitermalen zu können, wenn sie ihm nicht im Atelier zur Verfügung stehe, benötige er eine Haarprobe von ihr. Sogar das gefütterte Kuvert für die delikate Sendung gibt er dem Briefboten mit, dazu ein Billet mit dem Versprechen, »das Kleinod zurückzuerstatten oder jedenfalls keinen Unfug damit zu treiben«.

Unfug? Kann es Unfug sein, mittels eines persönlichen Souvenirs der Geliebten sich die Illusion ihrer Nähe zu verschaffen?

Inzwischen hat Hartwich auch die Tochter Margot gemalt: Elisabeths Erstgeborene ist gerade dreizehn geworden. Als Gastgeschenk bringt er das fertige Bild nach Berlin mit. Und auch etwas noch Kostbareres bringt er mit: Zeit. Er hängt an das Begräbnis des Schwiegervaters ein paar Tage an, um so oft wie möglich mit Elisabeth beisammen zu sein. Ehegatte Armand von Ardenne ist von seinem Dienst im Kriegsministerium so stark in Anspruch genommen, daß er bei den meisten Unternehmungen mit dem Gast aus Düsseldorf nicht mit von der Partie ist: Noch immer arglos, läßt er Elisabeth und Hartwich allein, läßt sie gemeinsam Abendgesellschaften besuchen, Ausflugsfahrten organisieren, daheim die Mahlzeiten einnehmen. In ihr Tagebuch wird sie, das Berliner Wiedersehen resümierend, später eintragen:

»Schöne, harmonische Stunden, in denen wir glaubten, es wäre die anbrechende Morgenröte.«

Es kommt der 22. November und damit der Augenblick neuerlicher Trennung:

»Hartwich bringt mich gegen 4 Uhr per Droschke in die Wiechmannstraße. Trotz Abschied fahre ich mit List noch einmal zu ihm, er bringt mich wieder zurück, springt in der Burgstraße noch einmal halb betäubt aus dem Wagen, zieht

mich noch einmal im Überschwang seiner Gefühle an seine Brust. Das letzte Mal!«

Zwei Tage später. Hartwich ist längst wieder in seinem Düsseldorf, Armand von Ardenne aber kehrt des anhaltenden Schlechtwetters wegen einen Tag früher als vorgesehen aus dem Herbstmanöver zurück. Elisabeth sitzt an ihrem Chippendale-Schreibtisch, einen leeren Briefbogen vor sich. Sie will gerade eine Nachricht an den Geliebten aufsetzen, da tritt ihr Mann ins Zimmer.

Armand von Ardenne, sonst alles andere als sensibel, spürt die Betretenheit seiner Frau. Und ist Elisabeth nicht überhaupt auf einmal wie verändert? Nur mühsam kommt ein Gespräch in Gang. Als der Hausherr zur Tür schreitet, um eine Flasche jenes vorzüglichen Rheinweines aus dem Keller zu holen, den Freund Hartwich mitgebracht hat, dreht er sich noch einmal um, und was sieht er in diesem Augenblick? Nervös hantiert Elisabeth mit ihrer Schreibtischschatulle, steckt hastig ein Briefbündel hinein, versperrt das Schloß.

Am nächsten Morgen, das Dienstmädchen hat gerade den Frühstückstisch abgeräumt, zieht Ardenne ein Konvolut von Papieren aus seiner Rocktasche, schleudert sie auf die leere Tischplatte. »Und was ist das?« fragt er mit fast unbewegter Stimme sein Gegenüber.

Elisabeth erstarrt: Es sind Hartwichs Briefe.

Nun doch mißtrauisch geworden, hat Armand in der Nacht heimlich die Kassette aufgebrochen.

»Gib her, das gehört mir!« will sie noch versuchen, ihm den verhängnisvollen Fund zu entreißen.

»Dir?« kommt es mit bitterem Hohn von ihm zurück. Und dann noch ein weiteres Mal: »Dir? Darüber wird das Gericht zu entscheiden haben!«

Jetzt geht alles sehr schnell. Vierundzwanzig Stunden gibt der gehörnte Gatte der Ehebrecherin Zeit, das Haus zu verlassen. Unter Tränen packt sie den Koffer mit dem Allernötigsten. Die Kinder, dreizehn und neun Jahre alt, verstehen nicht, was es mit dem überstürzten Abschied der Mutter auf sich haben soll. »Um der Ehre Eures Vaters willen ...« ist im Moment das einzige, das sie zu hören bekommen.

Während Elisabeth in Jerichow, nicht weit von ihrem Geburtsort Parey in der märkischen Heide, bei ihrer älteren Schwester Luise Zuflucht sucht, hat Armand von Ardenne alles für die Abrechnung mit seinem Nebenbuhler Nötige in die Wege geleitet.

Hartwich, von der Entdeckung der Briefe verständigt, reist unverzüglich aus Düsseldorf an. Auch er hat seinen Ehrenkodex: Leugnen kommt nicht in Frage, der fünf Jahre Ältere stellt sich der Forderung zum Duell.

Im Morgengrauen des 27. November 1886 stehen einander die beiden Männer auf der Hasenheide bei Berlin mit geladenen Pistolen gegenüber. Ein einziger Schußwechsel: Hartwich, von einer Kugel in den Unterleib getroffen, fällt. Die lebensgefährliche Verletzung, über deren Herkunft er den Ärzten jedwede Auskunft verweigert, wird im Königlichen Clinicum in der Ziegelstraße behandelt – ohne Aussicht auf Erfolg. Vier Tage später ist Emil Hartwich tot.

Der Herausforderer erstattet Selbstanzeige, das Militärgericht verhängt über den Duellanten zwei Jahre Festungshaft, von denen er allerdings, vom Kaiser begnadigt, ja sogar zum Major befördert, nur achtzehn Tage abzusitzen braucht.

Unterdessen ist auch Ardennes Scheidungsklage bei Gericht eingelangt; ihr Wortlaut:

»Die Ehe der Parteien war anfangs eine glückliche, büßte aber ihre Innigkeit in demselben Verhältnis ein, in welchem die Zunahme der Gleichgültigkeit der Frau gegen ihren Ehemann dem letzteren fühlbar wurde.«

Und weiter:

»Dem Ehemann lag der Gedanke an die Möglichkeit, daß sein vermeintlich treuer Freund an ihm zum Verräter werden und seine Frau verführen könnte, bis zu der Zeit fern, wo die Sachlage folgende Wendung erhielt …«

Und nun folgt, Punkt für Punkt, die Schilderung der Aufdeckung der ehebrecherischen Beziehung, wie wir sie schon kennen, mündend in *»den unzweideutigen Beweis, daß die beiden Geschlechtsgemeinschaft gehabt, daß sie getrennt voneinander in der Phantasie diese Gemeinschaft mit glücklicher Leidenschaft fortgesetzt und die Scheidung von ihren beiderseitigen Ehegatten und Verheiratung miteinander geplant haben«*.

Elisabeth von Ardenne ist geständig, am 15. März 1887 wird die Ehe rechtskräftig geschieden. Die Kinder werden dem Vater zugesprochen, die Mutter bekommt sie nicht mehr zu Gesicht, und auch die Briefe, die sie Margot und Egmont einmal pro Monat schreiben darf, unterliegen Ardennes strenger Zensur: »Sind sie in unangemessenem Ton gehalten, werden sie ihre Adresse nicht erreichen.« »Um der Kinder willen« bleibt das von Elisabeth in die Ehe eingebrachte Vermögen beschlagnahmt; das einzige, was der Verstoßenen gewährt wird, ist eine »feste, lebenslängliche Rente«. Ardennes Begründung: »Denn verhungern könnte ich die Mutter meiner Kinder doch nicht lassen.«

Um diese Gefahr zu bannen, hat Elisabeth von Ardenne allerdings längst zur Selbsthilfe gegriffen: Ob man es Sühneleistung nennen mag oder Selbsterhaltung – die inzwischen Dreiunddreißigjährige läßt sich über Vermittlung des württembergischen Pastors, Sozialpolitikers und Therapeuten Christoph Blumhardt in einer Berliner Nervenheilanstalt und in einem Schweizer Kinderspital zur Krankenschwester ausbilden, arbeitet in verschiedenen Sanatorien und wird zuletzt Pflegerin auf Lebenszeit im Dienst einer Bonner Industriellenfamilie, deren jüngste Tochter ständige Betreuung braucht.

In einer den beiden Frauen zur Verfügung gestellten Waldvilla oberhalb von Lindau erreicht sie – im Gegensatz zu ihrem literarischen Abbild Effi Briest, das Theodor Fontane in der Blüte der Jahre an gebrochenem Herzen sterben läßt – das gesegnete Alter von achtundneunzig. Ihr Leichnam wird vom Bodensee nach Berlin überführt und sodann auf dem Stahnsdorfer Friedhof beigesetzt. Worüber sie selber ihr ganzes Leben lang geschwiegen hat, verrät der Grabstein: Elisabeth von Ardenne geb. Freifrau von Plotho lebt weiter – als eines der berühmtesten Modelle der Weltliteratur.

Und Armand von Ardenne, der Mann, der sie nach ihrem Fehltritt verstoßen hat? Zielstrebig setzt er den ihm vorgezeichneten Weg fort, macht Karriere – zunächst als Major der Düsseldorfer Landwehr-Dragoner, schließlich als Militärschriftsteller im Range eines Generalleutnants. Einen »Dämpfer« muß allerdings auch er hinnehmen: Als er, die technische Entwicklung richtig voraussehend, sich gegen die Weiterverwendung der traditionellen Krupp-Kanone ausspricht und dabei Kaiser Wilhelms II. Nahverhältnis zum Hause Krupp außer acht läßt, fällt er am preußischen Hof in Ungnade und findet während des Ersten Weltkrieges keine Verwendung.

Auch daß ihn seine Frau ausgerechnet mit einem der besten Freunde hintergangen hat, löst bei Armand von Ardenne einen schweren seelischen Knacks aus. *»Du weißt«*, schreibt er nach dem Duell vom 27. November 1886 in einem Brief an seine Mutter, *»daß schon die kleinen Mädchen in der Tanzstunde mich nicht leiden konnten. In meiner Frau glaubte ich ein Herz gefunden zu haben, das mich liebte. Das war nur ein Traum. Sie hat mir nun eingestanden, daß sie mich nie geliebt und selbst als Braut daran gedacht hat, unsere Verlobung aufzulösen. So komme ich mir wie ein Paria unter den Männern vor.«*

Über Armand von Ardennes zweite Ehe, die er ein Jahr nach seiner Scheidung eingeht, weiß man nur, daß auch die neue Lebenspartnerin aus einer geschiedenen Beziehung kommt und von Beruf Operettensängerin ist. Mit sechsundfünfzig in den vorzeitigen Ruhestand tretend, stirbt das Urbild von Fontanes Baron Innstetten 1919 als Mann von einundsiebzig und wird auf dem Waldfriedhof von Berlin-Lichterfelde beigesetzt.

Und der Dritte im Bunde? Amtsrichter Emil Hartwich, aus dem Fontane den »Damenmann« Crampas macht, der als der neue Bezirkskommandant des hinterpommerschen Nestes Kessin Glück und Unglück in das Leben der jungen Effi Briest bringt, ehe ihn der gehörnte Ehemann im Pistolenduell niederstreckt, findet auf einem schlesischen Dorffriedhof im Kreis Lauban zu seiner letzten Ruhe. Bald folgt ihm, der selber nur dreiundvierzig Jahre alt geworden ist, sein ältester Sohn im Tod nach. Die Witwe, über all dem Geschehenen vorzeitig ergraut, bleibt für ihr weiteres Leben auf die mildtätige Unterstützung durch gute Freunde angewiesen.

Im Oktober 1895, neun Jahre nach dem Duell, erscheint Theodor Fontanes Roman *Effi Briest*. Der Dichter ist zu dieser Zeit knapp sechsundsiebzig, hat noch drei Jahre vor sich. Und auch noch drei weitere Romane: *Die Poggenpuhls*, *Der Stechlin*, *Mathilde Möhring*. Doch *Effi Briest* überstrahlt sie alle. Und das bis zum heutigen Tag.

Leutnant Gustl Brüsewitz

ARTHUR SCHNITZLER
Leutnant Gustl

24. Mai 1900. Vor gut einer Woche hat Arthur Schnitzler seinen 38. Geburtstag gefeiert, jetzt kehrt er Wien für ein paar Tage den Rücken. Zusammen mit dem Freund und Kollegen Felix Salten und dessen Frau, der Burgschauspielerin Ottilie Metzl, will man sich in Puchberg an der guten Luft der renommierten Schneeberg-Sommerfrische gütlich tun und vielleicht ein, zwei jener gemeinsamen Waldwanderungen unternehmen, die stets mit intensiven Gesprächen einhergehen. Am vierten Tag seines Aufenthalts – man logiert im sogenannten Baumgartnerhaus – trägt Schnitzler in sein Tagebuch ein:

»Dort oben Lieutenantgeschichte skizzirt.«

Lieutenantgeschichte – das ist die Novelle von dem jungen k.u.k. Offizier, der nach einem ihn elend langweilenden Konzert im Wiener Musikverein an die Garderobe stürzt, dort seiner plumpen Arroganz wegen von einem anderen Besucher »dummer Bub« geheißen wird und, um seine verletzte Ehre wiederherzustellen, keinen anderen Ausweg sieht, als sich die Kugel zu geben.

Ein Duell mit seinem Kontrahenten kommt nicht in Betracht – dieser Habetswallner ist bloß ein einfacher Bäkkermeister, und als satisfaktionsfähig gelten in Offizierskreisen ausschließlich Angehörige des Adelsstandes, Militärs und Akademiker. Hin- und hergerissen zwischen der Wut auf den frechen »Zivilisten« und weinerlichem Hadern mit seinem Schicksal verbringt Gustl die folgende

Nacht im Freien auf einer Praterbank, ehe er, nach einem Abschiedsfrühstück im Kaffeehaus, die Waffe gegen sich selbst richten will. Doch es kommt anders: Im Caféhaus erfährt Gustl, daß sein Herausforderer um Mitternacht am Schlagfluß gestorben ist. Durch dieses »Mordsglück« sieht er sich, da es für den Vorfall an der Garderobe keinerlei Zeugen gibt, von Schmach und Schande befreit und beschließt weiterzuleben.

Schnitzler, als Reserveoffizier der k.u.k. Landwehr wohl selber laufend mit Typen wie diesem gleichermaßen oberflächlich-dümmlichen wie überheblichen Leutnant Gustl konfrontiert und im übrigen ein erklärter Gegner von allem, was nach Standesdünkel riecht, ist vom Gegenstand seiner Novelle so angetan, daß er nur sechs Tage für deren Niederschrift braucht: Noch im selben Sommer bringt er sie – während eines Kuraufenthaltes in Reichenau – zu Papier. Als er am 19. Juli 1900 den Federhalter aus der Hand legt, tut er dies – so der betreffende Eintrag in sein Tagebuch – »in der Empfindung, daß es ein Meisterwerk sei«. Die Literaturkritik wird ihm recht geben: »Leutnant Gustl« gilt als Arthur Schnitzlers reifstes Prosawerk. Und Kollege Hugo von Hofmannsthal, voller Bewunderung für den hier erstmals angewendeten Kunstgriff, die Titelfigur selber sprechen zu lassen und ihren Gedankenstrom – in direkter Rede – assoziativ aneinanderzufügen, geht noch einen Schritt weiter und attestiert dem Autor in einem Brief: »Das ist innerhalb der deutschen Literatur wirklich ein Genre für sich, das Sie geschaffen haben.« Vor allem in der angelsächsischen Dichtkunst – von James Joyce bis Virginia Woolf – wird fortan der »innere Monolog« als Erzähltechnik zügig weiterentwickelt werden.

Uns aber interessiert *anderes*. Hat Arthur Schnitzler den »Leutnant Gustl« frei »erfunden«, oder hat er, als er dieses Stück Prosa abfaßte, aus realem Geschehen geschöpft?

Er selber begnügt sich mit dem vagen Hinweis, Freund Salten habe ihm von einer Auseinandersetzung berichtet, die sich im Foyer des Musikvereins zugetragen habe, ein Bekannter namens Lasky sei die Schlüsselfigur gewesen. Und Schnitzler schließt: Jawohl, »zum Teil« habe er, als er den »Leutnant Gustl« geschrieben habe, auf diese »tatsächlich vorgefallene Geschichte« zurückgegriffen.

Kein Zweifel: Der Fall Lasky gibt Arthur Schnitzler den Anstoß zu seiner Novelle. Aber ebenso steht fest: Der Unfug, der da seit Jahr und Tag mit dem überholten Ehrenkodex der österreichischen Offizierskaste getrieben wird, geht dem Pazifisten und Humanisten Arthur Schnitzler schon die längste Zeit auf die Nerven. In der vermeintlichen Pflicht, eine noch so läppische Beleidigung mit der Waffe in der Hand sühnen zu müssen, sieht er nichts als Anmaßung, und mit derlei muß es ein Ende haben.

Als Schnitzler knapp vier Jahre vor der Entstehung des »Leutnant Gustl«, im November 1896, in Berlin weilt, um der Uraufführung seines Schauspiels »Freiwild« am Deutschen Theater beizuwohnen, macht in der dortigen Presse eine Affäre Schlagzeilen, die zwar einen ganz anderen Ausgang nimmt, aber doch einen sehr ähnlichen Konflikt zum Gegenstand hat: Ein in der Garnison der badischen Residenzstadt Karlsruhe stationierter Offizier gerät in einer dortigen Gastwirtschaft in einen heftigen Wortwechsel mit einem Fabrikarbeiter und sticht den Unbewaffneten nieder. Da der Vorfall sogar im Parlament diskutiert wird, sind auch die Berliner Zeitungen voll davon, und Schnitzler muß davon gehört haben. In der Chronik der Haupt- und

Residenzstadt Karlsruhe für das Jahr 1896 lesen wir darüber:

»Im Oktober wurden weite Kreise der Einwohnerschaft unserer Stadt durch eine Bluttat in bedeutende, geraume Zeit anhaltende Aufregung versetzt. In der Nacht vom 10. zum 11. Oktober erstach der Premierleutnant v. Brüsewitz vom Leibgrenadierregiment im Café Tannhäuser den bei der Firma Junker & Ruh beschäftigten Mechaniker Theodor Siepmann aus Altendorf bei Essen, von dem er beleidigt worden war. Das Ereignis, welches weithin über die Grenzen der Stadt hinaus Aufsehen erregte und zu einer Interpellation im Reichstag führte, bildete wochenlang den

Chronik
der
Haupt- und Residenzstadt
Karlsruhe
für das Jahr
1896.

XII. Jahrgang.

Im Auftrage der städtischen Archivkommission
bearbeitet.

Mit 10 Abbildungen.

Karlsruhe.
Verlag der Macklot'schen Buchhandlung und Buchdruckerei.
1898.

Eine der Spuren von Arthur Schnitzlers »Leutnant Gustl« führt nach Wien, eine zweite nach Karlsruhe …

Gegenstand lebhafter Erörterungen in den Zeitungsblättern der verschiedensten Richtungen. Brüsewitz wurde wegen seiner Tat vom Kriegsgericht zur Entfernung aus dem Heer sowie zu drei Jahren und zwanzig Tagen Gefängnis verurteilt.«

Auch Schnitzlers Gustl ist Leutnant, auch er gerät mit einem nicht satisfaktionsfähigen Zivilisten aneinander – im Gegensatz zu seinem deutschen Pendant zieht er jedoch nicht den Säbel, und dem ihm daraufhin unumgänglich dünkenden Selbstmord entschlägt er sich, weil er durch den überraschenden Tod des Kontrahenten die erlittene Demütigung getilgt glaubt.

* (In einem hiesigen Restaurant) wurde heute Nacht nach vorausgegangenem kurzem Wortwechsel ein Mechaniker von einem Offizier niedergestochen. Der Schwerverletzte starb nach einer Viertelstunde. Der Offizier soll von dem Mechaniker thätlich beleidigt worden sein.

Eine Zeitungsmeldung, die viel Staub aufwirbelte, ja sogar im Berliner Parlament Diskussionen auslöste

Der Fall Brüsewitz zählt also ohne Zweifel mit zu Schnitzlers »Rohmaterial«, auch wenn nicht nachdrücklich genug festzuhalten ist, daß der Autor mit alledem vollkommen frei umgeht und der Handlung selbstverständlich ihren ganz eigenen Verlauf vorgibt. Andererseits ist es nicht ohne Pikanterie (und spricht für Schnitzlers Neigung, bis in kleinste Details »realitätsgetreu« zu fabulieren), daß er sich sogar beim Programm des Konzertes, dem er seinen Protagonisten beiwohnen läßt, an die Wirklichkeit hält: Am 4. April 1900, den er in seiner Novelle als Handlungsdatum nennt, wird im Musikverein – so hat man nachträglich eruiert – Mendelssohn-Bartholdys Oratorium »Paulus« aufgeführt. Und worüber läßt der Dichter seinen Leutnant Gustl angewidert lästern? Vor lauter Juden im Publikum könne man »nicht einmal mehr ein Oratorium in Ruhe genießen ...« Da kann Schnitzler, selber wiederholt einschlägigen Anfeindungen ausgesetzt, also auch gleich mit dem im österreichischen Offizierskorps grassierenden Antisemitismus abrechnen.

Ist schon die Entstehungsgeschichte der Novelle »Leutnant Gustl« ein interessanter Beitrag zum Thema Inspirationsquell, so wird es vollends spannend, wenn man sich den Umständen und Folgen ihrer *Veröffentlichung* zuwendet. Am 19. Juli 1900 schließt der Dichter die handschriftliche Fassung des Textes ab, am 3. September beginnt die Diktierarbeit, einem ersten »Test« im privaten Kreis folgt eine Lesung in einem Literaturzirkel in Breslau, wo am 1. Dezember in Anwesenheit des Autors dessen Schauspiel »Der Schleier der Beatrice« uraufgeführt wird.

Für die Erstveröffentlichung des »Leutnant Gustl« ist die Weihnachtsausgabe der »Neuen Freien Presse« ausersehen. Ob es da ein böses Omen ist, daß Schnitzler sich schon in diesem Frühstadium des Geschehens zweifach ärgern muß? Zuerst fehlen in einem Teil der Zeitungsauflage die letzten drei Spalten des Textes, dann liegt auch noch das Honorar weit unter seinen Erwartungen: Erst auf seine Reklamation hin werden die 150 Gulden, die ihm die Buchhaltung angewiesen hat, verdoppelt.

Aber der eigentliche »Wickel« kommt erst, als das konservative Lager im allgemeinen und die Spitzen des Militärs im besonderen sich mit dem Inhaltlichen der Novelle auseinanderzusetzen beginnen: »Leutnant Gustl« ist in ihren Augen ein frecher Frontalangriff auf die österreichische Offiziersehre. Nur wenige Tage nach dem Erstdruck in der

»Neuen Freien Presse« eröffnet in der »Reichswehr« deren Chefredakteur Gustav Davis mit einem massiv denunziatorischen Artikel das Trommelfeuer gegen den Autor, und die Redaktion des »Neuen Wiener Tagblatts«, davon verunsichert, zieht ihr Angebot, in der Neujahrsausgabe Schnitzlers Dialog »Silvesternacht« abzudrucken, verschreckt zurück. Als dem Autor außerdem zugetragen wird, in einem Wiener Ringstraßencafé habe man eine Runde Offiziere beobachtet, die beisammengesessen seien und, den Zeitungstext vor Augen, gewisse Stellen rot angestrichen hätten, kann es ihn kaum noch wundern, daß ihn Anfang Jänner 1901 ein »Befehl« des k.u.k. Landwehrergänzungsbezirkskommandos Nr. 1 erreicht, mit dem Schnitzler aufgefordert wird, bekanntzugeben, ob er »der Verfasser des am 25. Dezember 1900 in der ›Neuen Freien Presse‹ erschienenen Feuilletons ›Leutnant Gustl‹« sei.

Böses ahnend, versichert sich der Dichter des Beistandes seines Gönners Max Burckhard – der Herr Hofrat, der gelernter Jurist ist und seit seiner Abdankung als Burgtheaterdirektor am Verwaltungsgerichtshof arbeitet, wohnt mit Schnitzler im selben Haus. Burckhard rät zu Härte, und so repliziert Schnitzler am 6. Jänner, er »erachte sich in keiner Weise verpflichtet, dienstliche Meldungen oder Auskünfte über seine literarische Tätigkeit zu erstatten«.

Jetzt geht es Schlag auf Schlag: Das k.u.k. Landwehrtruppendivisionskommando fordert den »Herrn Oberarzt« auf, sich zwecks Vorverhandlung am 30. Jänner um 9 Uhr vor dem ehrenrätlichen Ausschuß für Landwehroffiziere und Kadetten in der Kaserne Siebenbrunnengasse 37 einzufinden.

Um gegen eine eventuell drohende Hausdurchsuchung gewappnet zu sein, übergibt Schnitzler seinem Berater

Burckhard eine Reihe wichtiger Papiere. Sein persönliches Erscheinen vor dem Ehrenrat verweigernd, antwortet er: Das »Verfahren« möge ohne seine Einvernahme abgewikkelt werden. Auch die nächste Weisung, bei einer für den 22. Februar angesetzten Offiziersversammlung »entweder persönlich zu erscheinen oder eine schriftliche Äußerung vorlegen zu lassen«, läßt Schnitzler kalt:

»Da ich nicht einzusehen vermag, inwiefern die Veröffentlichung dieser Novelle als eine jener Handlungen oder Unterlassungen gedeutet werden könne, die einem ehrenrätlichen Verfahren unterliegen, entfällt für mich jeder Anlaß zu einer weiteren Äußerung in dieser Angelegenheit.«

Über den Ausgang der für den 26. April anberaumten und von Schnitzler gleichfalls ignorierten »Schlußverhandlung« erfährt er am 1. Juni, als er beim Frühstück in einem Salzburger Kaffeehaus die »Neue Freie Presse« aufschlägt: er sei der Verletzung der Standesehre für schuldig erkannt und seines »Offizierscharakters für verlustig erklärt«.

Zwei Wochen darauf liegt der »Beschluß« im vollen Wortlaut vor: Arthur Schnitzler habe, »als dem Offiziersstande angehörig, eine Novelle verfaßt und in einem Weltblatte veröffentlicht, durch deren Inhalt die Ehre und das Ansehen der österreichischen und ungarischen k.u.k. Armee herabgesetzt wurde ...«

Der Rest sind die für solche Fälle üblichen Formalitäten: Schnitzler wird aufgefordert, sein Ernennungsdekret zu retournieren. Da er sich zwar weiterhin passiv verhält, jedoch zumindest der *Abholung* des Offiziersdiploms nichts in den Weg legt, wird ihm immerhin ein Militärpaß ausgefolgt, der ihm bis zum 42. Lebensjahr den Status eines gewöhnlichen Sanitätssoldaten des k.u.k. Landsturms einräumt.

Nachdrücklicher als mit dieser spektakulären Maßregelung durch seine militärischen Vorgesetzten könnte Schnitzlers satirische Treffsicherheit kaum bestätigt werden: Erst durch die »Leutnant-Gustl-Affäre« erhält »Leutnant Gustl« seine volle Effizienz und Glaubwürdigkeit.

Epitaph für Tewje

SCHOLEM ALEJCHEM
Die Geschichte von Tewje, dem Milchmann

»Eines möchte ich euch bitten, Reb Scholem-Alejchem: Ihr sollt mich in Euren Büchern nicht beschreiben! Und wenn ihr mich doch einmal beschreibt, so nennt wenigstens meinen Namen nicht!«

Tewje, der Milchmann – wo setze ich den Hebel an? Aus den Erinnerungen von Scholem Alejchems Tochter Marie, die die Tage ihrer Kiewer Kindheit liebevoll geschildert hat, weiß ich, daß die berühmte Roman- und Bühnenfigur ein lebendes Urbild gehabt hat: gleichen Namens, gleichen Metiers, verwandten Schicksals. In der Gegend um Bojarka, zwanzig Kilometer vor der Stadt – es ist um die Jahrhundertwende die traditionelle Sommerfrische der wohlhabenden Kiewer.

Auch Salomon Rabinowitsch, 1859 als Sproß einer verarmten Gelehrtenfamilie im ukrainischen Perejaslav geboren, Absolvent des russischen Gymnasiums, Hauslehrer, Aushilfsrabbiner und angehender Börsenkaufmann, mit zwanzig seine Liebe für den Journalismus und die Schriftstellerei entdeckend und (unter der klassischen hebräischen Grußformel »Scholem Alejchem« als Pseudonym) Gazetten wie den »Hoisfreind« und das »Jidische Folksblat« beliefernd, mietet für seine Familie, die er – ihres beträchtlichen Umfanges wegen – »eine Republik« nennt, allsommerlich eine Datscha am Waldrand. Je nachdem, wie die Geschäfte gerade gehen, ist es etwas Besseres oder Billigeres. Allzu komfortabel darf man sich die Sache ohnehin nicht vorstellen: eine grobgezimmerte Holzhütte mit vier, fünf Kammern, dazu eine Kochstelle auf dem nackten Erdboden. Kein Licht, das Wasser vom Dorfbrunnen. Doch für drei Monate würzige Waldluft, ein Badeteich und für die Kinder die Aussicht, den sonst von seiner Arbeit absorbierten Vater Tag für Tag um sich zu haben. Mitte Mai zieht man hinaus, Mitte August geht's zurück in die Stadt – einen gemieteten Pferdewagen voll mit den nötigsten Möbeln, Bettzeug und Küchengerät, auf dem Kutschbock neben dem Fuhrwerker Babuschka, das Kindermädchen.

Gewisse Probleme macht die Nahrungsmittelbeschaffung. Der Dorfmarkt geht zwar über von den Hervorbringungen des fruchtbaren ukrainischen Bodens, ist aber ziemlich weit von den Sommerwohnungen entfernt – man müßte jedesmal eine Droschke mieten, und das verteuert die Sache erheblich. So ist man darauf angewiesen, daß einem die Waren ins Haus zugestellt werden. Soweit es das Geflügel betrifft, ist vorgesorgt: Baba, eine Bäuerin aus dem Umkreis, das kreischende Federvieh unterm Arm, ist eine verläßliche Lieferantin. Mit dem Gemüse verhält es sich schon schwieriger. Man kann zwar die Bauern, die mit ihren Karren zum Markt ziehen, auf der Straße anhalten aber mit ihnen Abschlüsse zu tätigen ist eine ziemlich aufreibende Angelegenheit. Sie haben von ihrem Gutsherrn den strikten Auftrag, pro Wagenladung drei Rubel zu kassieren, und das ist die einzige Rechnung, deren sie fähig sind. Ganz egal also, ob es ihre gesamte Ware ist oder nur ein paar Krautköpfe: Sie beharren stur auf ihren ein für allemal eingelernten drei Rubel.

Ganz anders der Milchmann. Er ist ein Jude aus einem der Nachbardörfer – im Winter bringt er seine Produkte

Scholem Alejchem (hier als stolzer Familienvater) hat seinen »Tewje« persönlich gekannt: als Wanderhändler, Talmud-Kenner und Geschichtenerzähler

auf den Markt nach Kiew, in der warmen Jahreszeit versorgt er die Ferien-Datschas mit süßem und saurem Rahm, mit Käse, Butter und Milch. Man nennt ihn Tewje – nach dem alttestamentarischen Tobias, er ist ein freundlicher und umgänglicher Mann, seine Waren genießen den besten Ruf, und da er Sommer für Sommer die stets gleichen Stammkunden beehrt, ist er obendrein eine unerschöpfliche Nachrichtenbörse, die man gern zu einem kleinen Plausch ins Haus lädt.

Mit Scholem Alejchem verbindet ihn noch eine weitere Eigenart: die Gewohnheit, seine Reden mit Zitaten aus den heiligen Schriften, aus den jüdischen Festgebeten, aus den

»Sprüchen der Väter« auszuschmücken und sich so einen Anstrich frommer Gelehrsamkeit zu geben. Daß er dabei den hebräischen Sentenzen mitunter einen ganz anderen Sinn unterlegt, nämlich den, der ihm gerade paßt, ist für den Dichter, der sich so manche dieser Köstlichkeiten ins Notizbuch schreibt, eine Quelle reinen Vergnügens. Kein Wunder, daß dieser Tewje von vielen seiner Kunden bald wie ein Familienmitglied betrachtet wird, daß jeder seine Lebensgeschichte kennt, jeder an seinem Schicksal Anteil nimmt und daß ein Dichter eines Tages auf diese Lebensgeschichte und auf dieses Schicksal als Rohstoff für sein nächstes Werk zurückgreift.

1895 erscheint im jiddischen »Hoisfreind« die »erschte Derzehlung vun Tewje dem Milchiken«, im Jahr darauf folgt – nun schon eine veritable Geschichtensammlung – die Buchausgabe. Natürlich findet sie auch in Bojarka ihre Leser – und so bleibt es nicht aus, daß eines Tages auch der Mann, der dafür Modell gestanden ist, davon erfährt. Es ist ihm übrigens gar nicht recht: Babuschka, dem Kindermädchen im Hause Rabinowitsch, klagt er sein Leid: wie ihn die Leute nun überall auslachten und »Tewje, der Milchiker« hinter ihm herriefen. Schließlich findet er sich doch damit ab – vor allem, als er merkt, daß seine plötzliche Berühmtheit auch pekuniär zu Buche schlägt. Zu seinen alten Kunden stoßen neue hinzu – bloß, um sich damit brüsten zu können, mit der populären Romanfigur persönlich bekannt zu sein.

1905 hat es damit ein Ende – zumindest für den Dichter. Scholem Alejchem, nach dem großen Kiewer Pogrom verarmt und entmutigt, verläßt seine Heimat Ukraine und wandert nach Amerika aus. Er schreibt zwar weiter an seinen Tewje-Geschichten und besorgt auch noch selber deren

Dramatisierung, doch statt aus dem unmittelbaren Erleben schöpft er nun aus der Erinnerung. 1916, in seinem Todesjahr, kommt die Buchausgabe letzter Hand auf den Markt, 1921 übersetzt sie Alexander Eliasberg ins Deutsche, nach dem Zweiten Weltkrieg folgt die englische Fassung – und damit ist es nur mehr einen Schritt zum Libretto des Broadway-Musicals »Fiddler on the Roof« ...

Olga, deren Stadtführung ich mich anvertraue, gibt das Programm für den nächsten Tag bekannt: Pionierpalast, Bootsfahrt auf dem Dnjepr, Abendessen im Ausflugsrestaurant Prolisok. Bei den Punkten 1 und 2 stehle ich mich davon, dafür werde ich beim Nachtmahl mein Mindestsoll an Gruppendisziplin erbringen. Das Lokal liegt in einem Kiefernwald vor der Stadt – wer dem Naturnahen den Vorzug gibt vor der Hektik des Wolkenkratzerhotels am Taras-Schewschtschenko-Boulevard, mag hier seine folkloristischen Bedürfnisse befriedigen.

Im Restaurant ist an diesem Abend für drei Gruppen gedeckt: Griechen, Japaner und wir Österreicher. Die Tische biegen sich unter den Köstlichkeiten der ukrainischen Küche. Schweres Tongeschirr. Wodka, Bier, Sekt, Mineralwasser. Der Hellas-Tisch singt Heimatliches; Nippon, wie gewohnt, imitiert. Was ist mit Austria? Aufforderungen hängen in der Luft, schon hat die kleine Japanerin an meiner Seite ihr begehrliches »Johann Strauß« gelispelt. Da kommt die Rettung: Die hauseigene Musikkapelle hält Einzug: Geige, Cimbal und Baß – dazu zwei Gesangsstimmen. Sängerin und Sänger mit verteilten Rollen: er das melancholische, sie das lebfrisch-auferbauliche Element vertretend. Zu vorgerückter Stunde nimmt Olga Melodienwünsche aus dem Publikum entgegen. Na, was ist? blickt sie mich herausfordernd an. Sonst immer so naseweis – und nun auf einmal kleinlaut? »Wenn ich einmal reich wär' ...«: Tewjes Lied läge mir auf der Zunge. Aber soll ich es wagen? Was hätte es für einen Sinn, haben sie je davon gehört? Wäre dies ein westliches Lokal, sie würden ihre Gäste damit peinigen, daß ihnen Hören und Sehen vergeht. Hier aber, im Tewje-Land, ist der Musical-Ohrwurm made in USA so gut wie unbekannt.

Am nächsten Morgen, in aller Herrgottsfrühe, Streifzug durch die Bauernmärkte der Zwei-Millionen-Stadt. Am Ende der Kiewer Prachtstraße Krestschatik befindet sich der größte, an der Gorki-Straße, auf der Höhe der neuen Ukraina-Konzerthalle, der malerischste, an der Worowski-Allee, wenige Schritte vom Hotel entfernt, der gemütlichste. Hier halte ich nach den heutigen Tewjes Ausschau, ich brauche nur dem Aroma ihrer Produkte zu folgen. Gemüse und Obst dominieren, Pilzmänner tragen knielange Ketten aus Getrocknetem um den Hals – man darf alles anfassen, an allem riechen, alles kosten, alles zu teuer finden und alles zu schlecht. Denn dies ist keine Supermarktware, hier steht noch immer der gute alte Muschik vor den Erträgnissen seines eigenen Bodens: jenes halben Hektars, den ihm auch der seinerzeitige Kolchosen-Kommunismus nicht genommen hat. Seinen Salat als wurmig, seine Gurken als ausgetrocknet und seine Kartoffeln als seifig abzuqualifizieren ist demnach keine Beleidigung, sondern Verhandlungstaktik mit dem Zweck, einen kulanten Preis herauszuschinden – für eine Ware, von der natürlich auch die kritischste Hausfrau ganz genau weiß, daß sie um vieles besser ist und frischer als die Einheitsartikel aus der öden Ladenkette »Gastronom«.

Beim Milchmann treiben sie's besonders bunt. Da wird gefeilscht und moniert, geschnuppert und probiert, da werden Grimassen gezogen, als gälte es, das pure Gift zu schlucken, und je nach dem Festigkeitsgrad der Käsesorte wird die geforderte Kostprobe als *Brösel* in die Hand*fläche* oder als *Tupfen* auf den Hand*rücken* appliziert. Entschließt man sich zum Kauf, so wird die Ware in einem der vielen Behälter versenkt, die die Kundin in ihrer Einkaufstasche bereithält: Töpfe, Näpfe, Krüge, Kannen.

Mit einer der Marktfrauen, die ein paar Brocken Deutsch kann, komme ich ins Gespräch. Jawohl, auch Bojarka (das der Dichter Boiberik nennt) ist unter den Ortschaften, die die Kiewer Bauernmärkte beliefern. Nur Tewje – so heißt dort heute keiner mehr; die paar Juden, die noch auf dem Land siedeln, haben sich längst ukrainische Namen zugelegt, sind voll assimiliert, wollen nicht an ihre Herkunft erinnert werden, nein danke, bloß das nicht, es ist auch so schon schwer genug.

In einem vergilbten Baedeker von 1892 finde ich das Wort vom »Jerusalem Rußlands«: sechzig christliche Kirchen und vier jüdische Bethäuser habe es im Kiew der Zarenzeit gegeben. Geblieben sind zehn; zwei von ihnen, die berühmte Sophienkathedrale aus dem elften Jahrhundert, und die Andreaskirche, eine Schöpfung Rastrellis, des Erbauers von Petersburg, schaue ich mir an. Dann klettere ich den Andreashang hinab: am Haus Nr. 13 vorbei, der Turbinschen Wohnung. Hier hat Bulgakow gelebt, hier spielt sein Bürgerkriegsroman »Die weiße Garde«. Häuser, die unmittelbar vorm Abbruch stehen, Kopfsteinpflaster, von einer Zwei-Mann-Brigade behelfsmäßig ausgebessert, ein Mädchen, das hinter seiner Staffelei sitzt und mit Wasserfarben eine Alt-Kiewer Vedute festhält – für die Zeit »danach«, wenn eines Tages auch hier gesichtslose Betonblocks in den Himmel ragen werden.

An der nächsten Straßenecke wieder eine Scholem-Alejchem-Assoziation: der Kwas-Wagen. Im »Tagebuch eines Knaben« steht die Geschichte vom älteren Bruder Elia, der in der Zeitung das Inserat von der wunderträchtigen Erfolgsfibel liest: »Hundert Rubel monatlich und mehr kann jeder verdienen, der sich mit dem Inhalt meines Buches vertraut macht. Preis ein Rubel einschließlich Zusendung. Eilt! Kauft! Erfaßt den Augenblick, sonst kommt ihr zu spät!« Elia bestellt die Schwarte und erprobt sämtliche Rezepte, mit deren Hilfe man auf so geheimnisvolle Weise reich wird. Eines davon betrifft die Herstellung von Kwas: ein billiges, leicht säuerlich schmeckendes Erfrischungsgetränk aus Schwarzbrotteig, Honigsirup und Zitronenschalen. Elia bereitet es hinter verschlossenen Türen in der Wohnstube zu, damit ihm niemand das Geheimnis der Zusammensetzung abluchsen kann, und schickt seinen kleinen Bruder mit dem fertigen Produkt auf die Straße, in der einen Hand den Krug, in der andern das Trinkglas. Entnimmt einer aus der Familie ein Glas für den eigenen Bedarf, so gilt die Regel, den entstandenen Verlust unverzüglich durch das gleiche Quantum Wasser auszugleichen, und besonders ökonomisch denkende Familienmitglieder schütten sogar die doppelte Menge nach, solcherart für weitere Mehrung der Substanz sorgend. Diese hübsche Geschichte fällt mir ein, als ich nun den dickbauchigen Kwas-Wagen vor mir sehe: auf seinem Schemelchen der Abzapfer, bedrängt von einer Schlange Durstiger mit dem obligaten Zehn-Kopeken-Stück in der Hand. Ob ich von der hübschen Szene ein Photo mache?

Ich setze meinen Weg fort, nun schon mitten im Podol. Dies war einst die Handelsstadt, zusammen mit dem Lybed-Viertel im Süden der jüdische Bezirk. In der Schekowitzkastraße, hinter Alleebäumen versteckt, finde ich die Synagoge – es ist die letzte im Distrikt Kiew. Das Tor zum Hof ist angelehnt, in der Mazzes-Backstube treffe ich auf den Kultusdiener: ein abgehärmter, blaßhäutiger Greis. Sogleich ruft er nach dem Präsidenten der Gemeinde: massig, vital, extrovertiert. Ein dritter, für einen Moment aus seinen hebräischen Schriften aufblickend, bietet mir seinen Sitz an. Man begegnet dem Goj mit Neugier, jedenfalls ohne Mißtrauen, natürlich die obligate Frage nach dem Geburtsjahrgang. Immerhin: Der Name Tewje zaubert einen versonnenen Zug in ihr Lächeln.

In der Synagoge werden unterdessen die Lichter aufgedreht, ich bekomme das vorgeschriebene Käppchen aufgesetzt. Der Schrank mit den alten Talmudbänden, die Schulbänke der Chejder-Jingln – noch 1959 bekannten sich 154 000 Kiewer zum mosaischen Glauben, beinah 14 Prozent der Gesamteinwohnerschaft der Stadt. Dann kam der Aderlaß – diesmal ein freiwilliger, ein zum Glück unblutiger: der Emigrationsstrom ins Gelobte Land. Doch was hiergeblieben ist, reicht noch immer aus, am Sabbat das Bethaus zu füllen, und beim Jom-Kippur-Fest drängen sie sich gar zu Hunderten bis auf Hof und Straße. Ich erzähle ihnen vom Milchmann Tewje, hinter dem ich her bin, und sie finden es erstaunlich, daß einer wegen so etwas zu ihnen komme, von so weit her noch dazu, dann habe es mir bestimmt auch der Schneider Lasik Roitschwantz angetan, und ich sage nein, mit Ilja Ehrenburg käme ich nicht so gut zurecht, da sei mir doch einiges ziemlich unheimlich, bleiben wir bei Scholem Alejchem, und sie schreiben mir auf einem Zettel zwei Adressen auf – gleich in russisch, damit's der Taxichauffeur lesen kann: die *Wohnung* des Dichters und die nach ihm benannte *Straße*.

Die Scholem-Alejchem-Straße befindet sich in einem der weitläufigen neuen Wohnviertel am andern Ufer des Dnjepr – ich habe Zweifel, ob deren Bewohner mit dem Namen etwas anzufangen wissen. Immerhin ist er noch nicht gänzlich aus dem offiziellen Gedächtnis der Stadt getilgt, und für die Marmortafel am Wohnhaus hat man sogar Goldbuchstaben gewählt.

Zweite Etage rechts – das war Scholem Alejchems Logis. Von hier zog er mit seiner Familie Sommer für Sommer in die Miet-Datscha im zwanzig Kilometer entfernten Bojarka. Jetzt ist in dem Haus ein Postamt untergebracht. Ich sehe mich in der Schalterhalle um: Stuckdecke und falsche Säulen, Blattpflanzen und Ventilator, Federhalter und Tintenfaß. Die Beamten hantieren noch immer mit dem mechanischen Rechenbrett – für unser Empfinden mehr Spielzeug als Arbeitsgerät –, hier ist auf eine anheimelnde Weise die Zeit stehengeblieben. Ich habe keine Mühe, mir vorzustellen, wie Scholem Alejchem zur Tür hereintritt und sein neuestes Manuskript aufgibt: der buschige Schnauzbart, das Haupthaar tief im Nacken, Stehkragen und Gehrock. Alt-Kiew – »Jehupez« nennt es der Dichter in seinen Büchern: »eine Stadt, in der Juden nicht wohnen dürfen, außer sie sind ›privigeldiert‹.

Auf nach Bojarka – Scholem Alejchem macht daraus im Tewje-Roman einen Ort namens *Boiberik*. Ich brauche nur am Autobusbahnhof vorbei in die Straße der Oktoberrevolution einzubiegen, schon bin ich in der gewünschten Richtung. Der Eislaufplatz, eine zum Touristenlokal aufgeputzte Windmühle, die letzten Wohnblocks, schließlich das Schild mit dem durchgestrichenen *Kiew*. Die Stadtgrenze ist erreicht. Die Ausfallstraße nach Odessa ist von ebenem Grünland gesäumt, gleich in einer der ersten Ortschaften die Abzweigung nach Bojarka. Quer über den Asphalt ist ein Desinfektionsstreifen gelegt: Maul- und Klauenseuchenalarm. Und da sind auch schon die ersten Rinder mit ihrem Hirten: einer für alle. Die Bauern mieten und bezahlen ihn gemeinsam – gleich für die volle Saison. Beim Friedhof halte ich an: lauter ukrainische Namen. Jüdische Gräber gibt es erst weiter drinnen im Land – eine Frau erinnert sich an den Namen des Dorfes: Wassilkow.

Bojarka: Bretterzäune, dahinter Gemüsegärten, geduckte Wohnhütten. Alle hundert Schritte ein Brunnenhaus, überdachte Gemeinschaftsbriefkästen, der Bahnhof, ein Speiselokal. Die Kirche: heruntergekommen, aber noch in Betrieb. Nur die Hauptstraße asphaltiert, alles übrige Kraterlandschaft, Staub. Die Datschas am Waldrand, schon damals nicht das Stabilste, haben modernen Wohnblocks Platz gemacht, die alten Badeteiche taugen nicht mehr; wer heute aus Kiew in die Sommerfrische fährt, hat ein Auto und kann Entfernteres anpeilen.

Hinter der Schule, gründerzeitlich getürmt, höre ich Lautsprecherstimmen. Es ist ein heißer Juninachmittag, die Maturantenfeier findet unter freiem Himmel statt. An einem langen Tisch der Lehrkörper, davor in mehreren Bankreihen die Absolventen mit ihren Eltern. Alles im Sonntagsstaat: die Mädchen in Weiß, halb Erstkommunion, halb Brautschaft, die Burschen dunkelgewandet, die Mütter frisch vom Friseur, alles in allem erstaunlich bürgerlich, fast altmodisch. Die Frau Direktor im blau Geblümten hält die Festrede, es klingt sehr energisch, sehr nach Parolen fürs Leben. Dann werden nacheinander die Kandidaten aufgerufen, die Schulkapelle spielt einen Tusch, kurzes rhythmisches Klatschen des Auditoriums, Aushändigung der Zeugnisse, Diplome und Medaillen, ein Wangenkuß für die Mädchen, ein Händedruck für die Burschen. Dazu werden Blumen verteilt, auch für mich fällt eine ab: Man freut sich über den fremden Gast.

Die Feier ist beendet, freundlich wendet sich mir eine der jüngeren Lehrerinnen zu. Sie deutet auf die Baracke hinter der Schule, dorthin möge ich ihr folgen. Wieso stellt sie mir keine einzige Frage nach meinem Begehren? Ist es möglich, daß sie mich längst durchschaut hat, längst meine Interessen erraten? Sollten Scholem Alejchem und sein Milchmann Tewje am Originalschauplatz der Story doch noch Anwert, ja Ruhm genießen? Wir betreten das Innere der Baracke: Bücher, Bilder, Büsten und Vitrinen – ist's denkbar: ein Scholem-Alejchem-Museum? Meine Begleiterin dreht das Licht auf, gleich wird sie mit ihrem Vortrag beginnen. Ein Trupp junger Männer, die irgend etwas mit Eisenbahnbau, mit Baumfällen, mit Holztransport zu tun haben – die Lehrerin, nun schon reichlich Pathos in der Stimme, deutet auf das große Ölbild an der Wand: Jungdichter Nikolai Ostrowski, wie er im Winter 1920/21 mit einer Schar Komsomolzen in den Wäldern von Bojarka Holz fällt, ein sechs Kilometer langes Anschlußgleis zur Bahnstrecke legt und das frierende Nachkriegs-Kiew mit Brennmaterial versorgt. *Er* ist der Held von Bojarka, *seinen* Namen trägt die Schule, *ihm* ist auch das Museum gewidmet, die Schüler selber haben es eingerichtet, jetzt läuft sogar ein Antrag, den Ort in Ostrowski-Stadt umzubenennen. Bin ich enttäuscht? Fühle ich mich gefoppt? Oder komme ich mir im Gegenteil beschämt vor: hier ein Dichter, der tatkräftig zupackt, wo es ums nackte Überleben seiner Mitbürger geht, dort das bißchen Einzelschicksal eines jüdischen Wanderhändlers?

Nein, nein, es ist schon in Ordnung: Tewje – das ist in Wahrheit weit mehr als bloß dieser eine, hinter dem ich her bin, es ist der Archetypus des ewigen Juden, der ständig verjagte, ständig neu hoffende. Tewje – das ist Getto und Pogrom. Podol und Babij Yar. Der moderne Hiob. Chagall hat ihn gemalt. Der Fiedler auf dem Dach – in Bojarka, in Anatevka, im »Schtetl« Irgendwo: »Jeder von uns ist ein Fiedler auf dem Dach. Jeder versucht, eine einschmeichelnde Melodie zu spielen, ohne sich dabei das Genick zu brechen.«

In Bojarka, so erfahre ich, hat Tewje seine Kunden besucht, im Nachbardorf Sabirja (im Buch: Masepowka) hat er gewohnt. Ich solle nur nach dem alten Lehrer fragen, der wisse Bescheid.

Diesmal muß ich auf Feldwege ausweichen, die Veterinärbehörde hat die Straße gesperrt. Rinder an ihren Wasserstellen, Frauen, die in Milchkannen Walderdbeeren nach Hause tragen, hie und da noch eine strohgedeckte Wohnhütte aus alter Zeit. Endlich, in Erdstaub eingehüllt, das Dorf. Es wird Abend, die Leute sitzen vor den Häusern. Neben der niedergerissenen Schule, von Katzen umspielt, die Hütte des Lehrers. Wladimir Nikolajewitsch, ein Apostelkopf von Ende siebzig, nun schon viele Jahre außer Dienst. Er hat Freude an meinem Besuch – ich bin der erste, der ihn nach Tewjes Verbleib fragt. Einmal waren Amerikaner da, auch eine der Scholem-Alejchem-Töchter hatte sich brieflich angesagt – und war dann doch nicht gekommen. Wladimir Nikolajewitsch zeigt sich über die Biographie des Tewje-Urbildes vorzüglich informiert, und da er am Rande einer deutschen Kolonie im Kaukasus aufgewachsen ist und seine Geschwister die deutsche Schule besucht haben, fällt auch die Verständigung mit ihm leicht.

1870 sei Tewele – so habe man ihn in Wirklichkeit genannt – aus dem Nachbarort Malucienka nach Sabirja gekommen. Klein von Wuchs, schmächtig, üppiger krauser Bart – so habe ihn die Überlieferung in Erinnerung. Sein einziger Besitz: ein Pferd. »Ein gutes Pferd.« Das habe er vor seinen Karren gespannt, und so sei er von Stall zu Stall gezogen und habe den Bauern ihre Milch abgekauft. In seiner Hütte – zunächst noch ein bloßes Erdloch mit Strohdach – verarbeitete er den eingesammelten Rohstoff zu Butter, Käse, Rahm. Im nahen Bojarka, in den Sommerquartieren der reichen Kiewer, fand seine Ware reißenden Absatz, bald konnte er sich ein besseres Haus leisten. In Ignatovka, dem Sitz des Rabbiners (der Dichter macht daraus Anatevka), wurde geheiratet. Doch die Ehe, anders als im Buch, war nicht von Dauer: Golde, genannt »Gudja«, machte auch anderen jungen Männern schöne Augen, und so jagte Tewje sie auf und davon. Auch mit der zweiten klappte es nicht, erst die dritte, abermals eine Golde, trug ihren Namen zu Recht. Sie schenkte ihm zwei Töchter (keine sieben): Manka und Rebekka; Aaron, den Sohn aus erster Ehe, hatte eine Amme aus der Nachbarschaft aufgezogen. 1905, als die zaristischen Pogrombanden durchs Land zogen und auch Tewele die Fenster einschlugen, zog er für kurze Zeit zum Sohn nach Kiew. Sobald sich die Situation beruhigt hatte, kehrte er wieder in sein Dorf zurück, bis er sich 1912, unterdessen zum Greis gealtert, endgültig in der Hauptstadt niederließ. Ein jüdischer Schmied übernahm Teweles Haus – sorgsam all die Jahre hindurch seines Vorgängers Betstube hütend, bis im Herbst

1941 auch in Sabirja die Deutschen einmarschierten und die örtlichen »Volksschädlinge« aus ihren Häusern holten. Tewele, dem Milchmann, blieb dieses Schicksal erspart: Er ist während des Ersten Weltkriegs gestorben.

Wie ich es wohl anstellen werde, sein Grab zu suchen, wo ihn doch keiner bei seinem Familiennamen gekannt hat, er für alle immer nur »der Tewele« gewesen ist? Popularität, die geradewegs in die Anonymität führt. Und außerdem: Würde es denn überhaupt noch existieren?

Tags darauf, wieder in Kiew, lasse ich mich mit dem Taxi in den Vorortbezirk Lukjanowka bringen – dort lagen früher die Friedhöfe. Teile des christlichen Sektors sind noch erhalten, man kann an ihren Grabsteinen gut den Lauf der Geschichte ablesen: die Prunkgrüfte der Belle Epoque, dann die schlichten silbergrauen Gußeisenkreuze der ersten nachzaristischen Zeit, schließlich die Obelisken mit dem roten Stern. Den jüdischen Friedhof hat Hitlers SS dem Erdboden gleichgemacht, die Ausrottung der Lebenden war ihr nicht genug. Die Massakerstätte Babij Yar, der Jewtuschenko sein berühmtes Gedicht gewidmet hat, befindet sich in unmittelbarer Nähe – ich brauche mich nur am neuen Fernsehturm zu orientieren. In dem kleinen Waldstück jenseits der Friedhofstraße stolpern nächtliche Liebespaare bisweilen über einen Steinbrocken, der, wenn sie näher hinsehen würden, hebräische Schriftzeichen trägt. Da ein Sockel, dort ein Stückchen Grabplatte, vielleicht noch ein Restchen marmorner Girlande. Ein paar Zahlen, die kein Lebensdatum, ein paar Silben, die keinen Psalm, ein paar Buchstaben, die keinen Namen mehr ergeben. Und *wenn* sie es täten: Es sagte unserem Liebespaar wohl nicht viel. Denn von Tewje, dem Milchmann, hat ihnen keiner etwas erzählt.

Venedig – der Nerven wegen

THOMAS MANN
Der Tod in Venedig

Mit dem ›Tod in Venedig‹ ist es eine ganz komische Geschichte, insofern als sämtliche Einzelheiten der Erzählung passiert und erlebt sind«, teilt Katia Mann ohne viele Umschweife in ihren »Ungeschriebenen Memoiren« mit. Gott segne sie – endlich einmal eine ehrliche Zeugin, die sich nicht spreizt und ziert, die nicht für jeden Beistrich im Werk eines Dichters, dem sie über die Schulter hat schauen können, das Walten einer höheren Vorsehung in Anspruch nimmt, die über das Phänomen des literarischen Rohstoffs nicht anders spricht als über eine gute Mahlzeit oder über die Erziehungsprobleme im Flegelalter. Da wimmelt's nur so von Modellen – ich kann sie mir aussuchen. Meine Wahl fällt auf eines der berühmtesten: Tadzio, den »kleinen Phäaken«, den »lieblichen Psychagogen«, dem der Schriftsteller Gustav von Aschenbach »Andacht und Studium« widmet, dessen vollkommene Schönheit – »schöner, als es sich sagen läßt« – den alternden Künstler so sehr erschüttert und unter dessen Lächeln, »voranschwebend ins Verheißungsvoll-Ungeheure«, er schließlich seinen letzten Atemzug tut.

Frühjahr 1911. Das Ehepaar Mann – er sechsunddreißig, sie achtundzwanzig – reist zur Erholung nach Istrien, man hat ihnen Brioni empfohlen. Aber sie bleiben nur kurz, es gefällt ihnen nicht besonders. Erstens fehlt ihnen der Sandstrand, zweitens verdrießen sie die Allüren der am selben Ort zur Kur weilenden Erzherzogin Maria Josepha, Mutter des späteren letzten österreichischen Kaisers, bei deren Auftritt und Abgang im Speisesaal des Hotels sich regelmäßig die gesamte Gästeschaft devot von den Sitzen erhebt.

So fährt man mit dem Dampfschiff weiter nach Venedig. Am Lido, im Hotel des Bains, sind Zimmer bestellt. »Und gleich bei Tisch, gleich den ersten Tag, sahen wir diese polnische Familie, die genau so aussah, wie mein Mann sie geschildert hat: mit den etwas steif und streng gekleideten Mädchen und dem sehr reizenden, bildhübschen, etwa dreizehnjährigen Knaben, der mit einem Matrosenanzug, einem offenen Kragen und einer netten Masche gekleidet war und meinem Mann sehr in die Augen stach. Er hatte sofort ein Faible für diesen Jungen, er gefiel ihm über die Maßen, und er hat ihn auch immer am Strand mit seinen Kameraden beobachtet. Er ist ihm nicht durch ganz Venedig nachgestiegen, das nicht, aber der Junge hat ihn fasziniert, und er dachte öfters an ihn.« Aus den lange nach seinem Tod veröffentlichten Tagebüchern wissen wir, daß Thomas Mann – bei aller Zurückhaltung im praktischen Vollzug – tatsächlich nicht frei war von pädophilen Neigungen.

Frühjahr 1977 – sechsundsechzig Jahre später. Thomas Manns Novelle ist fünfundsechzig Jahre alt, Luchino Viscontis Verfilmung hat das Werk, obgleich keinen Augenblick vergessen, erneut weltweit ins Gespräch gebracht und den tausenderlei Phantasiebildern vom Knaben Tadzio in der Gestalt des Schweden Björn Andresen ein dezidiertes weiteres hinzugefügt. Wird es sich als stärker erweisen als die eigene Vorstellung? Wird, wer von nun an den »Tod in Venedig« liest, immer den blondlockigen Skandinavier vor Augen haben?

Wladyslaw von Moes, Urbild des Knaben Tadzio aus Thomas Manns Novelle »Tod in Venedig« (hier im hohen Alter)

Ich nicht. Ich werde an einen alten Herrn in einer Dachwohnung in Krakau denken, der sich behutsam seiner Krücken entledigt, sich vorsichtig in seinem schleißigen Fauteuil zurücklehnt und mir in einem amüsanten Sprachgemisch aus Deutsch und Englisch und Französisch von jenem venezianischen Kuraufenthalt des Jahres 1911 berichtet, bei dem er, ein Kind von elf, ohne jedes Wissen für ein Stück Weltliteratur Modell stand.

1923, auf einem Ball in gräflichem Warschauer Hause, erfuhr er es zum erstenmal. Der »Tod in Venedig« war gerade in polnischer Übersetzung herausgekommen, Gabriela Czesnowska, seine Tanzpartnerin, hatte das Buch als eine der ersten gelesen. »Du weißt wohl noch gar nicht, was für ein Held du bist?« hänselte sie den jungen Baron, und als Wladyslaw von Moes daraufhin Nachschau hielt und selber den strittigen Text prüfte, gab es auch für ihn nicht den geringsten Zweifel: Wahrhaftig – dieser Tadzio, das bin ich.

Zeit und Ort, Personen und Handlung – in allem herrschte die vollkommenste Übereinstimmung. Die drei Geschwister, »bis zum Entstellenden herb und keusch hergerichtet« – ganz klar: das waren seine Schwestern Jadwiga, Alexandra und Maria Anna; die »große Frau, grauweiß gekleidet und sehr reich mit Perlen geschmückt, kühl und gemessen, die Anordnung ihres leicht gepuderten Haares sowohl wie die Machart ihres Kleides von jener Einfachheit, die überall da den Geschmack bestimmt, wo Frömmigkeit als Bestandteil der Vornehmheit gilt«, mit »zurückhaltendem Lächeln« den Kindern die Hand zum Kuß reichend: das war das perfekte Spiegelbild seiner Mutter; die Gouvernante, »eine kleine und korpulente Halbdame mit rotem Gesicht«, die das strenge Aufmarschzeremoniell mit knappen Kommandos dirigierte: das war das Fräulein Lina Perisich aus Cilli; und »Jaschu«, der derbe Spielkamerad am Strand, der stämmige Bursche mit dem leinenen Gürtelanzug und dem pomadisierten Haar: das war Janek Fudakowski, mit dessen Familie die Moes ihre Tage am Lido teilten, bis sie der plötzliche Ausbruch einer Choleraepidemie allesamt zu überstürzter Abreise zwang.

Zwölf Jahre später. Wladyslaw von Moes, soeben aus dem polnisch-russischen Krieg heimgekehrt, wo er als Ulan seinen Mann gestellt hat, kann nicht den ihm von der Familie vorgezeichneten Plan verwirklichen, in Grenoble Papiertechnik zu studieren: Eine schwere Erkrankung des Vaters zwingt ihn, ohne Verzug in den elterlichen Betrieb einzutreten, der ihm als Erbe zugedacht ist: die Papierfabrik in

Pilica. Von seiner Entdeckung, in der Gestalt des Knaben Tadzio in die Literatur eingegangen zu sein, macht er weiter kein Aufhebens – es gibt momentan Wichtigeres. Natürlich schmeichelt es ihm, natürlich amüsiert es ihn – er ist auch mit dreiundzwanzig eine attraktive Erscheinung, von Frauen und Mädchen umschwärmt. Doch auf den Gedanken, sich dem Dichter zu erkennen zu geben, käme er nicht. Auch als Thomas Mann im März 1927 auf Einladung des polnischen PEN-Clubs in Warschau weilt und, mit Ehrungen überhäuft und von einem Empfang zum anderen eilend, Schlagzeilen macht, hält sich »Tadzio« diskret im Hintergrund. Frühstück beim Prinzen Radziwill, Empfang beim Grafen Branicki in Schloß Wilanow, Warschaus Adel drängt sich um den Dichter aus Deutschland – es wäre für den jungen Herrn aus bestem Hause ein leichtes, seine Bekanntschaft zu machen. Doch erst 1964, als älterer Herr und neun Jahre nach Thomas Manns Tod, findet er den Mut, das Geheimnis zu lüften: in einem Brief an Witwe Katia, für die die späte Decouvrierung ein »drolliges Nachspiel« ist. Andrzej Dolegowski, der Mann-Übersetzer, hatte den Stein ins Rollen gebracht: minuziöse Vergleiche des Novellentextes mit der Moesschen Familienchronik anstellend, mittels Tagebuchaufzeichnungen und Photographien endlich die »Beweiskette« schließend.

Mein Taxi hält vor einem älteren Mietshaus in der ulica Smolensk, gleich weit vom Weichselknie wie vom Krakauer Altstadtkern entfernt. Ein paar Schritte weiter das Sportstadion, vis-à-vis das neue Großhotel Cracovia. Ich fahre mit dem Aufzug in den letzten Stock, die Lifttür ist zugleich das Entree zur Wohnung. Der Neffe läßt mich ein, er hat den »Herrn Onkel«, zu dessen Anrede er sich beharrlich des ehrerbietigen »Sie« bedient, zu sich genommen, seit dessen Frau, eine geborene Gräfin Miaczynskia, schwerkrank darniederliegt und in ihrem Haus in der Warschauer Vorortgemeinde Komorow nicht einmal mit sich selbst mehr zurechtkommt. Der Neffe betreibt eine kleine Krawattenmanufaktur in der Stadt – dazu ein paar Schafe auf einem winzigen Wiesengrundstück an der Peripherie, das er vor kurzem erworben hat.

Ich werde in die Wohnstube gebeten: ein nicht allzu großes Balkonzimmer mit einigen wenigen Antiquitäten, in der Mitte des Raumes der Lehnstuhl für »Tadzio«. Sein Auftritt läßt auf sich warten: Wladyslaw von Moes, so alt wie das Jahrhundert, ist seit einem Hüftbruch gehbehindert, jeder falsche Schritt bereitet ihm Schmerzen, für das Anlegen der Krücken braucht er fremde Hilfe. Er muß erst die richtige Position in seinem Fauteuil eingenommen haben – eher ist an Begrüßung nicht zu denken. Ein eigenes Lächeln umspielt dabei seinen Mund: bei allem Stolz immer dieses gewisse Erstaunen, wie man mit solch flüchtigem Gastspiel in der Literatur so nachdrückliches Interesse wecken kann. Auch Selbstironie wird laut: Wenn er an all die Post denke, die er in den vergangenen Jahren im Zeichen Thomas Manns erhalten habe (und sei es nur, um einem Schreiber aus Deutschland bei der Ausfindigmachung eines Kriegsgefallenengrabes behilflich zu sein), komme er sich bisweilen direkt wie ein »fameux artiste« vor, berühmten Schauspielern und Sängern gehe es wohl ähnlich, und vielleicht erwarteten sich auch *seine* Fans eine Autogrammkarte von ihm, dabei wüßte er doch gar nicht, wie er sie rechtens zu unterschreiben hätte: »*Tadzio*«, wie ihn, auf Grund eines Hörfehlers, der *Dichter* genannt habe, oder »*Adzo*«, wie er *tatsächlich* als Kind gerufen worden sei. Als ich ihn später selber um Signierung meines »Tod in Venedig«-Exemplares ersuche, entscheidet er sich ohne Zögern für die korrekte Version und kritzelt mit zitteriger Hand »Adzo Moes« aufs Titelblatt.

Die Frau des Hauses schleppt während unserer Unterhaltung zierliche Beistelltischchen ins Zimmer und breitet unauffällig Sandwiches darauf aus, dazu gibt's Wodka. Einer der Söhne photographiert den alten Onkel – im Keller hat er sich ein Labor eingerichtet, wo er den Film selber entwickeln kann. Der andere, den sie seit seiner großen Überseereise den »Amerikaner« nennen, hängt auf dem Balkon die Jeans zum Trocknen auf, er hält sich von unserer Runde fern. Die Tochter steht am Herd und bereitet das Mittagessen vor – ich werde dazu in überschwenglicher Gastfreundschaft mit eingeladen: in der Sitzecke der Küche. Ich dürfe mich allerdings nicht daran stoßen, daß es ein einfaches Mahl sei, baut »Tadzio« vor, Langusten kämen keine auf den Tisch – so wie damals am Lido, im Frühjahr 1911. Dabei habe er als Kind alle diese Meeresdelikatessen überhaupt nicht gemocht, vor Fischen habe es ihn geradezu geekelt: der großen Augen wegen, die ihn bei derlei Mahlzeiten vom Teller angeblickt hätten – übersensibel, wie er damals gewesen sei. Ja, die bewußte Venedig-Reise sei ja eigentlich überhaupt nur zustande gekommen, weil sie ihm vom Nervenarzt, den man in Wien konsultiert habe, verordnet worden sei: »Frau Baronin, ich rate Ihnen, reisen Sie mit dem Kind für drei Monate nach Venedig, und sorgen Sie dafür, daß er recht viel mit dem Vaporetto fährt – das wird seine Nerven wieder in Ordnung bringen.«

In Wien, wo man im vornehmen Hotel Krantz an der Kärntnerstraße abgestiegen war, wurde also rasch das Passende an Kleidung besorgt: das »englische Matrosenko-

Wladyslaw alias Tadzio (links mit Hut) mit Freund und Geschwistern am Lido von Venedig, wo ihm Thomas Mann begegnete

stüm, dessen bauschige Ärmel sich nach unten verengerten« und »mit seinen Schnüren, Maschen und Stickereien der zarten Gestalt etwas Reiches und Verwöhntes« verlieh, der »leichte Blusenanzug aus blau und weiß gestreiftem Waschstoff mit rotseidener Masche und Stehkragen«, die »dunkelblaue Seemannsüberjacke mit den goldenen Knöpfen«, der blauweiße Badeanzug. Kurz darauf traf man am Lido mit dem Rest der Familie zusammen: Vater und Geschwistern.

Von diesen allen ist Wladyslaw-Tadzio der einzige, der zum Zeitpunkt meiner Visite noch lebt. Ich sehe Photos von der Mutter: eine überragende Erscheinung, ganz in Spitze, darüber die Zobelboa und die »dreifache Kette kirschengroßer, mild schimmernder Perlen«, Photos von den drei Schwestern, schließlich Photos von ihm selbst. Der zarte Wuchs ist ihm bis ins hohe Alter geblieben, desgleichen der edle Kopf, die vornehme Haltung, die Eleganz der Bewegungen – dem Greis gegenüberzusitzen und sich den Knaben vorzustellen bereitet keinerlei Schwierigkeiten: Da ist noch immer erstaunlich viel Ähnlichkeit.

Beim Kaffee erfahre ich die weiteren Stationen dieses Lebens: wie die Zwischenkriegszeit der väterlichen Papierfabrik schlagartig die russischen Absatzmärkte versperrte, wie das Kapital daraufhin rapid schwand, wie man 1927 die Firma abstoßen mußte, wie man sich auf seine Ländereien zurückzog und wie man nach dem Zweiten Weltkrieg dann auch *diese* verlor. Wierbka, der alte Familiensitz im Norden von Krakau, ging in Staatseigentum über: Aus dem Schloß wurde ein Arbeiterheim.

Wladyslaw von Moes, während des Zweiten Weltkrieges Kavallerieoffizier der polnischen Armee, nun aus deutscher Gefangenschaft heimkehrend, traf in Hirschberg mit Frau und Sohn zusammen – einer seiner früheren Direktoren verschaffte ihm einen ersten Arbeitsplatz. Viele weitere sollten folgen und keiner von Dauer – bei jedem neuen Versuch, eine Existenz zu gründen, war ihm seine Vergangenheit als Großgrundbesitzer im Weg. Ein Posten im Landwirtschaftsministerium, ein weiterer im Papierexport, dann Buchhalter in einer pharmazeutischen Fabrik, Kooperativführer im Bauwesen, Magazineur in einer Manufaktur für Volkskunst. Bis ihn zu guter Letzt die Gräfin Potocka in der Diplomatie unterbrachte: als Sekretär der Iranischen Botschaft. Hier faßte er endlich Tritt, hier gewann er seine innere Freiheit wieder, an diese letzten fünfzehn Arbeitsjahre denkt er gern zurück – gern und dankbar. Die Berufsdiplomaten kamen und gingen, er, der ständige Sekretär, war der ruhende Pol der Gesandtschaft.

In seinen letzten Lebensjahren zehrte Wladyslaw von

Moes von einer kümmerlichen Rente, die Frau war krank, der Sohn mit achtzehn an Leukämie gestorben. In Paris lebte die Tochter – als er bei ihr zu Besuch weilte, sah er sich den »Tod in Venedig« im Kino an. Auch aus seiner Sicht ein vollendet schöner Film, an dem er nur zweierlei auszusetzen hatte: daß der Tadzio des Visconti an Alter wie an Wuchs größer war als er, dazu blond und nicht »châtaign«, und daß man die Mutter zur Zigarettenraucherin verfälscht habe: »Das wäre in unseren Kreisen zu jener Zeit undenkbar gewesen.«

Als Luchino Visconti seinerzeit auf der Suche nach einem Tadzio-Darsteller auch nach Polen kam (und unverrichteter Dinge wieder abreiste), wurde er gefragt, wieso er es denn bei dieser Gelegenheit verabsäumt habe, dem in Reichweite befindlichen Urbild zu begegnen. Er gab zur Antwort: »Weil ich von dieser Figur eine eigene Vision habe – die will ich mir nicht durch die Realität zerstören.« Und Moes selbst: »Ich hätte mich nicht anders verhalten als er. Visconti hatte recht.«

Der Film hatte übrigens noch ein weiteres Nachspiel: Er führte auch »Tadzio« und »Jaschu« auf ihre alten Tage noch einmal zusammen. Als der »Tod in Venedig« in London anlief, wohin es das »Jaschu«-Modell Janek Fudakowski nach dem Zweiten Weltkrieg verschlagen hatte, schickte dieser, im Stolz auf seine literarische Verewigung weniger zurückhaltend als der Jugendgespiele, einer großen englischen Zeitung ein Photo, das die beiden während ihres gemeinsamen Aufenthaltes am Lido zeigt. Und als dafür nach erfolgter Veröffentlichung ein Honorar bei ihm einging, richtete »Jaschu« aus England an »Tadzio« in Polen eine briefliche Anfrage, auf welches Konto er denn die ihm zustehende Hälfte des Betrages überweisen solle, schließlich sei er, Tadzio, ja auf dem betreffenden Bild mit drauf. Die Geldüberweisung unterblieb – statt dessen fuhr »Tadzio« zu »Jaschu« nach London auf Besuch. Es wurde ein herzliches Wiedersehen – ungetrübt von der Erinnerung an jene »Ausschreitungen« am Strand, mit denen einst der »stämmige Geringere« den »schwächeren Schönen« bezwungen und damit ihrer Freundschaft ein so abruptes Ende gesetzt hatte.

Das ist nun alles lange her, sehr lange – und auch das (nach den Worten Katia Manns) »drollige Nachspiel« zum »Tod in Venedig« nur mehr eine Fußnote zur Literaturgeschichte. Bloß eines noch: Wäre Thomas Mann selber dem Original-Tadzio in späteren Jahren wiederbegegnet, er hätte von seinen Sympathiebezeugungen für den »kleinen Phäaken« kein Wort zurücknehmen müssen. Nur in *einem* Punkt hat er geirrt: »Er ist sehr zart, er ist kränklich. Er wird wahrscheinlich nicht alt werden.« Wladyslaw von Moes, gegen Ende seines Lebens verwitwet und in Warschau ansässig, stirbt am 19. November 1986. Er hat das schöne Alter von sechsundachtzig Jahren erreicht.

Sorbas und die Folgen

NIKOS KAZANTZAKIS
Alexis Sorbas

Gamma und Sigma – nach dem nächsten anhaltenden Regenguß werden die in den Stein geritzten Initialen noch eine Spur abgeflachter sein. G für Georgios, S für Sorbas. Und wenn sie eines Tages gänzlich ausgelöscht sind – ob dann wohl noch irgendeiner wissen wird, daß dies einst, dies unscheinbare Haus und sein Drumherum, die Probebühne für ein Stück Weltliteratur gewesen ist? Schon der jetzige Insasse tut alles, es zu verschleiern: Nichts schreckt ihn mehr als die Vorstellung, seine Eremitage könnte eines Tages vom Raubtier Tourismus gewittert werden.

Auch ich bin mir meiner Unerwünschtheit wohl bewußt. Meine einheimischen Begleiter, keine Strapaze scheuend, wo es darum geht, verschüttete Stolleneingänge freizulegen, Überbleibsel alten Bergwerksgeräts zu bergen oder des Dichters Meditiergrotte zu orten, sind in diesem Punkt wenig zuversichtlich: «Sie brauchen es gar nicht erst zu versuchen, der läßt Sie nicht rein.«

Es ist der leidige alte Reporterkonflikt zwischen Respekt und Neugier, bei dem letztlich doch immer die Neugier der Stärkere ist.

Mein Wissen, an der Schwelle zu Sorbas' Reich zu stehen, nur wenige Schritte von der Stätte getrennt, von der aus er, die rechte Hand des Bergwerkspächters Nikos Kazantzakis, anno 1916/17 die Fäden jenes gemeinsamen Abenteuers zog, das dreißig Jahre später den Anstoß zu einem der großen Romane des 20. Jahrhunderts geben sollte, weckt in mir ein Maß von Hartnäckigkeit, das mir von Natur fremd ist. Und ich habe Erfolg: Als meine Begleiter schon im Begriff sind, den Rückweg anzutreten, höre ich eine Stimme aus dem Hausinneren, sodann Schritte im Hof, schließlich einen Schlüssel im Schloß, das Tor geht auf. Vor mir steht ein Mann von knapp vierzig: große hagere Gestalt, wirres blondes Haar, ausgebleichtes T-Shirt. Einer der vielen, die den Traum vom Rückzug aus der Zivilisation geträumt, einer der wenigen, die ihn wahrgemacht, und einer der ganz wenigen, die ihn auf Dauer durchgehalten haben.

Rudolf B. ist nun schon das zehnte Jahr hier – in seiner Einsiedelei am Ende der hellenischen Welt. Es ist eines der fünf Häuser jenes Dörfchens Prastova, das keine Landkarte verzeichnet und von dem meine griechischen Gewährsleute einschließlich der staatlichen Zentrale für Fremdenverkehr behaupten, es existiere gar nicht. Aber ist nicht für Athen diese ganze Region ein bloßes Anhängsel? Mani, die südlichste der drei Südspitzen des Peloponnes. Würde ich bis zu ihrem äußersten Ende vordringen, gelangte ich an jenes Kap Tainaron, wo Herakles, Sohn des Zeus und der Alkmene, in die Unterwelt hinabgestiegen ist, den Höllenhund Zerberos zu bezwingen.

Ich freilich bin einem *anderen* Mythos auf der Spur, keinem der Antike, sondern einem neugriechischen, doch die Aufgabe ist deswegen um nichts leichter: dem *Mythos Sorbas*. Kraft, Mut und Tapferkeit – keine von den Gaben des Herakles steht mir bei meinem Unternehmen zur Verfügung. Einziges Handwerkszeug: mein Wissen, daß hinter dem Sorbas des Romans ein Mensch aus Fleisch und Blut steht, daß der Dichter, als er diese wortgewaltige Huldigung an »eine unverbrauchte große Seele« niederschrieb, aus eigenem Erleben geschöpft und daß er bei der künstlerischen Umsetzung dieses Erlebens lediglich zwei Retuschen vorgenommen hat: am Vornamen der Hauptfigur die eine, am Ort der Handlung die andere. Ich brauche also nur *Alexis* durch *Georgios* zu ersetzen und *Kreta* durch *Mani*: Schon bin ich dem »echten«, dem realen Sorbas auf der Spur.

Hier also haben sich die Dinge zugetragen, die Nikos Kazantzakis den Rohstoff für seinen Roman geliefert haben: damals im Ersten Weltkrieg, als der Dreiunddreißigjährige »nach einem Anlaß suchte, der Tintenkleckserei zu entsagen und sich einem tätigen Leben zu widmen«, an der einsamen Westküste der Halbinsel Mani ein kurz zuvor aufgelassenes kleines Braunkohlenbergwerk pachtete, »um so ein Leben mit einfachen Menschen, Arbeitern und Bauern,

Georgios Sorbas: Nikos Kazantzakis hat nur den Vornamen seines Helden geändert

zu führen, weit weg von der Zunft der papierverschlingenden Mäuse«, und sich dabei jenes alten Abenteurers Georgios Sorbas entsann, dessen Bekanntschaft er kurz zuvor auf dem Berg Athos gemacht hatte und der in so vielen Metiers und prompt auch dem des Bergmanns bewandert war:

»*Ich bin ein ausgezeichneter Kumpel. Ich verstehe mich auf Metalle, finde Erzgänge, öffne Stollen, steige in alle Schächte hinab und fürchte mich nicht.*«

Kazantzakis, der »Herr Kapitalist«, der sich »seiner feinen Hände, seines blassen Gesichts, seines harmlosen Lebens schämte«, machte den Älteren zu seinem Vorarbeiter, bald überhaupt zu seiner rechten Hand, und je tiefer er in dessen Wesen eindrang, desto klarer wurde ihm, daß er in diesem einfachen, ungebildeten Menschen sehr viel mehr als bloß eine ideale Arbeitskraft gewonnen hatte:

»*... daß dieser Sorbas ein Mensch war, nach dem ich so lange gesucht und den ich bisher nicht hatte finden können. Ein lebendiges Herz, eine warme Kehle, eine unverbrauchte große Seele, die sich noch nicht von ihrer Mutter, der Erde, getrennt hatte wie der Säugling von der Nabelschnur ... Ich schaute in Sorbas' mondhelles Gesicht und freute mich, wie mutig und einfach er sich mit der Welt auseinandersetzte, wie Körper und Seele bei ihm eine Einheit bildeten, wie sich alle Dinge – Frauen, Brot, Wasser, Zukost und Schlaf – harmonisch und glücklich seinem Fleisch verbanden. Nie hatte ich solch ein freundschaftliches Verhältnis zwischen einem Menschen und dem Weltall erlebt.*«

Nun also, im Sommer 1975, stehe ich im Hof seines Hauses in Prastova. Rudolf B., der weltflüchtige Maler aus dem fernen Deutschland, der mich auf mein Drängen eingelassen hat, legt seine Scheu ab, sowie er Näheres über den

Das Sorbas-Haus in Prastova: Nicht auf Kreta, sondern auf dem Peloponnes haben sich die Ereignisse abgespielt, die Kazantzakis zu seinem Roman angeregt haben

Grund meines Kommens erfährt. Hatte er sich nicht selber, damals vor zehn Jahren, von Kazantzakis' Roman enthusiasmiert, auf den Weg hierher gemacht, sich jene meditative Landschaft zu erschließen, die ihm aus »Alexis Sorbas« so vertraut war? Und soll man es wirklich einen Zufall nennen, daß ihm dann, auf der Suche nach einer festen Bleibe, ausgerechnet das Sorbas-Haus angetragen wurde? Die 40000 Drachmen, seinerzeit durchaus ein »Fremdenpreis«, wären heute ein Bruchteil dessen, was der Besitz ihm einbrächte, wollte er ihn veräußern. Aber kein Gedanke liegt ihm ferner als dieser: Ihm, dem Maler aus dem Norden, scheint an diesem Ort geglückt, was Kazantzakis, dem Dichter aus dem Süden, zeit seines Lebens versagt geblieben und ebendrum zum Leitmotiv seines Œuvres geworden ist: Verstand und Instinkt miteinander in Einklang zu bringen. Der Künstler, der sich selber sein bißchen Gemüse pflanzt, sich selber seinen Fisch aus dem Meer holt, sich selber das Dach richtet, wenn's ihm in die Kammer hineinregnet, der von den dramatischen Beutezügen des Schakals, denen er von der Terrasse seines Hauses gebannt zuschaut, mühelos den Bezug zu Antonin Artaud findet, dessen »Theater der Grausamkeit« er im Bücherregal stehen hat, der hier auch ohne jedes Wissen um die Antike die Allgegenwart des Mythos spüren würde – »Götterstellen«, wo sein Auge hinblickt – und den einzig und allein der Gedanke verstört, sich nächstens wieder einmal aufraffen und in Richtung Zivilisation aufbrechen zu müssen – jene pro Jahr zwei, drei Bilder an den Mann zu bringen, auf deren Erlös auch ein Eremit wie er nicht verzichten kann. Wie ist das – wird man seine Werke »draußen« überhaupt verstehen? Wird man begreifen, daß er es längst aufgegeben hat, Landschaften zu malen – hier, wo es keine »Motive« mehr gibt, sondern nur noch Vollendung, Abstraktum, »nature pure«? Wo dem Künstler nur mehr die Sprache des Zen als Ausdrucksmittel bleibt? Hat nicht Kazantzakis, auf seine Weise, die gleiche Erfahrung gemacht: als er sich, bei seinen Aufenthalten in Prastova, zu buddhistischer Meditation in eine der Meeresgrotten zurückzog, keine Menschenseele an sich heranlassend – um tags darauf um so leidenschaftlicher ihre Nähe zu suchen?

»Ich bemühte mich, ein anderer zu werden, mich für praktische Arbeit zu interessieren, mich nicht mehr mit Worten, sondern mit lebendigen Menschen abzugeben. Ich wollte eine Art Kommune organisieren, mit Arbeit für alle, gleichem Essen und gleicher Kleidung, mit einem gemeinsamen Einkommen, als wären wir Brüder. Eine Art von neuem religiösen Orden sollte entstehen, der Sauerteig für ein neues, besseres Zusammenleben aller Menschen.«

In einer der Wohnkammern des Hauses ein Porträt, das B. vor Jahren gemalt hat: Es zeigt den alten Barbastratis, typisches Gesicht der Gegend, zerfurcht von Sonne, Wind und Lebenskampf. Er hat als junger Mann im Bergwerk gearbeitet – einer aus Sorbas' Schar also. Und er hat alles mitgemacht, was es mitzumachen gab: den verheißungsvollen Beginn, die ersten bösen Stolleneinstürze, schließlich den Zusammenbruch des Unternehmens. Und irgendwo in einem der Winkel des Hauses liegt auch immer noch ein Klumpen Kohle von einst – nie käme B. auf den Gedanken, ihn zu verheizen, da mag's so kalt werden, wie's will. Am Ende stammt er von einem jener gloriosen Funde, die den alten Sorbas stets vor Freude tanzen machten, tanzen, singen und überschwenglich in die Saiten seines Santuri greifen – wer weiß.

Eines steht fest: Die Reliquie ist in guten Händen. Solange B. hier der Hausherr ist, wird sie nicht den Grundstein für irgendein törichtes Sorbas-Museum abgeben – man muß mit so etwas ja immer rechnen. Der Wegweiser, der droben an der Überlandstraße die Richtung zum Dorf anzeigt, ist gefährlich genug: »Odos Kazantzaki«. In den Jahren der Militärdiktatur, der der Freiheitsfanatiker Nikos Kazantzakis ein erklärtes Greuel war, hat die Straßentafel allerdings stark gelitten: Von den Gegnern überpinselt, von den Anhängern flugs wieder erneuert, ist der Name des Dichters seither nur noch schwer zu entziffern. Und das ist gut so: Prastova, das weltentrückte Nest zu Füßen der Taigetos-Berge, wäre für einen Ansturm von Sorbas-Pilgern schlecht gerüstet.

Auf dem Rückweg ins Dorf – hier ein Ölbaum, dort eine Zypresse, eine Hirtin mit ihren Ziegen, ein Bauer auf seinem Maultier – komme ich an jenem Hang vorüber, wo vor sechzig Jahren Nikos Kazantzakis das bewußte Gastspiel als »Unternehmer« gab; ohne große Mühe finde ich die zwei Stolleneingänge. Auch das eine und andere Gerät liegt frei im Gelände herum – das mag wohl noch von 1940 stammen, als hier zum letztenmal ein Versuch unternommen worden ist, dem Boden etwas von seinen kargen Schätzen zu entreißen. Heute breiten sich an dieser Stelle Versuchsfelder für Bananenanbau aus – ein armseliger Einmannbetrieb, der inzwischen, mangels Ertrags, auch schon wieder im Begriff ist, eingestellt zu werden.

Theodoros, der mir als Dolmetscher beisteht, rät zu kurzer Rast im Nachbarort Stoupa, einem malerischen Fischerhafen: Vielleicht findet sich unter den dortigen Einwohnern noch einer, der sich an Sorbas erinnert. Wir haben Glück: Der alte Georgios, der auch ohne Konsumation im Kafeneion unbegrenztes Gastrecht genießt, hat seinen Namen von ihm – 1917 war Sorbas sein Taufpate. Und der Bootsbauer Manolis, der in jenen Jahren schon zur Schule ging, ist einmal auf Geheiß der Lehrerin mit seiner Klasse in den Stollen gekrochen – Sorbas als Anleitung zum praktischen Naturkundeunterricht. Er zeigt mir von seinem Boot aus die Felsgrotte, in die Kazantzakis sich zurückzuziehen pflegte, und die Anlegestelle, von der aus die Kohlenboote die Fahrt nach Kalamata, Volos und Piräus antraten. Die Taverne in der winzigen Sandbucht bietet als einzige Erfrischung Wassermelonen an – auch ohne die Nähe der Stadt Sparta wäre dies hier spartanisches Land, von Athen vergessen, von den Touristen links liegengelassen.

Theodoros hat bis vor kurzem an der Schule seines Bruders in Kalamata Deutschunterricht erteilt. Doch seitdem es im griechischen Fernsehen andauernd diese Nazi-Horrorfilme gibt, ist Deutsch als Wahlfach rapid zurückgegangen – welches Kind mag schon von seinen Mitschülern als blutrünstiger Hunne verteufelt werden? Theodoros versucht seither sein Glück im Hotelfach: als Barmann in einem Musterbetrieb, der den schönen Namen »Filoxenia« trägt – zu deutsch: Gastfreundschaft. Er bringt mich, als wir am Nachmittag in die Stadt zurückkehren, mit seinem Bruder zusammen: Lehrer, Festspielmanager und Ortsgruppenvorsitzender der Papandreou-Partei – der kenne in Kalamata alle Leute, also bestimmt auch die Sorbas-Tochter, hinter der ich her bin.

Georgios Sorbas, um 1870 als eines von vier Kindern eines Ziegenhirten in dem mazedonischen Fischerdorf Cholindro geboren und vom älteren Bruder großgezogen, erlernt den Bergmannsberuf. In Chalkidike, an seiner ersten Arbeitsstätte, verliebt er sich in die Tochter des Vorarbeiters. Eleni ist fünfzehn, er selber etwas über zwanzig. Sie heiraten – aus der Ehe gehen nach und nach zehn Kinder hervor. Doch als die Mutter vierunddreißig ist, werden sie Halbwaisen: Eleni stirbt an der Schwindsucht, der Witwer muß die Familie fortan allein durchbringen.

Eines dieser zehn ist das Mädchen Androniki. Wenn sie heute noch lebt, müßte sie siebenundsiebzig sein. Und sie lebt! Theodoros' Bruder Sotiris macht sich mit mir auf die Suche – erst unlängst ist er dem alten Weiblein noch auf der Straße begegnet. Androniki Geheif – Witwe eines Exilgriechen aus Odessa, der in Kalamata einen Photoladen besaß. Nun führt der Sohn das Geschäft, ihn wollen wir nach der Adresse der Mutter fragen. Doch es ist Samstagnachmittag, der Laden ist zu. Weiter also von Kneipe zu Kneipe, schließlich in die Redaktion des Lokalblattes »Simaia« – es ist dieselbe Zeitung, die am 2. April 1916 in einem enthusiastischen Bericht den Start des Bergbauunternehmens Kazantzakis-Sorbas gefeiert hat.

Wir finden die Tochter des weltberühmten Roman-, Film- und Musicalhelden hinterm Fenster ihres Pensionistenstübchens: beim Nachmittagstratsch mit der Nachbarin. Wir werden ins Innere gebeten – die winzigkleine, quicklebendige Person mit den lustigen Grübchen und dem wohlgeordneten weißen Haar plaziert mich neben sich auf die Bettcouch, eine andere Sitzgelegenheit gibt es nicht. Auf die Frage nach ihrem Vater deutet sie stumm auf die handkolorierte Photographie an der Wand: ein Mann in den besten Jahren, dichtes schwarzes Haupthaar, der keck geschwungene Schnauzbart, die großen dunklen Augen mit

Vierfacher Ehemann, zehnfacher Vater: der Mazedonier Georgios Sorbas (hier in vorgerückten Jahren)

dem durchdringenden Blick. Ich beginne meine paar Fragen zu stellen, Sotiris gibt sie in seiner Sprache an sie weiter.

Doch warum auf einmal diese Wortkargheit der eben noch so übersprudelnd gesprächigen Frau?

»Sie redet nicht gern von ihrem Vater. Sie trägt ihm nach, daß er seine Familie im Stich gelassen hat. Die Mutter tot, die zehn unmündigen Kinder, Hungersnot und Krieg – und dann wandert er nach Serbien aus und kehrt nie wieder zurück. Das war für sie ein furchtbarer Schlag, das muß man verstehn.«

Und so höre ich die Geschichte des Griechen Georgios Sorbas, der nach dem unrühmlichen Ausgang des Bergwerksabenteuers von Prastova mit seinem »Chef«, dem um dreizehn Jahre jüngeren Schriftsteller Nikos Kazantzakis, in den Kaukasus reist, um – im Auftrag der Athener Regierung – an der Heimholung der Rußlandgriechen mitzuwirken, sich auf der Rückreise, einer Liebschaft wegen, absetzt, nacheinander zwei Russinnen ehelicht, Nuscha und Fenja, schließlich in Serbien landet, dort neuerlich heiratet und, was seine Arbeit betrifft, sich im Magnesitbergbau versucht.

Zwischen den Freunden gehen Briefe hin und her, nur zu einem Wiedersehen kommt es nicht mehr. Fünfzehn dieser Briefe sind erhalten – aus den Jahren 1922 und 1923, geschrieben in der Gegend um Niš. Bizarr in der Formulierung, phantastisch in der Interpunktion, je nach Laune schwankend zwischen dem steifen »Sie« und dem vertrauten »Du«. Briefe einer fröhlichen Resignation, was sein Tagewerk, einer durch nichts zu trübenden Lebensfreude, was seine Frauen, und einer erstaunlichen Gleichgültigkeit, was seine Kinder betrifft.

Androniki, die Nr. 4 in der stattlichen Reihe, schlägt die

Augen zu Boden. Nicht, daß sie ihren Vater *haßte* – sie *spricht* nur nicht gern von ihm –, das ist ein Unterschied, und sie beschwört meinen Begleiter, mir diesen Unterschied klarzumachen. 1942 ist er gestorben – in Skoplje. In der Fremde. Und dort, in der Fremde, liegt er auch begraben.

Im Widerstreit zwischen dem Wunsch, mir zu dienen, und der Scheu, alte Wunden aufzureißen, wühlt Mütterchen Androniki mit halbabgewandtem Gesicht in der alten Andenkenschatulle. Ein Foto von den Kumpels von Prastova: an die siebzig junge Arbeiter in voller Montur, dazu die zwei türkischen Stollenwächter in ihrer malerischen Phantasieuniform, vorne links Sorbas, der Vorarbeiter. Und schließlich, zerknittert und vergilbt, ein Brief. Die Abschrift jenes Briefes, den ihr Bruder Andreas, ältestes der Sorbas-Kinder, 1957 an jenen Mann gerichtet hat, der dem Vater ein so prachtvolles Denkmal gesetzt hat – mit seinem Roman »Alexis Sorbas«. Es war in Kazantzakis' Sterbejahr, auf seinem Alterssitz d'Antibes, der Dichter konnte das Elaborat gerade noch beantworten. Ein Brief, der ihn fürchterlich getroffen haben muß, denn statt Dank enthielt er nichts als Unflat, Dummheit, Indolenz. Andreas Sorbas, ältester Sohn des Georgios Sorbas, Oberst der griechischen Armee, schrieb an den 74jährigen Kazantzakis:

An Herrn Nikos Kazantzakis!

Seit langem möchte ich Ihnen die schmerzlichen Gedanken mitteilen, die Ihr Buch »Alexis Sorbas« in mir hervorgerufen hat. Monsieur Kazantzakis: Sie haben schwere Schuld auf sich geladen! Sie haben eine Familie von anständigen Arbeitern beleidigt, die ihr Leben lang hart gekämpft und sich von seiten der Gesellschaft Achtung und Ehre verdient hat. Wir, die lebenden Kinder von Georgios Sorbas sowie seine zahlreichen Enkel, wir fragen uns, ob unser Vater der war, als den Sie ihn schildern: ein herumziehender Fiedler, ein Verrückter, ein Vagabund mit Ranzen und Bogen, ein Bettler, der in den Kaffeehäusern gespielt hat und mit seiner Mütze sammeln gegangen ist. Ist das die Würdigung, die Sie einem Unschuldigen erweisen, der die Güte und Einfalt hatte, Sie zu achten? Erlauben Sie mir, Ihnen zu sagen, daß Sie, indem Sie vor der ganzen Welt unsere Familie beleidigt haben, einen schwerwiegenden Fehler begangen haben. Ich habe das Recht, zu fragen, auf welche Weise Sie gedenken, dies wiedergutzumachen und unsere Familienehre wiederherzustellen.

Andreas Sorbas
Athen, den 17. April 1957

Der Schmerz, der dem greisen Dichter durch diesen törichten Insult zugefügt wurde, war zu groß, als daß er die Sache auf sich hätte beruhen lassen können. Voll Bitternis schrieb er, wenige Monate vor seinem Tod, zurück:

»Kaum einen Menschen habe ich so sehr geliebt wie Ihren Vater, keinen so hochgehoben, keinen so in der ganzen Welt bekanntgemacht. In den Vereinigten Staaten von Amerika, so höre ich, denkt man daran, einen Verein der Sorbas-Freunde zu gründen, und von einem hohen Diplomaten des Landes weiß ich, daß er den Plan gefaßt hat, sein bisheriges Leben aufzugeben und dem Beispiel meiner Romanfigur zu folgen. Und nun beklagt sich der Sohn …«

Worüber eigentlich beklagt er sich? Im Ernst: worüber? Was um Himmels willen hat dieser Andreas Sorbas, den ich selber dazu nicht mehr befragen kann, weil er zwei Jahre nach der Affäre gestorben ist, am Bildnis seines Vaters auszusetzen? Ich werde versuchen, es seiner Schwester zu entlocken, Androniki muß es wissen – schließlich behauptet er, im Namen der gesamten Nachkommenschaft zu sprechen. Was also ist es?

»Unser Vater war kein Landstreicher. Und er hat Buzuki gespielt – nicht Santuri.«

O, diese Familien! O, diese Angehörigen! O, diese Hinterbliebenen! Wann wird der Dichter geboren werden, der das Kunststück zuwege brächte, es ihnen allen recht zu machen?

Androniki Geheif geb. Sorbas, Tochter des Bergmanns, Holzfällers, Hausierers, Schmugglers, Buzuki-Spielers, Bigamisten und Romanhelden Georgios Sorbas, ist auf ihren Vater nicht gut zu sprechen. Aber noch weniger gut zu sprechen ist sie auf den Mann, der ihren Vater literarisch verewigt, ihn vor aller Welt in den Himmel gehoben hat. Und sie ist auch fest entschlossen, daraus ihre Konsequenzen zu ziehen: Sie wird sich hinsetzen und selber ein Buch über ihren Vater schreiben. Das wird dann der wahre Sorbas sein. Das – und nichts sonst.

Der wohlverdiente Himmel

FRANZ WERFEL
Der veruntreute Himmel

»Ich kenne die Person anders, als der Schriftsteller gewöhnlich seine Geschöpfe kennt. Er muß sie entweder erfinden, und das ist zumeist ein bedenkliches Verfahren, oder es sind historische Bombennummern, die er aus anderen Büchern zusammenkratzt. Teta Linek aber ist keine Erfindung, ist kein Mosaik, sie ist wirklich, sowohl außerhalb meiner als in mir. Sie hat nicht aufgehört, in mir zu sein.«

Originalton Franz Werfel. Der Dichter über die Hauptfigur seines Romans »Der veruntreute Himmel«. *Teta Linek* im Buch, *Anežka Hviždová* im wirklichen Leben.

Auch siebzig Jahre nach ihrer beider Hinscheiden ist die Erinnerung an sie voll intakt: *Teta Linek* lebt zwischen den Buchdeckeln des bis in unsere Tage immer wieder neuaufgelegten Werfel-Romans weiter, *Anežka Hviždová* ruht in einem Sammelgrab auf dem Wiener Zentralfriedhof. Es ist jene vom III. Orden des Heiligen Franziskus unterhaltene Gruppe 140, die in erster Linie für mittellose tschechische Dienstboten angelegt worden ist. Agnes (wie sie in ihrer Wahlheimat Wien gerufen wurde) teilt ihre letzte Ruhestätte mit sechs Schicksalsgefährtinnen; die Grabinschrift nennt lediglich Namen und Sterbejahr: 1933. Über das diesem Tod vorausgegangene Leben verweigert das Werk des Steinmetzen jegliche Auskunft. Nichts über ihre Herkunft, nichts über das Alter, das sie erreicht hat, nichts sonst – hat sie am Ende zu wenig in die Sterbekasse eingezahlt?

Zu wenig? Ja, woher hätte sie denn mehr *nehmen* sollen –

Agnes Huizd, Urbild der Teta Linek aus Franz Werfels Roman »Der veruntreute Himmel« (hier – in der Bildmitte – im Kreise des Alma-Mahler-Hauspersonals)

wo doch der feine Herr Neffe sie um alle ihre Ersparnisse geprellt hat, damals, als sie noch der Einbildung erlegen war, sich einen sicheren Platz im Jenseits erkaufen zu können, indem sie den Burschen auf ihre Kosten Theologie studieren und zum Priester ausbilden ließ? Wie konnte sie denn ahnen, daß sie einem abgefeimten Betrüger aufsitzen würde?

Sei's drum, auch so ist ihr die ewige Glückseligkeit gewiß. Hat sie nicht einem der größten Dichter ihres Landes den Stoff für eines seiner populärsten Werke geliefert? Solange es zwischen hüben und drüben einen letzten Rest Gerechtigkeit geben wird, muß ein solches Verdienst mindestens ebenso zu Buche schlagen wie die Förderung des Priesternachwuchses oder eine Pilgerreise nach Rom.

Ich stehe am Grab der Herrschaftsköchin Agnes Huizd,

geboren am 21. 1. 1861 zu Friedland in Böhmen, gestorben am 3. 6. 1933 zu Wien. Sechs Jahre nach ihrem Tod ging sie als *Teta Linek* in die Literatur ein, und so, wie sie von Stund an unter dem neuen Namen weiterlebt, fiel sie unter dem alten der allgemeinen Vergessenheit anheim. Erstaunlich genug: Kaum einer von denen, die sie noch gekannt haben, weiß von solcher Identität. Da haben sie mit der *Agnes* Tür an Tür gewohnt und mit der *Teta* gelitten, wie man mit einer Romanfigur nur leiden kann, und doch war keinem von ihnen bewußt, daß die beiden eine und dieselbe waren: Original und literarische Verewigung. Urbild und Abbild. Für den Totengärtner, der im Frühjahr die Hecken stutzt und zu Allerheiligen den Christuskopf poliert, sind, die hier, am äußersten Südostende des Wiener Zentralfriedhofs, begraben liegen, solange er zurückdenken kann, »die Mädeln« – nicht anders als für die Leute im »böhmischen Haus« am Alsergrund: die letzten, die sich ihrer noch erinnern. »Die Mädeln« – ja, dieser Name ist ihnen geblieben, auch als sie längst am Stock gingen, selber auf fremde Hilfe angewiesen, dem Tag nicht mehr fern, da man den Herrn Kaplan zu ihnen rufen würde, das Sterbesakrament zu spenden.

Das »böhmische Haus« – unverändert steht es am alten Platz, dort wo die Pulverturmgasse sich mit der Lustkandlgasse kreuzt. Wäre nicht die Heiligenfigur im Flur, hielte man es für ein Mietshaus wie jedes andere. Schummerig, hinfällig, so mancher Reparatur dringend bedürftig. Drei, vier Wohnungen pro Etage – Wasserhahn und WC erst in neuerer Zeit vom Flur ins Innere verlegt. Der Hausbesorger, ein Gastarbeiter aus Kroatien, scheidet als Auskunftsperson aus, und die Parteien, durchwegs Rentnerinnen, öffnen keinem Fremden. Ich hole also aus der Kirche vis-à-vis Verstärkung; noch immer wird dort in der Krypta jeden dritten Sonntag eine tschechische Messe gelesen. Dem vertrauenerweckenden Pater aus dem Canisius-Konvent wird es noch am ehesten gelingen, die alten Weiblein zum Sprechen zu bringen, bald kann er mich ihnen allein überlassen.

Tatsächlich, nun gehen überall die Türen auf, das Stiegenhaus füllt sich mit Menschen, deutsche Laute vermengen sich mit tschechischen, ein blinder Hund tastet sich die Treppe hinunter, auf halbem Weg von einer der Greisinnen mit Zuckerwerk verköstigt. Die Agnes? Natürlich erinnere man sich an sie – eine kleine Dicke war's, und wenn sie gelacht habe, sei von ihren Augen nichts zu sehen gewesen als ein schmaler Strich. Nur mit dem Gehen habe sie sich schwergetan, kein Wunder: das viele Stehen in der Küche, immerfort habe sie die geschwollenen Beine einreiben müssen. Arm waren's halt auf ihre alten Tag', die »Mädeln«: zu viert auf einem Zimmer, und nicht einmal einen eigenen Kasten besaßen sie, nur eine Stellage für ihre Körb'. »Und

Sammelgrab auf dem böhmischen Dienstbotenfriedhof: Anežka Hviždová (so ihr Geburtsname) starb am 3. Juni 1933 in Wien

wenn eins von uns Waschtag gehabt hat, sind's halt in die Waschküch' gekommen und haben uns einen Kübel heißes Wasser abgebettelt – für ihr eigenes bißchen Zeug.«

Útulna Alžbety – das Elisabethheim für böhmische Dienstboten. Zuerst Stellenvermittlung und Auffangquartier für die Neuankömmlinge, die hier auf ihre künftige »Gnädige« warteten; später, als der Nachschub aus dem Norden zu versickern begann, Asyl für die aus dem Dienst geschiedenen anhanglosen Alten. Es waren die beiden großen Parterrewohnungen, die nun schon eine Ewigkeit lang wieder Privatquartier sind – seit jenem Schicksalsjahr 1938 nämlich, da die Nazis allen christlichen Vereinigungen in der »Ostmark« den Garaus machten und auch die der heiligen Elisabeth verschworenen Gastarbeiterinnen aus dem nachmaligen Protektorat Böhmen und Mähren aus dem Land jagten.

Der Agnes blieb dieses Los erspart: Fünf Jahre lag sie zu jener Zeit schon unter der Erde. »Altersrentnerin, zweiundsiebzig Jahre, ledig, organischer Herzklappenfehler« – so lese ich's im Sterbebuch der Pfarre Lichtental, das mir der neue Geistliche, ein junger Ungar, am Tag vor seiner Amtseinführung aus dem Archiv heraussucht. Franz Werfel und »Der veruntreute Himmel« – das sind Namen, die ihm nichts sagen, das gehört zu seinem Nachholpensum. Aber wen interessiert so etwas heute noch? Die Zeiten der böhmischen Herrschaftsköchinnen, in Werfels Requiem auf das alte Österreich noch ein letztesmal eindringlich beschworen, sind ein für allemal vorbei. Und erst recht vorbei sind die Zeiten jenes naiven Jenseitsglaubens, der Mensch könne sich »durch einen privaten Mittler im Himmel einkaufen«.

Dies war ja Teta Lineks »großer Lebensplan« gewesen:

in ihrem Neffen Mojmir »einen ihr persönlich zugeteilten Priester zu besitzen, der in unermeßlicher Dankbarkeit und Treue bis zu seinem eigenen späteren Hinscheiden für sie zahllose heilige Seelenmessen lesen werde, diese Aufrichtung und köstliche Labe der Toten, solange sie ihren endgültigen Wohnsitz noch nicht bezogen haben«. Für ihn wollte sie alle ihre Ersparnisse opfern, so dürftig leben und so streng knausern, wie's nur ging – bloß »um ihn zu nähren und zu kleiden, um für das Studium aufzukommen bis zum Tag seiner Primiz«.

Das »Studium« zog sich freilich über alles normale Maß in die Länge, immer wieder fielen dem famosen Früchtchen neue Vorspiegelungen ein, dem »lieben Tantchen« ein weiteres Sümmchen aus dem Sparstrumpf zu ziehen, bis selbst die verblendete Agnes – im Unterschied zur bis zuletzt arglosen Teta des Romans – mißtrauisch zu werden begann und sich eines Tages auf Anraten ihrer »Gnädigen« in den Zug setzte, an Ort und Stelle nach dem Rechten zu sehen – mit dem erschütternden Resultat, daß der Tunichtgut all die Jahre ohne den geringsten Gedanken an eine geistliche Laufbahn ihr gesamtes Geld durchgebracht hatte …

Ihr gescheitertes Lebenswerk zu retten, nimmt die Ärmste ein weiteres Mal Anlauf auf die ewige Glückseligkeit und ersinnt ein neues Opfer: Sie schließt sich einer Pilgergruppe an, die nach Rom fährt. Und erst hier, bei dem abermaligen Versuch, sich ihren Ewigkeitsanspruch zu sichern, trennen sich die Schicksale von Urbild und Abbild: Während *Agnes*, von der frommen Unternehmung seelisch gestärkt, nach Wien zurückkehrt und wieder den gewohnten Küchendienst aufnimmt, bricht *Teta* bei der Papstaudienz im Vatikan erschöpft zusammen und stirbt: »Ein Held in ihrer Art.«

Für Agnes Huizd geht das Leben weiter. Zur Heimat, die sie mit fünfzehn Jahren verlassen und von der sie so bittere Enttäuschung erfahren hat, sind nun alle Brücken abgebrochen. Noch mehr als vorher geht die treue Perle in ihrer Arbeit auf – nur ihre Herrschaft weiß um das schändliche Geheimnis, ihr als einziger hat sie sich anvertraut. Und erst nach ihrem Tod bricht diese ihr Schweigen: Sommer 1938 in Paris. Alma Mahler-Werfel – im Exil. Eine alte Freundin der Familie hat das Ehepaar zum Mittagessen eingeladen. Man spricht von daheim, von Wien. Von der alten Heimat, die plötzlich aufgehört hat, Heimat zu sein. Und man spricht von den Menschen, die diese Heimat bevölkert, die diese Heimat verkörpert haben. Auch auf die alte Köchin kommt man zu sprechen, die Dame des Hauses hat sie gut gekannt. Was wohl aus der braven Agnes geworden sein mag? Und da fängt Alma Mahler-Werfel zu erzählen an …

Nicht nur die Gastgeberin lauscht wie gebannt der ergreifenden Geschichte von der frommen Dienstmagd, der der liederliche Neffe ihren Platz im Himmel veruntreut – auch der Dichter, den sie selber jahrelang umsorgt hat, zeigt sich von dem Fall aufs tiefste beeindruckt: »Franz Werfel bekam glühende Augen, und so montierte ich viele Details hinein, die mir plötzlich wieder einfielen. Er frug, und ich antwortete … Wir kamen auf die Straße, und Werfel frug und frug und sagte dann: ›Die Sache werde ich schreiben.‹«

Kurz darauf verlassen die Werfels Paris und übersiedeln via Marseille für zwei Jahre nach Sanary-sur-Mer. Wieder ein paar Tage später, und der Dichter entwirft die ersten Skizzen für einen neuen Roman: »Der veruntreute Himmel/Die Geschichte einer Magd«. 1939 erscheint die erste Ausgabe – bei Bermann Fischer in Stockholm. Bis Deutschland nachziehen kann, muß es dort erst einmal mit dem Nazispuk ein Ende haben. 1948 folgt die Bühnenfassung, 1958 Ernst Marischkas Film, Annie Rosar in der Rolle ihres Lebens.

»Sie war eine alte Frau, untersetzt, rundlich, mit breiten Backenknochen und hellen Vergißmeinnicht-Augen, die einen aufmerksamen, eigensinnigen und oft argwöhnischen Ausdruck besaßen. Sah man sie dann und wann vorüberhuschen, fiel ihr eilig bemühter Watschelgang auf, der scheue Paß eines nächtlichen Tieres, das aus der menschlichen Gefahrenzone fort und seiner sicheren Höhle zustrebt. Damals hätte ich nicht vermutet, daß ich eines Tages den Versuch machen würde, die Geschichte dieser alten Magd aufzuzeichnen, die gerade noch lesen und schreiben konnte. Nun aber sitze ich da, an einem fremden Tisch in einem fremden Land, und rufe sorgfältig die sehr schmerzliche Erinnerung an eine vergangene Welt empor ...«

Ich suche Wien nach Leuten ab, die das Urbild dieser Teta Linek noch gekannt haben, und ich habe Glück. Da ist die Oberschwester Ida, die viele Jahre im gleichen Haushalt tätig gewesen ist, zuerst als Pflegerin der frühverstorbenen Manon, Alma Mahler-Werfels Tochter aus der Ehe mit Walter Gropius, später als ihre eigene enge Vertraute; da ist die Hausbesorgerin, die den Landsitz in Breitenstein, das Grafenegg des Romans, gehütet hat, wo Agnes den Sommer uber werkte; und da sind die alten Weiblein aus dem ehemaligen Elisabethheim, die für sie, als es mit der Agnes zu Ende ging, gemeinsam einen Kranz gespendet haben. Da findet sich nach einigem Kramen auch eine jener kolorierten Bildpostkarten von der Útulna Alžbety, wie sie die Insassen zu den großen Festtagen an die Verwandten daheim geschickt haben mögen, und sogar, nicht viel mehr als briefmarkengroß, eine Photographie der Agnes, von der »Gnädigen« persönlich angefertigt – im Kreise des gesamten Personals. Und nun sehe ich auch, von frisch aufbrechenden Erinnerungen meiner Gewährsleute herbeibeschworen, die Dienstbotenkammer der Agnes Gestalt annehmen samt ihrem armseligen Mobiliar aus Körben, Koffern, Schachteln, sehe sie, eine begnadete Künstlerin ihres Faches, die delikatesten Menüs zubereiten, den Nierenbraten rollen und die Serviettenknödel einlegen, lasse mich von der nervösen Hektik anstecken, die regelmäßig in der Küche ausbrach, wenn draußen schon die ersten Gäste läuteten und die Agnes, dieser Ausbund an Unpünktlichkeit, noch kaum bei der Suppe angelangt war, sehe sie zur Frühmesse in die Kirche huschen, nach ihrer Rückkehr mit der Hausfrau den Speisezettel durchgehen und sodann, den verschließbaren Einkaufskorb im Arm, den Weg zum Naschmarkt antreten, höre sie, diese eiserne Verteidigerin ihrer Jungfräulichkeit, all ihre irdische Liebe dem Haushund Burschl zuwenden, nach getaner Arbeit auf ihrem Zimmer Zither spielen oder unter der Semmering-Linde die Lieder ihrer Heimat singen, sehe sie in der Tiroler Sommerfrische, den hochgradig irritablen Gustav Mahler nicht zu molestieren, im Morgengrauen mit dem Frühstücksgeschirr den schlüpfrigen Kletterpfad zum »Komponierhäuschen« hinaufkraxeln und, zwei Jahrzehnte später, wenn es dem »neuen« gnädigen Herrn einfiel, sich für ein paar Tage auf den Semmering in Klausur zu begeben, mit Franz Werfel in die Südbahn einsteigen, mit spagatverschnürten Schachteln und noch feuchten Schürzen bepackt, mit Häubchen und Besen, daß kaum in den Waggon zu kommen war, ertappe sie in übermütiger Maskerade, wie sie, als

Werfel verkleidet, der Gnädigen zum Geburtstag die Glückwünsche des Personals darbringt, und meine sie schließlich in ihrer sorgsam versperrten Kammer verschwinden zu sehen, die frischerworbenen »Körberlgelder« ihrem Sparstrumpf einverleibend, damit nur ja recht bald wieder eine Geldrate für die ewige Glückseligkeit den Postweg in Richtung Heimat antreten kann …

Die alte Mahler-Wohnung in der Elisabethstraße, keine fünf Gehminuten vom Opernhaus entfernt, der Sommersitz auf dem Semmering und die berühmte Ast-Villa auf der Hohen Warte, wo Frau Alma zuletzt für die Notabeln des Ständestaates Hof hielt und heute die saudiarabische Gesandtschaft ihren Sitz hat – sämtliche Stationen ihres fünfundzwanzigjährigen Wirkens für das Haus Mahler-Werfel haben die Zeiten überdauert, und da sich in Agnes' spärlicher Hinterlassenschaft auch eine Rezeptsammlung von ihrer Hand fand, wird vielleicht sogar noch irgendwo auf dieser Welt, wer weiß, nach ihren Anweisungen gekocht.

Die Wege der Anežka Hviždová aus dem Wallenstein-Städtchen Friedland, die in Wien zur Agnes Huizd wurde und am Ende ihrer Tage wieder zur Anežka Hviždová, sind bis heute nicht verschüttet. Werfel hat ein übriges getan und sie bis zur Unentwirrbarkeit mit seinen eigenen verknüpft. Denn wem es einfiele, nach Hustopec zu reisen, in jenes südmährische Landstädtchen unterhalb von Brünn, in das der Dichter die Herkunft seiner Teta Linek verlegt, würde dort vergeblich nach einer Agnes Huizd forschen. Statt dessen stieße er zu seiner Überraschung auf den Namen Werfel: Aus dem einstigen Auspitz stammen des Dichters Vorfahren. Das also ist der Punkt, wo die Biographie des Modells mit seiner eigenen verschmilzt, und dafür mag wohl doch mehr als bloß die schriftstellerische Bequemlichkeit den Ausschlag gegeben haben – gewiß auch Liebe, Bewunderung, Respekt.

Achtunddreißig Jahre später – und wieder sträubt sich die Feder, es einen Zufall zu nennen – rücken die beiden ein weiteres Mal zusammen, der Dichter und sein Modell, und nunmehr endgültig: an jenem Apriltag des Jahres 1976, da Franz Werfels Gebeine aus Kalifornien, wo sie im Sommer 1945 eine erste Ruhestatt gefunden haben, nach Österreich heimgeholt und in einem Ehrengrab des Wiener Zentralfriedhofs aufs neue beigesetzt werden. Auf dem gleichen Gottesacker wie seine Teta, nur ein paar hundert Schritte von ihr entfernt.

»Es reizt mich in vieler Hinsicht …«

KLAUS MANN
Mephisto

Amsterdam, November 1935. Klaus Mann, seit seinem Weggang aus Deutschland vor zweieinhalb Jahren unsteten Aufenthalts, gibt momentan in der holländischen Metropole die Emigrantenzeitschrift »Die Sammlung« heraus, auch soll er für den Querido-Verlag, wo sein Freund Fritz Helmut Landshoff der für die Exilliteratur zuständige Lektor ist, einen neuen Roman schreiben. Damit er nicht weiterhin den Eltern auf der Tasche liegt, will ihm der Verlag für die nächsten zehn, zwölf Monate mit einer regelmäßigen Unterhaltszahlung aushelfen.

Thomas Manns Zweitgeborener, wegen seiner militant antifaschistischen Aktivitäten seit 1. November 1934 von der Heimat ausgebürgert, hat bereits ein paar Novellenbände, eine Essaysammlung und zwei Romane veröffentlicht – jetzt ist er auf der Suche nach einem neuen Stoff. Die Idee einer Dreiecksgeschichte über einen Jungen zwischen zwei Schwestern verwirft er: In Zeiten wie diesen kann man unmöglich unpolitisch bleiben. Auch das Sujet eines utopischen Romans geht ihm durch den Kopf: Wie könnte es in 200 Jahren in Europa aussehen, wenn der alte Kontinent von den neuen Herren ruiniert ist und die totale Anarchie herrscht? Oder – wie wär's mit einem Kleist-Roman? Nein, für ein so deutsches Thema sieht der Verlag wenig Chance auf dem internationalen Buchmarkt. Klaus Mann, soeben neunundzwanzig geworden, ist also weiter am Grübeln.

Da trifft Post von Hermann Kesten ein. Der sieben Jahre ältere Kollege hat von den Nöten seines ehemaligen Zimmernachbarn in der Amsterdamer Fremdenpension gehört: Er wüßte einen Tip. Das Thema beschäftige ihn selber seit einiger Zeit, doch schiene ihm Klaus Mann der geeignetere Autor, es umzusetzen: »Sie sollten den Roman eines homosexuellen Karrieristen im Dritten Reich schreiben.« Der Briefschreiber fügt auch gleich hinzu, an wen er dabei denkt: Es ist der Berliner Staatsintendant Gustaf Gründgens. Was ihm, Kesten, vorschwebe, sei weniger ein politischer Roman als eine Gesellschaftssatire – etwa nach dem Vorbild von Maupassants »Bel Ami«. Titel: »Der Intendant«.

Wahrhaftig, das ist es: Klaus Mann ist Feuer und Flamme. Und vertraut sogleich seinem Tagebuch an: »Es reizt mich in vieler Hinsicht ...«

In vieler Hinsicht – wie wahr! Hat denn nicht auch er wie gebannt die beispiellose Karriere des sieben Jahre älteren Schauspielers, Regisseurs und Theaterleiters kritisch beobachtet, ja steht mit ihm durch gemeinsame Arbeit wie durch verwandtschaftliche Bande sogar in engster persönlicher Verbindung? Beides ist freilich eine Weile her, und beides ist längst von Zuneigung in abgrundtiefen Haß umgeschlagen.

Die ersten Kontakte zwischen Autor und Theatermann reichen in das Jahr 1925 zurück: Klaus Mann, gerade eben Schule und Internat entronnen, hat in Zeitungen und Zeitschriften seine ersten Beiträge unterbringen können und beim Berliner »12 Uhr-Blatt« seinen Posten als Theaterkritiker angetreten; Gründgens, sieben Jahre älter, brilliert als Shooting-Star auf der Bühne der Hamburger Kammerspie-

Eine Haßliebe, aus der ein skandalumwitterter Schlüsselroman hervorging: Gustaf Gründgens (links) und Klaus Mann (rechts). Dazwischen Erika Mann und Pamela Wedekind

le. Was die beiden zueinanderführt, ist ein neues Theaterstück, es heißt »Anja und Esther«, und Klaus Mann ist der Verfasser. Wäre da nicht Gründgens genau der richtige Mann, es an seinem Theater herauszubringen?

Es klappt vorzüglich: Gründgens verliebt sich in den Text, übernimmt die Regie und weiß auch sofort, wie er die Rollen besetzen wird: Klaus Manns Schwester Erika, die es sowieso zur Bühne zieht, und Freundin Pamela Wedekind sollen die Titelrollen übernehmen, Klaus Mann und er selbst die beiden männlichen Parts. Daß sich der künstlerische Erfolg der Aufführung in Grenzen hält, wird durch das um so schrillere Echo in der Boulevardpresse wettgemacht: Unter der Sensationsschlagzeile »Dichterkinder spielen Theater!« rauscht's landauf, landab im deutschen Blätterwald. Und auch persönlich kommen die Protagonisten einander näher: Man zieht zu viert durch die Hamburger Künstlerkneipen und die Nachtlokale von St. Pauli und – landet eines Tages sogar auf dem Standesamt: Gustaf Gründgens und Erika Mann heiraten. Daß es bei Klaus Mann und Pamela Wedekind nur zur Verlobung reicht, liegt daran, daß der Bräutigam noch minderjährig und das Vormundschaftsgericht zu keinerlei Ausnahmebewilligung bereit ist.

»Klaus Mann ist nicht nur ein Schilderer der neuen Jugend, er ist vielleicht berufen, ihr Wegweiser zu werden« – so jubelt Gründgens im Programmheft, das die Hamburger Kammerspiele zur Premiere von »Anja und Esther« aufgelegt haben. Logische Konsequenz: Seinem Debütstück soll ein weiteres folgen. Doch diese »Revue zu vieren«, in der gleichen Besetzung und wiederum von Gründgens inszeniert, wird ein Flop: Die nach der total verrissenen Leipziger Premiere gestartete Deutschlandtournee endet vorzeitig, und sie endet mit Krach auf allen Linien. Gründgens steigt aus, auch die Ehe mit Erika Mann geht nach einiger Zeit in die Brüche, Pamela Wedekind heiratet den Dramatiker Carl Sternheim, und Klaus Mann macht das Zerwürfnis komplett, indem er – inzwischen sind einige Jahre letzter loser Kontakte mit Gründgens verstrichen – unter dem Titel »Treffpunkt im Unendlichen« einen Roman herausbringt, in dem er – wohl schon eine Art Vorstufe des vier Jahre später entstehenden »Mephisto« – mit dem »Verräter der gemeinsamen Jugend« abrechnet, der nur auf äußeren Erfolg, auf Geld und Ruhm aus ist.

Nicht nur für Eingeweihte ist leicht erkennbar, an wen der Autor bei der nur scheinbar fiktiven Figur dieses Tänzers Gregor Gregori denkt, der »alles, was fein und selten in ihm ist, so vergröbert, daß Erfolg daraus wird«: Es ist der einstige Gesinnungsgenosse, Theaterkumpan und Kurzzeitschwager Gustaf Gründgens, der sich in den Endjahren der Weimarer Republik, 1928 von Hamburg nach Berlin wechselnd, zum meistbeschäftigten Darsteller und Regisseur in Schauspiel, Oper, Revue und Film emporarbeitet. Die revolutionäre Linke, die ihm einst – wie Klaus Mann – Heimat gewesen ist, hat er längst hinter sich gelassen, alle Hindernisse für ein opportunistisches Bündnis mit dem heraufkommenden Faschismus sind aus dem Weg geräumt.

Klaus Mann weilt seit einem Jahr im Exil, als er erfährt, wovon alle Zeitungen in Deutschland in großer Aufmachung berichten: Mit seiner Ernennung zum Intendanten des Staatlichen Schauspiels Berlin ist Gustaf Gründgens, von Hermann Göring persönlich protegiert, zur Nr. 1 des nationalsozialistischen Theaterbetriebs aufgestiegen. Von der »nichtarischen« Thomas-Mann-Tochter Erika geschieden, wird er zwei Jahre nach seiner »Inthronisierung« noch

Klaus Mann 1936, als er, zwischen Holland und der Schweiz pendelnd, am »Mephisto«-Roman schrieb

einen weiteren Beweis seiner karrieristischen Wendigkeit liefern: Um seine Unangreifbarkeit im Hitler-Staat, der soeben die strafrechtliche Verfolgung der Homosexuellen intensiviert und den berüchtigten Paragraphen 175 verschärft hat, abzusichern, heiratet Gründgens, dessen diesbezügliche Veranlagung allgemein bekannt ist, die Schauspielerin Marianne Hoppe.

Was Klaus Mann an diesem Schritt so sehr anwidert, ist nicht die sexuelle Ausrichtung seines Kontrahenten (die er mit ihm teilt), sondern das leicht durchschaubare Manöver ihrer Kaschierung. So wird er denn auch, als er sich entschließt, den »Mephisto«-Roman zu schreiben, von Hermann Kestens Empfehlung abweichend seinen »Helden« nicht in kompromittierende Abenteuer mit jungen Männern verstricken, sondern wird ihm eine Sado-Maso-Affäre mit einer farbigen Edelprostituierten anhängen.

Doch zuerst einmal braucht man einen Namen für die Hauptfigur. Klaus Mann ist um Weihnachten 1935 bei seinen Eltern in Küsnacht zu Besuch, im Familienkreis wird das Thema erörtert. Karel Kipgen und Mathien Möwgen stehen zur Debatte, schließlich fällt die Wahl auf Hendrik Höfgen. Hendrik mit d – damit ist auf das vulgäre v in Gründgens' Vornamen angespielt, das dieser im Zuge seines Aufstiegs gegen das exzentrischere f ausgetauscht hat. Und Höfgen – darin drückt sich das Anschmeißerische des Höflings aus, der vor seinen allmächtigen Gönnern bukkelt.

Noch in der Schweiz, nimmt Klaus Mann Anfang Januar 1936 die Arbeit am neuen Roman auf. Mit diabolischer Freude – so trägt er in sein Tagebuch ein – geht er daran, das Charakterbild des Verhaßten zu entwerfen, der Familie liest er nach dem Abendessen erste Textproben vor. Hermann Kestens Ratschlag folgend, hat er sich zuvor noch in Maupassants Karrieristenroman »Bel Ami« vertieft, auch den »Untertan« seines Onkels Heinrich Mann hat er sich ein weiteres Mal vorgenommen, sogar in Goethes »Faust« blättert er. Natürlich ist er sich jederzeit darüber im klaren, welches Risiko er mit seinem Werk, das die Leser bei aller künstlerischen Verfremdung als Schlüsselroman einstufen werden, eingeht. Vor allem aber: Wie wird der Hauptbetroffene reagieren? In einem Brief an Mutter Katia Mann, der er laufend über den Fortgang der Arbeit berichtet, schreibt er: »Wahrscheinlich wird er mir furchtbar schaden.«

Aber weit mehr noch verunsichert ihn ein eventuelles Scheitern des Projekts: Als im April 1936 das Gerücht aufkommt, Gründgens sei – nach einer im »Völkischen Beobachter« veröffentlichten Attacke von Propagandaminister Goebbels – bei den Nazis in Ungnade gefallen und auf Grund seiner gleichgeschlechtlichen Veranlagung seines Amtes enthoben worden, fürchtet Klaus Mann, es könnte ihm der Boden für seine Darstellung entzogen sein: Mit den Worten »Das Modell scheint wirklich gestürzt zu sein, was mich sehr ärgert und irritiert« schildert er – wiederum in einem Brief an die Mutter – die mißliche neue Lage.

Doch alles wendet sich zum Guten: Goebbels kann sich gegen seinen Rivalen Göring nicht durchsetzen, Gründgens, inzwischen auch zum Preußischen Staatsrat ernannt, bleibt an den Hebeln der Macht. Auch Lektor Landshoff, der schon die ersten Überlegungen bezüglich Aufmachung, Erscheinungszeitpunkt und Vertrieb des Buches anstellt, kann seinen Autor beruhigen: »Ich habe genaue Nachricht, daß Gründgens in größter Gunst ist. Also kommt der Roman zu bester Zeit.«

Am 19. Mai 1936 ist das Manuskript abgeschlossen.

Den Vorabdruck hat sich die »Pariser Tageszeitung« gesichert; am 17. Juni kündigt das frischgegründete deutschsprachige Emigrantenblatt »Mephisto« in Fortsetzungen an. Daß sie es unter der Überschrift »Ein Schlüsselroman« tut und gar bedenkenlos ausplaudert, hinter der Titelfigur verberge sich niemand anderer als »der Intendant und braune Staatsrat Gustaf Gründgens« und hinter den übrigen Akteuren »der ganze Troß der nationalsozialistischen Würdenträger«, läßt beim Querido-Verlag, der gerichtliche Auseinandersetzungen heraufkommen sieht, sämtliche Alarmglocken schrillen. Klaus Mann wird daher nahegelegt, von der Redaktion der »Pariser Tageszeitung« eine Richtigstellung zu verlangen. Doch von dem zwei Seiten langen Telegramm, das sogleich von Amsterdam nach Paris abgeht, wird nur ein Bruchteil ins Blatt gerückt. Essenz von Klaus Manns »Präzisierung«: »Mein Mephisto ist nicht dieser oder jener. In ihm fließen vielerlei ›Züge‹ zusammen. Hier handelt es sich um kein ›Porträt‹, sondern um einen symbolischen Typus.«

Im Manuskript seiner sechs Jahre später in New York und 1952 auch auf deutsch erscheinenden Autobiographie »Der Wendepunkt« wird er es noch schärfer herausarbeiten: »Das individuelle Problem Gründgens interessierte mich nicht. Aber das Problem des ›kultivierten‹ Mitläufers, des talentvollen Opportunisten, der gesinnungslosen Begabung – das schien mir doch des Interesses wert. Es reizte mich, dieses Phänomen, diesen moralischen Skandal erzählerisch darzustellen. Meine Wahl fiel auf Gründgens – nicht weil ich ihn für besonders schlimm gehalten hätte (er war vielleicht sogar eher ein bißchen besser als manch anderer Würdenträger des Dritten Reiches), sondern einfach, weil ich ihn zufällig besonders genau kannte. Gerade in Anbetracht unserer früheren Vertrautheit erschien mir seine Wandlung, sein Abfall so phantastisch – kurios, unglaubhaft, fabelhaft genug, um einen Roman darüber zu schreiben.«

Im Oktober 1936 ist »Mephisto« auf dem Markt – zeitgleich mit dem Nero-Roman des zwölf Jahre älteren Lion Feuchtwanger, der für seine Parabel von Aufstieg, Machtausübung und Niedergang eines Tyrannen die historische Kulisse wählt, und lange vor Charlie Chaplins Anti-Hitler-Film »Der große Diktator«. Unter den ersten Lesern, die dem Autor ihre Meinung über dessen jüngstes Werk mitteilen, ist der ebenfalls im Exil lebende Stefan Zweig; er schreibt aus London: »Ach, es hilft nichts, daß Sie auf der letzten Seite liebenswürdig schwindeln, es handle sich nicht um reale Personen. Man erkennt sie doch, und man erkennt, was wichtiger ist, die ganze Zeit in ihren Übergängen und Spannungen.«

So ist es: Natürlich erkennt man auf den ersten Blick »Mephisto« Gustaf Gründgens, den der Autor als »Affen der Macht« porträtiert, als »Clown zur Zerstreuung der Mörder«; ebenso weiß der Leser, wer mit dem »Reklamezwerg« und dem »Fliegergeneral« gemeint ist; bei den Figuren aus dem Theaterbetrieb darf an Max Reinhardt (der »Professor«), an Elisabeth Bergner (Dora Martin), an Pamela Wedekind und Marianne Hoppe (zusammengezogen zu Violetta von Niebuhr) sowie an den Dramatiker Carl Sternheim (Theophil Marder) gedacht werden; hinter dem Namen Benjamin Pelz verbirgt sich der Dichter Gottfried Benn. Nur mit seiner über alles geliebten Schwester Erika hat Klaus Mann Probleme: Sie sollte eigentlich nicht für die Barbara des Romans Modell stehen – und tut es doch.

Obwohl »Mephisto« in Deutschland verboten ist, finden sich für alle »Betroffenen« Mittel und Wege, an das Buch heranzukommen. Gottfried Benn ist unter denen, die sich davon distanzieren: »Geistig sehr schwach, sachlich abgestanden, kritisch unergiebig.« Interessanter wäre, zu wissen, wie die Hauptperson reagiert. Tollkühn hat Klaus Mann »Herrn Intendanten Gustaf Gründgens, Staatstheater Berlin« als Nr. 1 auf die Liste der vom Verlag zu versendenden Freiexemplare gesetzt. Gründgens selber wird – nach dem Beispiel vieler Schauspieler, die bei Verrissen gern vorgeben, Kritiken grundsätzlich zu ignorieren – sein Leben lang behaupten, das Buch niemals gelesen zu haben. Dem steht freilich die Aussage seines langjährigen Mitarbeiters Rolf Badenhausen entgegen, er habe den »Mephisto« fast auswendig gekannt. Und in Gründgens' Entschluß, 1941 den Film »Friedemann Bach« zu drehen, haben manche sogar einen Versuch erblickt, am Autor Rache zu üben, handelt es sich dabei doch um die Geschichte vom Geniesprößling, der sich nicht und nicht aus dem Schatten des übergroßen Vaters befreien kann und daran zugrunde geht. Wer dächte da nicht an Thomas und Klaus Mann?

Die Wege des letzteren sind auch nach dem Erscheinen des »Mephisto« ein einziges ruheloses Hin und Her: Vortragsreisen durch Amerika, Erwerb der tschechoslowakischen Staatsbürgerschaft, Frontberichterstattung im Spanischen Bürgerkrieg und schließlich Emigration in die USA. Seit Januar 1943 dient der mittlerweile Sechsunddreißigjährige bei der US-Army, im Rahmen der Psychological Warfare Branch nimmt er am Italien-Feldzug der Alliierten teil, bei Kriegsende finden wir ihn als Mitarbeiter der Armeezeitung »Stars and Stripes« wieder. Noch im Frühsommer

1945 kehrt er nach Europa zurück, am 21. Mai 1949 stirbt Klaus Mann, von seiner notorischen Drogensucht zugrunde gerichtet, in einem Hotelzimmer in Cannes an einer Überdosis Schlaftabletten.

Als sollte der »Mephisto«-Autor mit der Charakterzeichnung seines »Helden« Hendrik Höfgen noch posthum recht behalten, rappelt sich Gustaf Gründgens auch nach dem Zusammenbruch des Systems, das ihn groß gemacht hat, rasch wieder hoch: Nur für kurze Zeit von den Sowjets inhaftiert, steht der inzwischen Sechsundvierzigjährige bereits am 3. Mai 1946 wieder auf der Bühne, und es muß einem kritischen Beobachter wie Klaus Mann wie blanker Hohn anmuten, daß er es ausgerechnet mit der Titelrolle in Carl Sternheims Komödie »Der Snob« tut. Der Premiere im Deutschen Theater wohnt er selber bei: Voller Bitternis wird er Zeuge, wie das Publikum diesen »unverwüstlichen Liebling von Vor-Nazi-, Nazi- und Nach-Nazi-Berlin« mit »außergewöhnlichen Ovationen« feiert.

Schreit das nicht förmlich nach einer Neuausgabe des »Mephisto« – nun, wo es endlich möglich wäre, das Buch auch am Ort des Geschehens herauszubringen: in Deutschland? Doch der Langenscheidt-Verlag, mit dem bereits alles Vertragliche ausgehandelt ist, schreckt vor dem Risiko zurück: »Herr Gründgens spielt hier eine bereits sehr bedeutende Rolle.«

Auch nach Klaus Manns Tod, nun von dessen Nachlaßverwalterin, Schwester Erika Mann, betrieben, will es nicht und nicht gelingen, einen Verlag zu finden, der sich über die Prozeßdrohungen der Gründgens-Anwälte hinwegsetzt und die Publikation wagt. Erst 1956 ist es soweit – und auch da nicht etwa in der Bundesrepublik, sondern in Ostberlin. Allerdings schwappt die Sensation, die die

Veröffentlichung im DDR-eigenen Aufbau-Verlag auslöst, im Nu auch auf den Westen über: Der »Spiegel« steigt in das Thema ein, andere Blätter stoßen nach, die 50000 Exemplare der ersten Auflage sind im Handumdrehen vergriffen. Versuche, den Absatz des Buches in Westdeutschland zu behindern (bis hin zu dem grotesken Verzweiflungsschritt eines Gründgens-Anwaltes, die in der Frankfurter Bahnhofsbuchhandlung lagernden Exemplare samt und sonders aufzukaufen), lenken nur um so mehr die Aufmerksamkeit der interessierten Öffentlichkeit auf die ungeheure Brisanz des Stoffes.

Dennoch verstreichen weitere sieben Jahre, bis die Nymphenburger Verlagshandlung im Rahmen einer Gesamtedition von Klaus Manns Œuvre das Erscheinen der ersten westdeutschen »Mephisto«-Ausgabe ankündigt. Ob Gründgens mit dem Gedanken gespielt hat, gerichtlich dagegen vorzugehen, läßt sich schwer sagen: Er ist inzwischen aus dem Leben geschieden, hat sich, seit dem Rückzug von seinem letzten (Hamburger) Intendantenposten auf mehrmonatiger Weltreise, in seinem Hotelzimmer in Manila – übrigens ganz ähnlich wie Klaus Mann! – mit einer Überdosis Schlaftabletten umgebracht.

Doch statt seiner tritt Peter Gorski, langjähriger Assistent und seit 1949 auch Adoptivsohn von Gustaf Gründgens, auf den Plan und reicht, nachdem der Verlag auf die Aufforderung, die Herausgabe des Buches zu unterlassen, nicht reagiert hat, beim Landesgericht Hamburg die Klage wegen Ehrverletzung ein. Aber mit der Begründung, »die Schilderung der Personen und des Handlungsverlaufs« habe im »Mephisto«, »für jeden Leser ersichtlich, eine freie dichterische Gestaltung erfahren«, erhält der Verlag grünes Licht: Das Buch kann erscheinen.

Nur sieben Monate später schaut die Sache freilich wieder völlig anders aus: Der Berufung des Klägers ist stattgegeben worden, das Hanseatische Oberlandesgericht hebt das Urteil der ersten Instanz auf und verbietet die weitere Verbreitung des Romans, und diesem Spruch schließen sich 1968 auch der Bundesgerichtshof und 1971 der Verfassungsgerichtshof an. Die »Schmähschrift in Romanform«, die ein »falsches Bild von den Theaterverhältnissen nach 1933« gebe (die Richter versteigen sich sogar zu dem diskriminierenden Zusatz »aus der Sicht eines Emigranten«!), scheint somit für alle Zeiten expatriiert, kann – abgesehen von einem erfolglos bekämpften Raubdruck – nur in fremdsprachigen Auslandsausgaben erscheinen.

Erst 1981 wagt das Haus Rowohlt, gestützt auf eine Klausel in der seinerzeitigen Urteilsbegründung, die ein Erscheinen in fernerer Zukunft, wenn die Erinnerung an den Namen Gründgens verblaßt sei, vielleicht doch nicht gänzlich ausschließe, einen neuerlichen Versuch, und diesmal geht die Sache ohne allzugroße Hindernisse über die Bühne: Binnen drei Monaten sind 300 000 Exemplare des Buches verkauft. Siebzehn Jahre nach Gustaf Gründgens' und zweiunddreißig Jahre nach Klaus Manns Tod besetzt »Mephisto« auf Monate hinaus Platz 1 sämtlicher westdeutschen Bestsellerlisten, und der kurz darauf in die Kinos kommende Film des ungarischen Regisseurs István Szabó mit Klaus Maria Brandauer in der Titelrolle tut ein übriges, das Geschäft mit dem »Mephisto« kräftig anzuheizen. Aus einem der größten Literaturskandale der bundesdeutschen Nachkriegsgeschichte ist endlich ein Stück Normalität geworden.

Lara oder: Leben und Leiden der Olga Iwinskaja

BORIS PASTERNAK
Doktor Schiwago

Wer kennt sie nicht – die Passionsgeschichte des Doktor Schiwago? Lesemuffel, die vor dem 647-Seiten-Buch zurückschreckten, zogen den Weg ins Kino vor: Omar Sharif in der Rolle seines Lebens. Und gar das musikalische Leitmotiv der Pasternak-Verfilmung: Bis in die späten achtziger Jahre bleibt das »Lied der Lara« ein Gassenhauer, der in keiner Jukebox, in keiner Hotelbar, auf keinem Eislaufplatz fehlt. Selbst der literarisch unmündige Teil des Publikums, der seine Kenntnisse aus der Boulevardpresse bezieht, weiß: Die Figur des russischen Arztes, Wissenschaftlers und Poeten Jurij Schiwago, dessen Leidensweg durch die bolschewistische Revolution und die ihr nachfolgende Stalin-Ära im überraschenden Herztod auf dem Pflaster einer Moskauer Innenstadtstraße gipfelt, ist kein indifferentes Phantasiegeschöpf, sondern dem Leben nachgezeichnet.

Dem Leben des Autors?

Nein, so einfach liegen die Dinge wohl nicht. Boris Pasternak selber schränkt ein: Sein Anti-Held sei in Wahrheit eine Mischung aus mehreren Repräsentanten seines Berufsstandes, seiner Generation, seiner Denkweise. Schiwago ist also nicht gleich Pasternak; in die Titelfigur seines Romans seien auch mancherlei Züge anderer russischer Schriftsteller eingeflossen – etwa der Lyriker Alexander Blok, Sergej Jessenin und Wladimir Majakowskij.

Wie aber ist das mit der *weiblichen* Hauptrolle, mit Lara?

Die Identifizierung der Maria-Magdalena-Gestalt der

russischen Junglehrerin, die Schiwago zum Schicksal wird, die er zweimal in seinem Leben wiederfindet und zweimal verliert, ist um vieles einfacher. Nicht zuletzt sie selber, die den 1960 an Lungenkrebs gestorbenen Dichter fünfunddreißig Jahre überlebt, wird bei jeder Gelegenheit – sei es in Interviews, sei es vor der Kamera der Dokumentarfilmer, sei es in ihren eigenen Memoiren – auftrumpfen: Lara – das ist niemand anderer als ich. Ihr Name: Olga Iwinskaja.

Zweiundzwanzig Jahre Altersunterschied trennen den Dichter von seinem Modell: 1912 kommt Olga in der zentralrussischen Gebietshauptstadt Kursk zur Welt. Noch in ihren Kinderjahren zieht die Familie nach Moskau um, man lebt in gutbürgerlichen Verhältnissen, einer der Vorfahren ist aristokratischer Abkunft, eine der beiden Großmütter stammt aus Deutschland.

Schon als junges Mädchen zieht es Olga zur Literatur: Ein Leseabend in der Bibliothek des Moskauer Historischen Museums – am Pult: ein bildschöner Enddreißiger namens Boris Pasternak – wird ihr zum prägenden Erlebnis. Während ihre Mitschülerinnen sich damit begnügen, den neuen Lyrik-Star anzuhimmeln und seine Verse auswendig zu lernen, gelingt es Olga, mit ihrem Idol auch ein paar persönliche Worte zu wechseln. Als sie spät nach Mitternacht von der Veranstaltung heimkehrt, wehrt sie die Vorwürfe ihrer Mutter, die schon in tiefem Schlaf lag, mit den Worten ab: »Laß mich in Frieden, ich habe soeben mit Gott gesprochen.«

Bis sie ihren »Gott« tatsächlich kennenlernt, gehen allerdings noch viele Jahre ins Land. Oktober 1946; die nunmehr Vierunddreißigjährige, zweifache Witwe und Mutter zweier Kinder, sitzt im Vorzimmer des Chefredakteurs der führenden Literaturzeitschrift »Novyj Mir«, ist dort für die

Olga Iwinskaja, Urbild der Lara aus Boris Pasternaks Roman »Doktor Schiwago«

Betreuung der Nachwuchsautoren zuständig, soll aus der Flut der eingehenden Manuskripte das für den Druck Geeignete herausfiltern. Einer, dessen Textproben sie auf diese Weise ans Licht der Öffentlichkeit bringt, ist der nachmals weltberühmte Jewgenij Jewtuschenko.

Jetzt aber ist ein *anderer* an der Reihe: Boris Pasternak hat seinen Besuch im Redaktionsgebäude am Puschkin-Platz angesagt, legt seine jüngsten Gedichte zur Prüfung vor. Die Sekretärin macht die beiden miteinander bekannt: Handkuß, gegenseitige Komplimente, die obligate Fachsimpelei. Und noch etwas: eine spontane Verabredung für den folgenden Tag … Doch bevor es noch zum Wiedersehen am vereinbarten Ort – dem Puschkin-Denkmal vorm »Novyj Mir«-Haus – kommt, findet Olga auf ihrem

Von der 22 Jahre jüngeren Olga Iwinskaja wie ein Gott verehrt: Boris Pasternak

Schreibtisch bereits Post von ihrem neuen Schützling vor: fünf seiner Lyrikbändchen, sorgsam in Zeitungspapier eingewickelt und jedes mit einer persönlichen Widmung versehen.

Abend für Abend holt Boris Pasternak fortan Olga Iwinskaja von der Arbeit ab, begleitet sie auf ihrem Heimweg, verabschiedet sich von ihr vor dem Haustor der Mutter, deren Wohnung sie zusammen mit den Kindern teilt. Die Gespräche, die man unterwegs führt, kreisen einstweilen nur um Berufliches: Pasternak weiht die Verehrerin in sein neuestes Projekt ein. »Knaben und Mädchen« soll der Roman heißen, dessen Niederschrift er nächstens in Angriff nehmen will. Nicht abzusehen ist zu diesem Zeitpunkt, daß daraus eines Tages der »Doktor Schiwago«

werden und daß sie, die »Novyj Mir«-Redakteurin Olga Iwinskaja, in diesem »Doktor Schiwago« die weibliche Hauptrolle innehaben wird …

»Sie liebten einander, weil alles ringsum es wollte: die Erde unter ihren Füßen, der Himmel über ihren Köpfen, die Wolken und die Bäume …« – so wird Pasternak mit beinah religiösem Pathos seine Verbundenheit mit Olga Iwinskaja, die binnen kurzem von der verständnisvollen Gesprächspartnerin zur leidenschaftlich Geliebten mutiert, im »Schiwago«-Roman verewigen, und das ist noch längst nicht alles. »Wir beide«, wird er fortfahren, »sind wie die beiden ersten Menschen, wie Adam und Eva, die nichts hatten, womit sie sich nach der Erschaffung hätten bedecken können. Wir sind die letzten Erinnerungen an das unübersehbar Große und Gewaltige, das in der Welt im Lauf der Jahrtausende zwischen ihnen und uns geschaffen wurde.« Ja, um die Tiefe des Gefühls, das die beiden miteinander verbindet, voll auszuloten, schreckt er nicht einmal vor Blasphemischem zurück: Lara ist für Schiwago »die Gleichsetzung von Gott und Leben, von Gott und Persönlichkeit, von Gott und Weib«.

Seine Leidenschaft für Olga voll auszuleben stößt freilich auf Hindernisse: Während *sie*, nach dem Selbstmord ihres ersten und dem frühen Sanatoriumstod ihres zweiten Mannes, ungebunden in die neue Beziehung eintritt, lebt Pasternak seit dem Scheitern seiner Ehe mit der Malerin Jewgenija Lurye in einer zwar nur noch als Zweckbündnis aufrechten, doch von ihr selber verzweifelt verteidigten Ehe mit Gattin Sinaida, die ihrerseits, um Pasternaks willen, aus ihrer Verbindung mit dem Pianisten Heinrich Neuhaus

Hier hat Boris Pasternak seinen »Doktor Schiwago« geschrieben: die Datscha in dem Moskauer Vorort Peredelkino

ausgebrochen ist. Sinaida ist nicht nur die perfekte Organisatorin seines Hausstandes, nicht nur die Mutter eines seiner beiden Söhne und auch nicht nur, als er todkrank darniederliegt, seine zu äußerster Aufopferung bereite Lebensretterin, sondern sie ist auch fest entschlossen, mit allen Mitteln den Kampf gegen die Rivalin aufzunehmen: »Ich werde niemals die verlassene Frau Pasternak, werde nur seine Witwe sein.«

Tatsächlich kommt es nie bis zur Scheidung von Sinaida. Bei aller Hingabe an die Geliebte: Den Bruch mit der Familie wagt Pasternak nicht. Immer wieder kehrt er, auch als er längst mit Olga Iwinskaja unter einem Dach lebt, zu Ehefrau und Kindern zurück, und bei seinem Leichenbegängnis auf dem Friedhof von Peredelkino werden es *zwei* Gefährtinnen sein, die am offenen Grab um Boris Pasternak weinen: die rechtmäßige Gattin und die Nebenbuhlerin.

Auch im »Doktor Schiwago« räumt er Sinaida den ihr gebührenden Platz ein – in der Figur der (im Film von Geraldine Chaplin verkörperten) Tonja.

Doch zurück zu Lara. Boris Pasternaks Verhältnis mit der zweiundzwanzig Jahre Jüngeren muß geheim bleiben, wird nach außen hin als rein künstlerische Partnerschaft getarnt. Der arrivierte Dichter unterweist die bis dato nur im Redigieren fremder Texte geübte Adeptin in den Fertigkeiten literarischer Übersetzung und Nachdichtung, und um ihr – nach dem von ihm betriebenen Ausscheiden aus der Redaktion von »Novyj Mir« – Aufträge zuzuschanzen, ohne dabei die Autorität seines eigenen Namens ins Spiel bringen zu müssen, spannt er einflußreiche Freunde ein, die sich bereit finden, Olgas Vorzüge bei den in Betracht kommenden Stellen herauszustreichen und sie als Übersetzerin vorzuschlagen.

Das geht eine Weile gut, aber eben nur eine Weile. Boris Pasternak, nun mit allen seinen Kräften auf die Arbeit am »Doktor Schiwago« fixiert, überläßt es seiner Geliebten mehr und mehr, auch in seinem Namen aufzutreten: Sie ist es, die die Verhandlungen mit den Verlagen führt, die ihn bei den Sitzungen des Schriftstellerverbandes vertritt, die ihm den Großteil der Korrespondenz abnimmt. Und im gleichen Maße, in dem sowohl bei der mißgünstigen Kollegenschaft wie bei den wachsamen Zensurstellen durchsickert, daß das im Entstehen begriffene Werk alles andere als systemkonform zu sein verspricht, gerät auch sie in die Schußlinie des Parteiapparats – ja sie sogar mehr als er, denn Pasternak hat immerhin einen klangvollen Namen als Schutzschild, und so kommt, was in einem hinterhältig-repressiven System wie dem der stramm stalinistisch ausgerichteten Sowjetunion kommen muß: Olga Iwinskaja wird an Pasternaks Stelle verhaftet, verurteilt und ins Gefängnis geworfen. Das Kalkül ihrer Gegner ist nur allzu durchsichtig: Der als unangreifbar geltende Dichter soll über seine Mitarbeiterin und Gefährtin eingeschüchtert, gewarnt, abgestraft werden.

Als Olga nach vier Jahren Arbeitslager – im Frühjahr 1953 – nach Moskau heimkehrt, ist Pasternaks Roman zur Hälfte vollendet: Mehr denn je ist der Dichter auf ihre Dienste als Privatsekretärin angewiesen. Das Familienleben, das sie sich an der Seite des geliebten Mannes erträumt hat, bleibt Olga freilich versagt: Während der Untersuchungshaft in der »Lubljanka«, dem berüchtigten KGB-Gefängnis, hat sie das Kind, das sie von Pasternak trug, verloren.

Was der Fehlgeburt vorausgeht (und sie wohl auch auslöst), ist ein besonders infames Beispiel für die Grausamkeit der Sowjet-Schergen: Olga Iwinskaja soll gegen Pasternak aussagen, soll bezeugen, daß er ein im Dienste des britischen Geheimdienstes stehender »Spion und Vaterlandsverräter« ist. Doch auch die schlimmsten Drohungen vermögen ihren Widerstand nicht zu brechen. Da ist es nur »recht und billig«, wenn man ihr den immer wieder flehentlich vorgebrachten Wunsch abschlägt, Pasternak zu einem Gespräch in der »Lubljanka« vorzulassen. Um so größer die Freude, als ihr eines Tages der Untersuchungsrichter die überraschende Mitteilung macht: »Gut, Sie sollen ihn sehen.« Olga wird durch die langen Gänge des Gefängnisses zu einem Raum geführt, einer der Wachsoldaten sperrt die Tür auf, ein zweiter stößt sie mit grober Hand ins Halbdunkel – es ist die Totenkammer! Unter dem höhnischen Gelächter ihrer »Begleiter« bricht Olga Iwinskaja zusammen ...

Drei Jahre nach ihrer Entlassung aus dem Zwangslager liegt Pasternaks Roman fertig vor. An die Stelle des ursprünglichen Titels »Knaben und Mädchen« bzw. »Bilder aus einem halben Jahrhundert« ist »Doktor Schiwago« getreten – den Namen hat der Dichter einem Firmenschild entnommen, das ihm auf einem seiner Moskauer Stadtspaziergänge ins Auge gesprungen ist.

Daß sie in Pasternaks Roman vorkommen würde, weiß Olga Iwinskaja schon lange – jetzt aber weiht der Dichter sie voll ein: Sie ist die weibliche Hauptfigur, ist Lara! Natürlich in jeder erdenklichen Weise verschlüsselt, verfremdet, verändert – und doch für jeden in ihre Biographie Eingeweihten unschwer zu erkennen: Urbild wie Abbild stammen aus Kursk, und da Olga zu einem Viertel deutscher und zur Hälfte polnischer Abstammung ist, macht Pasternak aus Lara kurzerhand eine Nicht-Russin und gibt ihr einen französischen Familiennamen. Und Olgas Datscha in Ismalkowo, wo, von Pasternaks Wohnort Peredelkino bequem zu Fuß erreichbar, der Dichter und die Geliebte zum täglichen Tete-à-tete, zu ihren Arbeitsgesprächen und zu den gemeinsamen Mahlzeiten zusammentreffen – ist sie nicht unzweideutig das »Modell« von Laras ärmlichem Häuschen in Jurjatino?

Damit Übelwollende nicht auf den Gedanken kommen, Olga Iwinskaja ihren »Anteil« am »Doktor Schiwago« streitig zu machen, baut Pasternak beizeiten vor und bekräftigt sowohl in Interviews wie in Privatgesprächen: »Der Prototyp der Lara ist ein lebender Mensch, der mir sehr nahesteht.« Noch deutlicher wird er in der Korrespondenz mit einer in Westdeutschland beheimateten Leserin: »In der zweiten Nachkriegszeit habe ich eine junge Frau kennengelernt, Olga Iwinskaja. Sie ist die Lara in meinem

Werk.« Und weiter: »Sie ist die Verkörperung von Lebensfreude und Hingabe. Man sieht ihr nicht an, was sie in ihrem Leben – auch vorher schon – durchgemacht hat.«

Mai 1956. »Doktor Schiwago«, nun schon eine ganze Weile in gebundener Manuskriptform vorliegend, hat sowohl im Freundeskreis wie in den Verlagsbüros und Redaktionen die Runde gemacht, ohne daß sich irgendwo etwas rühren würde, das auf eine baldige Drucklegung schließen läßt. Ob vielleicht im westlichen Ausland Interesse an einer Veröffentlichung bestünde? Ein Emissär des Mailänder Großverlegers Feltrinelli, der von der Sache Wind bekommen hat, luchst dem Autor eine Kopie ab, und da dieser Sergio d'Angelo der KPI angehört und überdies Mitarbeiter der italienischen Sektion des Moskauer Rundfunks ist, hat Pasternak keinerlei Bedenken, sich ihm anzuvertrauen. Erst Olga macht ihn, als sie von dem unbedachten Schritt erfährt, auf die Brenzligkeit der Situation aufmerksam. Aber da ist es bereits zu spät: Weder ihre eigenen Anstrengungen noch das Einschreiten der Moskauer Behörden können Feltrinelli davon abhalten, das Buch zu drucken, und im November 1957 ist »Doktor Schiwago« auf dem Markt. Übersetzungen in 23 Sprachen folgen: Ein Welterfolg sondergleichen bahnt sich an. Das offizielle Moskau, vor aller Welt kompromittiert, tobt vor Empörung, sinnt auf Rache.

Das Maß ist endgültig voll, als am 23. Oktober 1958 in Stockholm die Verleihung des Literaturnobelpreises an Pasternak bekanntgegeben wird: Unter dem Druck der KPdSU muß der Kandidat die Auszeichnung dankend zurückweisen. Ob die nun noch massiver einsetzende Schmähung des Autors als »Vaterlandsverräter« – bis hin zur Drohung mit Ausweisung – mit dafür verantwortlich ist, daß Pasternak, schon geschwächt durch einen ersten Herzinfarkt, anderthalb Jahre später an Krebs stirbt, wird kaum je zu klären sein.

Wer als Sündenbock übrigbleibt, ist Olga Iwinskaja: Sie gilt den sowjetischen Machthabern als der böse Geist des Dichters, die alles eingefädelt, die an der Entstehung des »Doktor Schiwago« mitgewirkt und die sich unter Inkaufnahme schwerster Devisenvergehen an dessen Erfolg bereichert habe. Die Folge: Die inzwischen Achtundvierzigjährige wird ein weiteres Mal verhaftet, vor Gericht gestellt und für vier Jahre in ein sibirisches Arbeitslager verbannt.

Mundtot machen läßt sich diese tapfere Frau dennoch nicht: 1977 bringt der New Yorker Verlag Doubleday ihre Memoiren heraus: Das Manuskript »Lara/Meine Jahre mit Pasternak«, bald auch in England, Frankreich und Deutschland nachgedruckt, ist heimlich in den Westen gelangt. Als sie sechzehn Jahre später vor der Kamera des Dokumentarfilmers Juraj Herz ihre Anschuldigungen wiederholt, ist deren Adressat selber schon ein Stück Geschichte: Die alte Sowjetunion hat ausgedient, ist von der Ära Jelzin abgelöst.

Seit 1988 auch offiziell rehabilitiert, tritt die Moskauer Bürgerin Olga Iwinskaja ein letztes Mal zum Kampf an, als es darum geht, die vom KGB konfiszierten und an das Londoner Auktionshaus Christie's verscherbelten Briefe, die ihr Pasternak bis kurz vor seinem Tod geschrieben hat, zurückzuerlangen. Sie scheitert damit ebenso wie mit ihren Bemühungen, der Familie des Dichters die von ihr beanspruchten Archivalien abzuringen. Auch von den sehr beträchtlichen Tantiemen, die sowohl die Buchveröffentlichung wie die Hollywood-Verfilmung (mit der Engländerin Julie Christie in der Rolle der Lara) abwerfen, wird ihr nur ein lächerlich geringer Anteil zuerkannt.

Ihren Lebensabend in der neuen kleinen Wohnung beim Moskauer Sawjolow-Bahnhof teilt die zunehmend Vereinsamte mit ihren Katzen und Hunden; dreiundachtzigjährig stirbt Olga Iwinskaja am 8. September 1995 und wird – immerhin in nächster Nähe der Grabstelle Boris Pasternaks – auf dem Friedhof von Peredelkino beigesetzt. Der Nachruf, den ihr die Zeitung »Iswestija« widmet, schließt mit den Worten: »Es ist nicht leicht, in Rußland die Muse eines Dichters zu sein.«

James Bond jagt nicht nur Verbrecher, sondern auch Kolibris

IAN FLEMING
James Bond

Herbst 1960. Der Londoner Verlag William Collins Sons & Co. hat von dem Standardwerk »Die Vogelwelt der Karibik«, das er seit 24 Jahren in seinem Programm hat, eine auf den jüngsten Stand gebrachte Neuauflage herausgegeben; nun erhält der Autor die ersten Rezensionen, die sich in der Presseabteilung angesammelt haben. Das dicke Kuvert mit den Zeitungsausschnitten geht nach Amerika: Der Adressat ist Kurator für Vogelkunde an der Akademie für Naturwissenschaften in Philadelphia. Sein Name: James Bond.

Der Sechzigjährige, der in Cambridge studiert und acht Jahre seines Lebens in England zugebracht hat, ist die Nr. 1 unter den Ornithologen der Region Kleine Antillen, Große Antillen und Bahamas; nicht weniger als 429 Vogelarten hat er unter die Lupe genommen, und darunter sind etliche, die er entdeckt und als erster beobachtet und beschrieben hat.

Professor Bond, ganz und gar der Typ des in seinen Forschungsgegenstand vernarrten Gelehrten, ist mit der Schriftstellerin Mary Wickham verheiratet, die, ebenso wie er aus Philadelphia stammend, für Magazine wie »The Ladies' Home Journal«, »Town and Country« und »The Forum« Gedichte und Kurzgeschichten verfaßt. Und sie ist es auch, die ihrem Mann – vor allem, wenn er auf Exkursion außer Landes weilt – die Post besorgt, die Korrespondenz abnimmt.

Auch der soeben eingelangte Verlagsbrief aus England geht zuerst durch ihre Hand. Mrs. Bond findet vorderhand nichts Auffälliges an den paar Ausschnitten, die sie da dem Umschlag entnimmt: Rezensionen aus ornithologischen Fachpublikationen – ihr Mann wird sich freuen, daß auch die Neuauflage seines Buches ein so lebhaftes Echo auslöst. Nur *einer* der Artikel macht sie stutzig: Es ist eine Glosse aus der Londoner »Sunday Times«, deren Autor sich darüber erstaunt zeigt, »daß James Bond sich nun auch als Vogelkundler entpuppt hat«.

Mrs. Bond schüttelt den Kopf: Was um Himmels willen sollte daran so überraschend sein? Ist ihr Mann nicht seit einem Vierteljahrhundert ornithologisch tätig, ja als Koryphäe seines Faches weit über die Grenzen seiner Heimat

Ein harmloser Ornithologe aus der Karibik (Bild) »lieferte« Krimi-Autor Ian Fleming den Namen des Geheimdienstagenten James Bond

hinaus etabliert und anerkannt? Mrs. Bond liest also weiter. Aber auch aus dem P.S., mit dem der ominöse Beitrag endet, wird sie nicht klug: »Irrtum!« schreibt der Verfasser in seinem Nachsatz. »Soeben entdecke ich, daß es sich bei dem Mann, der das Buch ›Birds of the West Indies‹ geschrieben hat, um einen ganz *anderen* James Bond handelt: um den Kurator für Vogelkunde an der Akademie für Naturwissenschaften in Philadelphia.« Und dann der Schlußsatz: »Sorry for the mistake.«

Was für ein »mistake«?

Auch Professor Bond, den seine sichtlich irritierte Gattin daraufhin zu Rate zieht, kann sich auf das Geschreibsel der »Sunday Times« keinen Reim machen. Erst eine Begegnung mit dem US-Vertreter des Verlages Collins, der sich zufällig in Philadelphia aufhält und zu einem Gedankenaustausch mit Mr. und Mrs. Bond zusammentrifft, bringt Licht in die rätselvolle Angelegenheit: Ein englischer Krimi-Autor namens Ian Fleming habe seit einiger Zeit riesigen Erfolg mit Romanen rund um einen Geheimdienstagenten, dessen Code 007 laute und dessen bürgerlicher Name James Bond.

Das Ehepaar Bond in Philadelphia hat keinen Zugang zu dieser Art von Literatur, liest prinzipiell keine Krimis, weiß also auch nichts von der stetig wachsenden Popularität dieser angeblich so exzentrischen Romanfigur, amüsiert sich jedoch über die zufällige Namensgleichheit und läßt im übrigen das Ganze auf sich beruhen. Auch die Lektüre eines der Fleming-Bücher – es ist der Band »James Bond jagt Dr. No« –, der man sich, nun doch neugierig geworden, unterzieht, hat lediglich zur Folge, daß Mrs. Bond ihren Spaß daran hat, die irrwitzigen Abenteuer des Romanhelden mit dem beschaulichen Zoologen-Alltag ihres Mannes zu vergleichen: Welch ein Glück, daß »ihr« James Bond nur hinter Kolibris und Flamingos her ist und nicht wie sein fiktiver Namensvetter hinter einem Monster wie diesem gemeingefährlichen Wissenschaftler Dr. No, der sich anschickt, mit Hilfe radioaktiver Strahlen das amerikanische Raumfahrtprogramm zu zerstören.

Die Angelegenheit, von den Bonds in Philadelphia bald schon wieder vergessen, nimmt eine neue Wendung, als im Jahr darauf unser US-Ornithologe von einer seiner Forschungsreisen zurückkehrt und seine Frau die von unterwegs mitgebrachten Filme zum Entwickeln bringt. Mrs. Bond zählt zu den Stammkunden in Dedaker's Camera Shop; der Verkäufer in dem kleinen Laden glaubt ihr also eine Freude zu machen, als er sie mit den Worten begrüßt:

»Haben Sie schon den Artikel über Ihren Mann gelesen? Toll!«

»Was für einen Artikel?«

»Na, im ›Playboy‹!«

Mrs. Bond weiß von keinem Artikel im »Playboy« – das ganze Blatt ist ihr fremd. Nun aber doch mißtrauisch geworden, besorgt sie sich besagte Ausgabe, blättert mit spitzen Fingern das Heft durch und stößt tatsächlich, mittendrin zwischen all den schrillen Nuditäten, auf ein Interview mit James-Bond-Autor Ian Fleming, in dem dieser über die Herkunft des Namens seines Romanhelden Auskunft gibt. Und was bekommt Mary Wickham Bond da zu lesen? Sie kann es kaum fassen: Ian Fleming habe, als er sich daranmachte, seinen ersten James-Bond-Roman zu schreiben und über einen passenden Namen für seine Titelfigur nachzudenken, das Buch »Birds of the West Indies« von einem gewissen James Bond in die Hand bekommen und sich spontan entschlossen, auf dessen Namen zurückzugreifen.

Mrs. Bond weiht ihren Mann in den Vorgang ein, man schwankt zwischen Erstaunen und Entrüstung, erwägt sogar eine Klage wegen Rufschädigung – und entscheidet sich letztendlich doch dafür, die Sache von der heiteren Seite zu nehmen. Eines allerdings kann sich Mrs. Bond nicht verkneifen: Sie schreibt dem Autor, der da so locker mit fremden Identitäten umspringt, einen Brief. Und bekommt Antwort! Zwar nicht gerade prompt, doch dafür um so zerknirschter und devoter: Jawohl, er sei sich im klaren darüber, daß er die Zustimmung des »wirklichen« James Bond hätte einholen müssen, er entschuldige sich vieltausendmal für seinen frechen Übergriff, räume dem solcherart Brüskierten im Gegenzug das Recht ein, seinerseits mit dem Namen Fleming nach Belieben zu verfahren, etwa wenn er bei der Bezeichnung einer von ihm entdeckten besonders ekelhaften Vogelart in Verlegenheit geraten sollte, und lade ihn im übrigen als Feriengast in sein Haus auf Jamaika ein, wo man alles tun werde, den James Bond Nr. 1 an der Geburtsstätte von James Bond Nr. 2 zu verwöhnen und zu versöhnen.

Was sollte da zu *versöhnen* sein? Die Bonds sind ihrem Verbal-Parasiten keineswegs gram, sondern zeigen sich von dessen Eingeständnis im Gegenteil »immensely amused«. Und was das *Verwöhnen* betrifft, so kommen ihm haufenweise andere zuvor. Der erste, der den Professor aus Philadelphia von seiner ihm plötzlich zugewachsenen Prominenz profitieren läßt, ist ein Zollbeamter im Hafen von Southampton: Als der pfiffige Staatsdiener an den Koffern, die er gerade abfertigen will, den berühmten Namen prangen sieht, salutiert er ehrfürchtig und läßt den Ankömmling unkontrolliert durch. Und der Kollege in Jamaika, wo Professor Bond einige Zeit später ebenfalls den Zoll passiert, stellt zwar die üblichen Fragen, pointiert sie jedoch auf seine Weise. Es entwickelt sich folgender Dialog:

»Etwas zu verzollen, Sir?«

»Nein.«

»Keine Zigaretten? Kein Whisky?«

»Nein.«

»Und Feuerwaffen?«

»Nein«, antwortet Professor Bond, der inzwischen gleichfalls seine Lektion gelernt hat, und fügt, indem er auf jene Körperpartie deutet, an der 007 sein Schulterhalfter zu tragen pflegt, mit breitem Grinsen hinzu:

»Und wenn ich eine hätte, sie wäre ganz gewiß nicht im Koffer.«

Weitere Beweise seiner Auserwähltheit erhält Professor Bond an den New Yorker Theaterkassen: Selbst bei Vorstellungen, die auf Monate hinaus ausverkauft sind, ist, sobald er seinen Namen nennt, im Handumdrehen ein Platz für ihn frei.

Zu einer momentanen Verstimmung kommt es allerdings eines Tages doch noch, und daran ist ein Artikel in dem renommierten Magazin »The New Yorker« schuld, in dem 007-Autor Ian Fleming, abermals nach der Herkunft des Namens seines Superhelden befragt, antwortet:

»Ich wollte, daß die Figur hinter einem möglichst nichtssagenden Namen zurücktritt. Da kam mir dieses Buch über die Vogelwelt der Karibik in die Hand, und als ich den Namen des Autors las, wußte ich sofort: Das ist es, was ich suche. James Bond – wohl der ödeste und langweiligste Name, der mir jemals untergekommen ist.«

Das sollte Ian Fleming wirklich dem Reporter gesagt haben? Bei den Bonds in Philadelphia läutet das Telephon Sturm: Freunde, die dem öffentlich Geschmähten dringend anraten, den unverschämten Kerl zu verklagen. Doch James und Gattin Mary Wickham Bond wählen einen anderen Weg, den Konflikt auszutragen: Im Februar 1964 wieder einmal für ein paar Tage auf Jamaika zu Gast, entschließen sie sich, der seinerzeit brieflich ausgesprochenen Einladung Folge zu leisten, machen sich auf die Suche nach dem an der Nordküste der Insel gelegenen Fleming-Besitz »Goldeneye« und drücken, dortselbst angelangt, auf den Knopf der Türglocke. Eine farbige Bedienstete öffnet und fragt, wen sie melden kann. »Mr. und Mrs. James Bond!« lautet die knappe Antwort. Als habe sie es mit einer Geistererscheinung zu tun, stürzt die verschreckte Person ins Hausinnere, und wenige Augenblicke später steht den Ankömmlingen ein vor Liebenswürdigkeit dahinschmelzender Ian Fleming gegenüber. Im Nu löst sich die Spannung, die über der Szene liegt, in Heiterkeit auf. Nein, so erkennt Ian Fleming auf den ersten Blick, so schaut keiner aus, der im nächsten Moment eine Schußwaffe zückt und drauflosballert.

»Wir möchten nur den Ort kennenlernen, an dem James Bond entstanden ist.«

Mit einem tiefen Seufzer der Erleichterung bittet Fleming seine Gäste ins Haus. »Kürzlich«, so schlägt seine anfängliche Betretenheit sogleich in Übermut um, »erhielt ich Post von einem weiteren James Bond. Er lebe in Sussex, habe vor zu heiraten und erlaube sich anzufragen, mit welchen Hochzeitsgeschenken er von mir zu rechnen habe. Ich überwies ihm 10 Pfund.«

Der weitere Verlauf der denkwürdigen Begegnung vom 5. Februar 1964 ist rasch erzählt: Die Gäste werden durchs Haus geführt, man nimmt gemeinsam ein vergnügliches Mittagsmahl ein, und da sich zufällig zur selben Zeit ein

Team des Kanadischen Fernsehens auf dem Fleming-Besitz aufhält, das mit dem Hausherrn ein Interview drehen will, nützen alle Beteiligten die einmalige Gelegenheit und bringen nicht nur den *Schöpfer*, sondern auch den *Namensgeber* des Geheimagenten 007 ins Bild. Fleming wird die Ausstrahlung dieses Filmdokuments übrigens nicht mehr erleben: Sechs Monate darauf, am 12. August 1964, stirbt der erst Sechsundfünfzigjährige an Herzversagen. Die Widmung, die er seinem Gast in das noch druckfrische Exemplar des jüngsten Bond-Romans kritzelt, ist eine seiner letzten handschriftlichen Äußerungen; sie lautet:

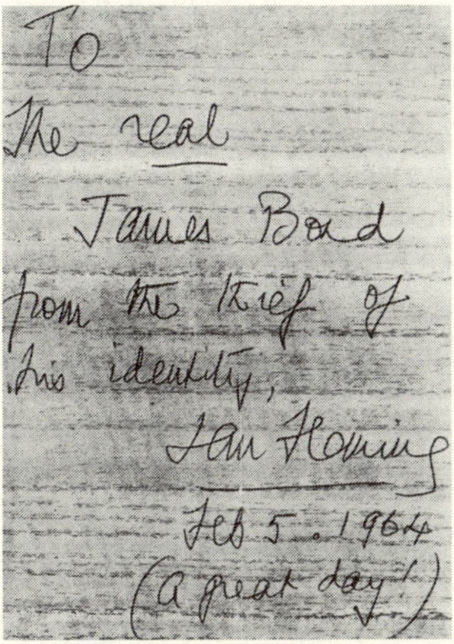
To
The real
James Bond
from the thief of
his identity,
Ian Fleming
Feb 5. 1964
(a great day!)

Wer ist dieser »Dieb«, den sein Geschöpf 007 James Bond zu einem der bestverdienenden Schriftsteller der Welt gemacht hat?

Am 28. Mai 1908 kommt er als einer von drei Söhnen des Unterhausabgeordneten Major Valentine Fleming in

London zur Welt; von der Mutter weiß man nur, daß sie eine belesene Frau von stupender Schönheit ist, die mit ihren Kindern Großes vorhat. Ian besucht das strenge Knabeninternat von Eton sowie die Militärakademie in Sandhurst. Doch bevor er sich, um sich auf die Diplomatenlaufbahn vorzubereiten, an den Universitäten von München und Genf zum Psychologiestudium einschreibt, nimmt sich ein in dem Tiroler Wintersportort Kitzbühel residierendes Pädagogenpaar aus England des Achtzehnjährigen an: Ernan Forbes Dennis und Phyllis Bottome halten im Tennerhof deutsche Sprachkurse ab, die allerdings weit mehr sind als dies, fast so etwas wie jenes humanistische Allround-Training, das man in späteren Jahren *Studium generale* nennen wird.

Aus der Bibliothek des Tennerhofs leiht sich Ian die Werke von Kafka, Musil und Zweig, von Schnitzler, Rilke, Werfel und Hofmannsthal aus, er lernt die Zeichenkunst solcher Größen wie Kokoschka und Kubin kennen, in der Auseinandersetzung mit den Lehren Alfred Adlers gelingt es dem frustrierten Wirrkopf, seine Minderwertigkeitskomplexe abzubauen. Mit den in Kitzbühel gewonnenen Freunden beiderlei Geschlechts trifft man sich im populären Café Reisch, im Sommer geht man im Schwarzsee schwimmen und klettert aufs Kitzbüheler Horn, im Winter wird Ski gefahren.

Auch zu seinen ersten Schreibversuchen – es ist die Kurzgeschichte »Death on Two Occasions« – kommt es im Laufe seines Kitzbühel-Jahres, und das Erlebnis eines Lawinenabgangs, das um ein Haar tödlich für Ian Fleming ausgeht, wird ihn 36 Jahre später sogar zu einer der Szenen seines James-Bond-Romans »On Her Majesty's Secret Service« inspirieren. Noch auf der Höhe seines Ruhms als Weltbestsellerautor wird Ian Fleming von jener »golden time« seiner Jugendjahre schwärmen, die er 1926/27 in den Tiroler Alpen zugebracht hat.

Wieder zurück in England, absolviert Ian die Aufnahmeprüfung für den diplomatischen Dienst, doch obwohl er unter den 62 Bewerbern den 25. Platz erreicht, bleibt ihm das Auswärtige Amt verschlossen, und so wendet er sich statt dessen dem Journalismus zu. Vier Jahre im Sold der Nachrichtenagentur Reuters, berichtet er unter anderem, seine Russischkenntnisse nutzend, über einen Moskauer Spionageprozeß; nur mit seinem Wunsch, von Stalin zu einem Interview empfangen zu werden, blitzt er ab. Nach Zwischenspielen im Bankgeschäft – zuerst als Wertpapierhändler, dann als Börsenmakler – ergreift der inzwischen Einunddreißigjährige die Chance, sich in jenem Metier zu bewähren, das die Voraussetzungen für seine spätere Schriftstellerkarriere schafft: Der Freiwilligen-Reservist der Britischen Marine – gerade eben ist der Zweite Weltkrieg ausgebrochen – wird im Range eines Leutnants zum persönlichen Assistenten von Konteradmiral Godfrey berufen, der die Leitung des Marine-Geheimdienstes innehat …

Flemings Dienstsitz ist das Whitehall-Building in der Londoner City, sein Büro der Room 39, seine Code-Nummer die 17 F, seine Aufgabe der weitere Ausbau des Nachrichtendienstes sowie die Ausbildung von Sonderkommandos für Geheimeinsätze in feindlichen Territorien. Als der Krieg vorüber ist, kehrt der nunmehrige Mittdreißiger ins Zivilleben zurück und übernimmt zunächst die Leitung des Auslandsressorts beim Kemsley-Zeitungskonzern, bevor er für einige Jahre zur »Sunday Times« wechselt.

Seit 24. März 1952 verheiratet, teilt Fleming sein Leben von nun an zwischen London und Jamaika auf, wo er seit

Ian Fleming kannte das Agentenmilieu aus dem Effeff: In jungen Jahren hat der gebürtige Londoner für den Secret Service der Royal Navy gearbeitet

1946 ein Haus besitzt. Wenn man ihm glauben darf, ist es vor allem die Angst vor dem Verlust des Junggesellendaseins, was ihn zum Bücherschreiben treibt: Die intensive Versenkung in die Geheimdienstwelt des Superagenten 007 soll ihm jenen Freiraum sichern, den er durch den neuen Status bedroht sieht. Fleming setzt sich im Arbeitszimmer seines Hauses an die zwanzig Jahre alte Reiseschreibmaschine, spannt ein Blatt feinsten Foliopapiers ein und beginnt seinen ersten James-Bond-Roman: »Casino Royale«. Jeden Tag von 9 bis 12 brütet er über dem Manuskript, nach dem Lunch geht er schwimmen und/oder fischen –

von seinem Besitz »Goldeneye« ist es nur wenige Schritte zum Nordufer der Jamaika Bay.

Gut ein Jahr darauf erscheint das Buch, doch der Absatz läßt zu wünschen übrig: Von der englischen Erstausgabe werden 8000, von der amerikanischen gar nur 4000 Stück verkauft – gerade genug, daß man sich einmal im Jahr (so vertraut er mit bitterer Ironie seinem Tagebuch an) ein Spargelessen leisten kann. Der große Durchbruch kommt erst mit dem *Film*: Ian Fleming gibt 1960 dem Drängen des Produzententeams Broccoli-Saltzman nach, seine Stoffe – inzwischen sind auch die Romane »Leben und sterben lassen«, »Mondblitz«, »Diamantenfieber«, »Liebesgrüße aus Moskau« und »James Bond jagt Dr. No« erschienen – für Hollywood freizugeben.

Hat der »Daily Express« schon bisher jedes der Fleming-Bücher in Fortsetzungen vorabgedruckt, so veranstaltet nun Englands auflagenstärkste Tageszeitung eine Leserumfrage, um den Hauptdarsteller des ersten James-Bond-Films zu küren. Zehn junge Schauspieler stehen zur Wahl, sechs Millionen »Daily Express«-Leser geben ihre Stimme ab, die große Mehrheit votiert für den dreißig Jahre alten Sean Connery, einen ehemaligen schottischen Lastwagenchauffeur, der als Chorist in dem Musical »South Pacific« und mit Hauptrollen in ein paar B-Pictures der 20th Century Fox erste bescheidene Erfolge vorzuweisen hat.

Alles Weitere ist heute Filmgeschichte: James Bond wird zum Kino-Hit, ja zur Kultfigur einer ganzen Generation – und Ian Fleming, ihr Schöpfer, zum Erfolgsautor, dessen nach und nach dreizehn 007-Bücher zu seinen Lebzeiten 25 Millionen Mal verkauft und damit neben den Schallplatten der Beatles zu einem der größten britischen Exportschlager werden.

Präsident Kennedy läßt verlauten, er habe jederzeit einen James Bond auf dem Nachttisch liegen (desgleichen – welch makabre Pointe! – sein Mörder Harvey Lee Oswald); der Bond-Stil beeinflußt die Herrenmode ebenso wie das Champagner- und Wodka-Geschäft, der 007-Diplomatenkoffer ist im Winter 1964 das meistverkaufte Weihnachtsgeschenk. Der »Goldfinger«-Film (dessen Riesenerfolg Fleming selber übrigens nicht mehr erlebt) läuft in einem New Yorker Kino 24 Stunden am Tag – nur von kurzen Pausen unterbrochen, in denen die Popcornreste aus dem Saal gefegt werden; kein Geringerer als der spätere italienische Starautor Umberto Eco widmet den »Erzählerischen Strukturen in Flemings Werk« eine umfangreiche wissenschaftliche Untersuchung, und Fleming selber tauscht seine alte Reiseschreibmaschine gegen ein eigens für ihn angefertigtes vergoldetes Exemplar (das, dreißig Jahre nach seinem Tod, auf einer Versteigerung im Londoner Auktionshaus Christie's für stolze 56 000 Pfund in die Hände eines Sammlers übergehen wird).

Natürlich gibt es auch *kritische* Stimmen, und pikanterweise ist es ausgerechnet Terence Young, Regisseur der ersten James-Bond-Filme, der das Geschöpf seines Freundes Fleming einen »abscheulichen Kerl« findet, »der bei der SS hätte Karriere machen können«. Ein Rohling gegenüber unbewaffneten Männern und ein Schuft gegenüber vertrauensseligen Frauen, heimse er dafür, daß er von seiner Lizenz zum Töten nach Herzenslust Gebrauch mache, auch noch königliche Orden ein. »Außerdem habe ich Bond niemals ein Buch lesen, ein Konzert besuchen oder ins Theater gehen sehen. Er ist in meinen Augen ein geistig minderbemitteltes Individuum, ein totaler Banause.«

Ganz anders sieht das klarerweise Ian Fleming: Zumindest in punkto Hobbys hat der Autor viel zuviel von sich selbst in diesen 007 projiziert, als daß er zu ihm auf Distanz gehen könnte, ohne sich lächerlich zu machen. So wie Bond liebt Fleming blaue Anzüge und haßt Schnürschuhe, schwört auf Golfspiel und Unterwassertauchen (wofür er eigens bei Meister Jacques Cousteau Unterricht genommen hat), macht sich nichts aus Blumen, fährt schnelle Autos, raucht täglich sechzig eigens für ihn gemischte Zigaretten, hat ein Faible für asiatische Frauen, mischt sich seinen Martini nach dem gleichen Rezept, und dafür, daß er am Spieltisch des Kasinos von Estoril (wo er während des Krieges gegen eine Phalanx deutscher Spione antritt) kläglich verliert, rächt er sich, indem er James Bond beim Bakkarat in Royale-les Eaux um so schamloser abkassieren läßt.

Freilich – ein Banause (Regisseur Terence Youngs Hauptvorwurf gegen 007) ist Ian Fleming nicht: Schöngeist durch und durch, der einen nicht unbeträchtlichen Teil seiner Einkünfte in seine Privatbibliothek steckt, kann er auf Erstausgaben von Einstein, Curie, Röntgen, Kipling, Lilienthal und Marx verweisen, und die vielen Sachfehler, die seinen eigenen Werken angelastet werden, sind nicht etwa Ausfluß mangelnder Bildung, sondern voll beabsichtigt: »Dann schreiben die Leute nämlich wütende Protestbriefe, und mein Verleger sieht, wie wichtig ich bin.«

Soviel zu Flemings »Eigenanteil« an der Charakterzeichnung seiner Titelfigur. Aber da sind auch noch eine Menge *anderer* Urbilder im Spiel, und die haben fast durchwegs mit Flemings Vergangenheit als Geheimdienstmann bei der Royal Navy zu tun. Da ist zum Beispiel Captain Dunstan Curtis, der beim Überfall der Deutschen auf Algier die feindlichen Codes knackt; Captain Wilfred Dunderdale, der im Ersten Weltkrieg mit seinem perfekten Russisch die

Ost-Agenten austrickst; der jugoslawische Doppelspion Dusko Popov, der den Amerikanern den japanischen Luftangriff auf Pearl Harbor voraussagt; und schließlich der schon zu gemeinsamen Etoner Schülerzeiten mit Fleming befreundete schottische Abenteurer Ivar Bryce, der im Auftrag der Alliierten im Berliner Luxushotel Adlon die Nazi-Größen bespitzelt und in Südamerika ein Informationsnetz aufbaut.

Auch bei vielen anderen Figuren der James-Bond-Bücher schöpft Ian Fleming aus selbst Erlebtem – greifen wir nur zwei heraus: Hinter Miss Moneypenny, der herb-liebenswürdigen Vorzimmerdame jenes Büros, in dem 007 seine Aufträge entgegennimmt, verbirgt sich die 1908 in Bukarest geborene Vera Maria Rosenberg, die während des Zweiten Weltkriegs die Frankreich-Abteilung des Secret Service leitet, und als nach Erscheinen des »Goldfinger«-Romans das Gerücht aufkommt, Fleming habe die Gestalt dieses Jahrhundertverbrechers mit gewissen Zügen des amerikanischen Edelmetallkönigs Charles W. Engelhard ausgestattet, muß der Autor sogar eine Weile davor zittern, wegen Ehrabschneidung vor Gericht zitiert zu werden. Doch Mister Engelhard ist ein Mann von souveränem Humor, läßt über seine Konzernzentrale verlautbaren, er fühle sich im Gegenteil geschmeichelt, in die Literatur eingegangen zu sein, und als er eines schönen Tages für seinen Privat-Jet eine neue Stewardeß engagiert, gibt er der jungen Dame spontan den Namen der abtrünnigen Goldfinger-Pilotin Pussy Galore. In der Welt der Krimis ist eben alles, wahrhaftig alles möglich …

»*Der Satan hat's mir in den Sinn gegeben …*«

JOHANN WOLFGANG GOETHE
Faust. Der Tragödie Erster Teil

Noch knapp einen Monat – und der soeben an der Universität von Straßburg zum Lizentiaten der Rechte promovierte Johann Wolfgang Goethe kann seinen zweiundzwanzigsten Geburtstag feiern. Das Doktorat hat er nicht geschafft: Statt der Dissertation, die von der Fakultät abgelehnt worden ist, räumen ihm die Prüfer eine in lateinischer Sprache abzuwickelnde Disputation ein, bei der der Kandidat seine Thesen aus den Bereichen Natur-, Erb- und Strafrecht verteidigen darf.

Auch in Liebesdingen stehen die Zeichen nicht auf Sturm: Der Besuch, den er zwei Tage nach glücklich absolviertem Examen dem Pfarrhof im nahen Sesenheim abstattet, ist die letzte Begegnung mit der Mamsell Friederike Brion – es ist das erstemal, daß sich der bindungsscheue junge Mann aus einer anfänglich verheißungsvollen Herzensbindung davonstiehlt.

Die Brücken zum Elsaß sind also abgebrochen: Goethe kehrt zurück ins Elternhaus, mit väterlicher Hilfe erwirkt er seine Zulassung als Advokat am Frankfurter Schöffengericht. Doch sein Ehrgeiz, eine bürgerliche Existenz als Vorsteher einer florierenden Anwaltspraxis zu begründen, hält sich in Grenzen: Es bleibt bei einigen wenigen Prozessen; dem Zweiundzwanzigjährigen, der mittlerweile auch seine ersten dichterischen Versuche hinter sich hat, geht viel zuviel *anderes* durch den Kopf.

In diesen Tagen – genauer: am 1. August 1771 – hat sich

Das alte Frankfurt rund um die Katharinenkirche. Hier wurde am 14. Januar 1772 die Kindsmörderin Susanna Margaretha Brandt hingerichtet

in Frankfurt ein Kriminalfall zugetragen, der Goethe weit übers Juridische hinaus interessieren und bald auch die ganze Stadt erschüttern wird: Die Dienstmagd Susanna Margaretha Brandt hat, von einem gewissenlosen holländischen Wandergesellen geschwängert, heimlich ihr Neugeborenes umgebracht, wird in Polizeigewahrsam genommen und zittert nunmehr ihrem Prozeß entgegen.

Das Thema Kindsmord hat Goethe schon in seinen Studentenjahren beschäftigt: In den bei seiner mündlichen Prüfung vorgebrachten Thesen Nr. 53 und 55 hält auch er an der Verhängung der Todesstrafe fest; erst in späterer Zeit – als Minister des Herzogtums Weimar – wird er der herkömmlichen Judikatur mit Skepsis und Skrupel begegnen. Vor allem die zu erwartende Exekution der Delinquentin, so schauerlich deren nähere Umstände auch sein mögen, zieht Goethes ganzes Interesse auf sich: Es ist das erste Mal seit vierzehn Jahren, daß Frankfurt wieder das Spektakel einer öffentlichen Hinrichtung erlebt.

Im gegenwärtigen Fall ist außerdem ein Mitglied der Familie in das Verfahren eingebunden: Onkel Johann Jost Textor, seit kurzem Ratsherr und Schöffe, wirkt sowohl bei den Verhören wie bei der Urteilsfindung mit – im Haus am Hirschgraben wird also die Causa Brandt nicht nur genauestens verfolgt, sondern man fertigt sogar eigenhändige Abschriften der Prozeßprotokolle an.

Inwieweit auch Mitleid mit dem Schicksal der »armen Sünderin« im Spiel ist, wenn Goethe sich mit so besonderem Eifer in die betreffenden Akten vertieft, ist schwer abzuschätzen – und noch schwerer, ob dabei womöglich gar seine gewisse Vorliebe fürs Küchenpersonal einen zusätzlichen Kitzel bildet. Immerhin wird man in späterer Zeit auf Textstellen rekurrieren, die den Dichter als notorischen Schürzenjäger im Domestikenmilieu ausweisen:

Die Hand, die Samstags ihren Besen führt,
wird Sonntags dich am besten caressieren.

Oder auch:

Ein starkes Bier, ein beizender Tabak
und eine Magd im Putz, das ist nun mein Geschmack.

Eine *Magd im Putz* – das ist diese Susanna Margaretha Brandt nun freilich *nicht*: Das erbarmungswürdige Ding, das nicht einmal eine eigene Wohnkammer hat, sondern mit einem Bett in der Küche des Gasthofs zum Einhorn vorliebnehmen muß (wo es als Dienstmagd beschäftigt ist) und dessen Lohn so karg bemessen ist, daß es auf die Trinkgelder generöser Messegäste angewiesen bleibt, hat für sein bißchen »Gelumps« nicht einmal einen Kleiderschrank, sondern nur eine Kiste zur Verfügung: für ihren »schwartz tuchernen Rock und Jack«, ihren »grün zeugernen Rock«, ihre »zwei paar schwartze Strümpf« und ihre »zwei nesseltüchernen Halstücher«.

24 Jahre ist sie alt, Tochter eines Soldaten, Vollwaise, weder des Lesens noch des Schreibens kundig. Als »unbescholten und unwissend« wird sie beschrieben: kein liederliches Frauenzimmer also, das sich jedem Galan, der ihr über den Weg läuft, an den Hals wirft. Ist dieser Goldschmiedegeselle aus Holland, von dem sie nicht einmal den Namen weiß, vielleicht überhaupt der erste, mit dem sie sich intim einläßt?

Ort des Geschehens ist jener drittklassige, nahe der Stadtmauer am östlichen Rand des damaligen Frankfurt gelegene Gasthof zum Einhorn, wo der junge Fremde für ein paar Nächte abgestiegen und Susanna Margaretha für sämtliche anfallenden Hausarbeiten zuständig ist.

Die Wirtin zeigt sich mit ihrer Dienstmagd zufrieden – bis zu jenem verhängnisvollen Tag im späten Frühjahr, da sie an ihr gewisse Veränderungen wahrnimmt und, auf Schwangerschaft tippend, »das Mensch« brüsk zur Rede stellt. »Das schwere Gewitter, welches anjetzo am Himmel steht, soll mich in Erdboden erschlagen, wenn ich von einem Kind wüßte!« wehrt Susanna jeglichen diesbezüglichen Verdacht ab: »Weder mit einem Christen noch mit einem Juden habe ich zu thun gehabt.« Doch die Wirtin glaubt ihr nicht und sieht sich, da die Messe vor der Tür steht, vorsorglich nach einer anderen Kraft um.

Am 1. August tritt die Neue ihren Dienst an; Susanna, mit 30 Kreuzer Restlohn abgefunden, wird des Hauses verwiesen – ihre beiden gleichfalls in Frankfurt lebenden Schwestern Anna Catharina und Maria Dorothea sollen sich ihrer annehmen.

Tags darauf ist im Gasthof zum Einhorn die Hölle los: Im Stall hinterm Haus hat man eine Blutlache entdeckt und wenig später – in der Waschküche – den übel zugerichteten Leichnam eines Neugeborenen. Von der Mutter, die den Knaben ohne jede fremde Hilfe zur Welt gebracht hat, fehlt jede Spur: Noch am Abend desselben Tages wird die Fahndung nach der Flüchtigen aufgenommen, an sämtlichen Stadttoren werden Personenbeschreibung und Haftbefehl kundgemacht, 50 Reichstaler Belohnung sind für die Auffindung der Gesuchten ausgesetzt.

Am Nachmittag des 3. August – kaum sind die Trommelschläge verklungen, mit denen der Steckbrief der Verdächtigen ausgerufen worden ist – können die Wächter beim

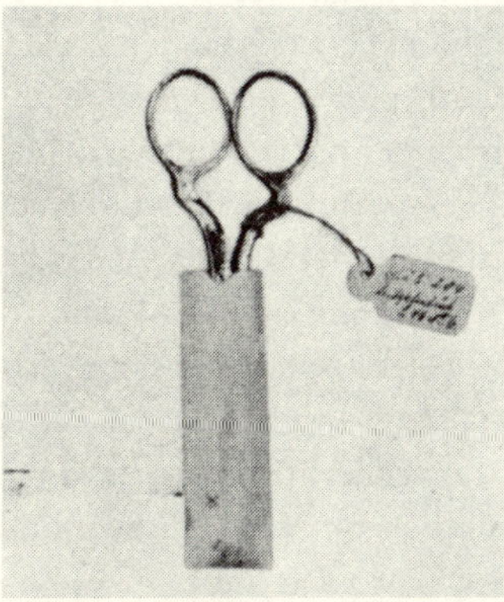

Makabres corpus delicti: Mit dieser Schere hat die Dienstmagd Susanna Margaretha Brandt ihr Neugeborenes getötet

Bockenheimer Tor Vollzug melden: Susanna Margaretha Brandt, im Begriff, in die Stadt zurückzukehren, wird festgenommen, auf die Hauptwache gebracht und von dort, mit Ketten gefesselt, in die Gefängniszelle eingeliefert, die im Turm der Katharinenkirche installiert ist. Der Weg dorthin führt durch jenes von einem Torbogen überwölbte Gäßchen, das auch die Familie Goethe regelmäßig passiert, wenn sie sich zum Gottesdienst in »ihre« Kirche begibt und die dort für sie reservierten Plätze einnimmt.

Eine Wärterin sorgt für die Verpflegung der Inquisitin, Soldaten stehen vor dem Katharinenturm Wache, schon einen Tag nach der Gefangennahme setzen die Verhöre ein. In der Zwischenzeit ist auf Anordnung der Schöffen die schon beigesetzt gewesene Kindsleiche wieder ausgegraben, von den »Stadt-Physici und geschworenen Chirurgi« seziert und der Delinquentin zwecks Identifizierung »vorgezeigt« worden. Wie die Vierundzwanzigjährige diese Prozedur übersteht, ist nicht überliefert, wohl aber der genaue Wortlaut ihrer Einvernahme: Drei bis vier Wochen vor Weihnachten habe sie jenen Fremden im Gasthof zum Einhorn kennengelernt und seinen »Ausfällen«, durch etliche Gläser Wein »in die Hitze gekommen«, nicht widerstehen können, »so daß er sie auf das Bett gezerret und daselbsten die Unzucht mit ihr getrieben«. Es sei das erste und einzige Mal gewesen, daß sie mit »eines Mannes Mensch was zu schaffen gehabt«, der »Satan habe sie verblendet und ihr das Maul zugehalten« – auch später noch, als sie ihren Zustand vor ihrer Brotgeberin abgestritten und schließlich die Leibesfrucht heimlich zur Welt gebracht und aus Angst vor Schande und Not erdrosselt habe.

Zwölf Wochen nach ihrer Arretierung wird Susanna Margaretha Brandt auf Anordnung des Großen Senats ein

»Defensor« zugeteilt: Seine ebenso kluge wie warmherzige Verteidigungsschrift weist diesen Dr. juris Marcus Christoph Schaaf als einen humanistisch gesinnten Mann aus, der seiner von bürgerlichen Vorurteilen geprägten Zeit ein gutes Stück voraus ist. Helfen kann er seiner Mandantin dennoch nicht: Das am 7. Januar 1772 vom »Rath der Kayserlichen freyen Reichs-Stadt Franckfurt am Mayn« gefällte Urteil läßt nicht einmal die freiwillige Rückkehr der zunächst Flüchtigen, ihr williges Geständnis, ihre Reue, ihr Beten um Vergebung und ihr Verlangen nach Verabreichung des Abendmahls als mildernde Umstände gelten. Auch ihr Gnadengesuch wird abgelehnt; nur die Geistlichen von der lutherisch-reformierten Kirche sind zugelassen, der Inhaftierten Trost zu spenden.

Auf Kindesmord steht die Todesstrafe: Scharfrichter Johann Anton Hoffmann aus Groß-Gerau tritt die schwere Aufgabe, der Verurteilten mit einem Schwertstreich »den Kopf glücklich abzusetzen«, an einen seiner beiden Söhne ab.

Auf dem Platz vor der Hauptwache wird das sieben mal sieben Meter große Schafott errichtet, eigene Vorkehrungen zum Schutz der das Gelände säumenden Laternen und Bäume werden eingeleitet, zur Aufrechterhaltung von Ruhe und Ordnung wird die Wachmannschaft verdoppelt, ein Trupp von zwölf Soldaten besetzt den Katharinenturm, um »das zudringende Volk« fernzuhalten, für den »Convoy« zur Richtstätte sind dreißig Grenadiere abkommandiert, für die Dauer der Exekution sind in alle Teile der Stadt Sicherheitspatrouillen entsandt, und sämtliche Stadttore bis auf zwei bleiben vorübergehend geschlossen: Über Frankfurt ist an diesem 14. Januar 1772 – wie man heute sagen würde – der Ausnahmezustand verhängt.

An der Henkersmahlzeit im Katharinenturm, zu der die Gastwirtschaft zum Ritter mit einem Menü aus Gerstensuppe, Blaukraut, Bratwürsten, Rindfleisch, gebackenem Karpfen, gespicktem Kalbsbraten, Milchbrot, Konfekt und Wein aufwartet, beteiligen sich nur die Richter, die Pastoren und das Wachpersonal; die »Maleficantin« verlangt bloß nach einem Glas Wasser.

Als sich um die zehnte Stunde unter den Klängen der Armesünderglocke die Hinrichtungsprozession in Bewegung setzt und die Todeskandidatin, mit Stricken umwunden und »unter beständigen Zurufen der Herren Geistlichen«, auf das zwei Meter hohe Schafott geschafft wird, ist ganz Frankfurt auf den Beinen, um über alle Absperrungen hinweg die Delinquentin begaffen zu können: Die Sargträger werden später von so manchen Schaulustigen berichten, die sogar über die sperrigsten Mauern geklettert sind und einander Geldmünzen zugeworfen haben, »wovon sie nachgehends mitsammen Bier getrunken«.

Wie der zweiundzwanzigjährige Goethe diesen 14. Januar 1772 erlebt, ist mit keinem Wort überliefert, doch wird allgemein als sicher angenommen, daß auch er unter den Tausenden ist, die am Schicksal der Susanna Margaretha Brandt Anteil nehmen und sie auf ihrem letzten Weg beobachten: Von seinem Elternhaus am Hirschgraben sind es keine 200 Meter bis zur Hinrichtungsstätte auf dem Platz vor dem Röhrenbrunnen bei der Hauptwache. Ohne ins Detail zu gehen und alle etwaigen Namen aussparend, vermerkt er in seiner Autobiographie »Dichtung und Wahrheit« lediglich:

»Es fehlte in der bürgerlichen Ruhe und Sicherheit nicht an gräßlichen Auftritten. Bald weckte ein Brand uns aus

unserem Frieden, bald setzten ein entdecktes großes Verbrechen, dessen Untersuchung und Bestrafung die Stadt auf viele Wochen in Unruhe. Wir mußten Zeugen von Exekutionen sein.«

Da die Chroniken für den strittigen Zeitraum nur von zwei Exekutionen in Frankfurt wissen (und die zweite in das Jahr 1758 fällt, wo Goethe gerade erst neun wird), ist damit eindeutig auf das Ereignis vom Januar 1772 angespielt. Und noch etwas steht außer Streit: Der Dichter des »Faust« benützt den Fall Susanna Margaretha Brandt als »Vorlage« für die Gretchen-Tragödie – und zwar ohne größeren Verzug: Noch im selben Jahr macht er sich an den Entwurf des »Urfaust«.

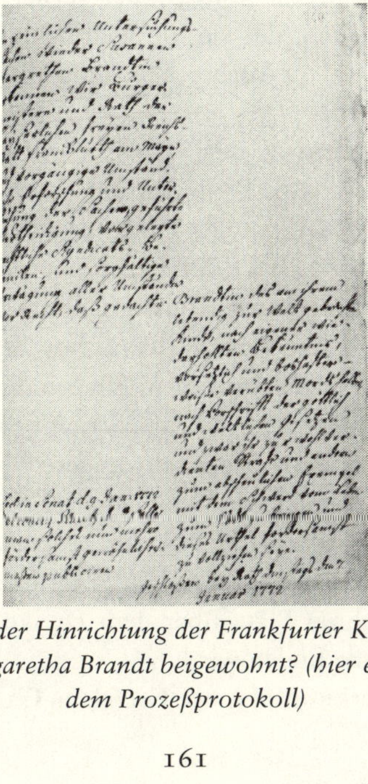

Hat Goethe der Hinrichtung der Frankfurter Kindsmörderin Susanna Margaretha Brandt beigewohnt? (hier ein Auszug aus dem Prozeßprotokoll)

Der Stoff wird Goethe insgesamt fast sechs Dezennien beschäftigen: Im Sommer 1773 folgen dem »Urfaust« die ersten Szenen des »Faust«, und noch im Herbst 1831, wenige Monate vor seinem Tod, feilt er an einzelnen Partien des zweiten Teils. Aus der Dienstmagd Susanna Margaretha Brandt, die ein holländischer Wandergesell auf der Durchreise durch Frankfurt ins Unglück stürzt, wird die unschuldig-naive Jungfer Gretchen, die in einer mittelalterlichen Kleinstadt des damaligen Deutschlands auf dem Heimweg von der Kirche, wo sie gerade die Beichte abgelegt hat, dem Gelehrten Dr. Faust in die Hände fällt, dessen von Mephisto und der Kupplerin Marthe Schwerdtlein tatkräftig unterstütztem Liebeswerben nachgibt, über ihrem Fehltritt Mutter und Bruder verliert, in ihrer Verzweiflung das Kind, das sie zur Welt bringt, ertränkt und im Kerker, wo sie ihr Verbrechen sühnen soll, dem Wahnsinn verfällt.

Goethe schöpft, was den »Faust«-Stoff betrifft, aus einem 1674 veröffentlichten deutschen Abkömmling des Doctor Faustus«-Dramas des Engländers Christopher Marlowe, reichert die Fabel jedoch auch mit vielerlei Selbsterlebtem an und wählt als Kulisse das alte Frankfurt. Die Osterglocken, die seinen »Helden« vor dem Freitod bewahren, kennt er von der seinem Elternhaus benachbarten Katharinenkirche, der Osterspaziergang führt ihn den Main entlang, und als er das schwangere Gretchen ihr verzweifeltes »Ach neige, du Schmerzensreiche, dein Antlitz gnädig meiner Not!« beten läßt, hat er jene steinerne Pietà vor Augen, die, einst an der alten Stadtmauer stehend, in späterer Zeit ihren Platz über dem Dreikönigsportal der Liebfrauenkirche finden wird.

Sogar die Verknüpfung der Gretchen-Tragödie mit dem

Mephisto-Motiv findet im Schicksal der Susanna Margaretha Brandt ihre verblüffenden Parallelen: Aus den Criminalia 1771 Nr. 62, dem im Frankfurter Stadtarchiv aufbewahrten Prozeßprotokoll, geht klipp und klar hervor, daß sich die Angeklagte bei der Schilderung ihrer Mordtat ausdrücklich darauf beruft, es sei »der Satan« gewesen, der ihr »dieses alles so in den Sinn gegeben«.

Nach der wegen Kindsmord hingerichteten Dienstmagd aus dem Gasthof zum Einhorn in Frankfurt würde heute, 230 Jahre nach dem blutigen Geschehen, kein Hahn mehr krähen, wäre sie nicht durch Goethe, wie stilisiert auch immer, in die Weltliteratur eingeführt worden. So aber kommt es, daß ihre Geschichte bis in unsere Tage wieder und wieder aufgegriffen wird – und nicht etwa nur von den Lokalhistorikern und Germanisten, sondern beispielsweise auch vom Fernsehen (das 1977 – mit Erika Skrotzki in der Titelrolle – »Die Geschichte der Susanna Margaretha Brandt« als Film herausbringt), ja sogar von der hohen Justiz, die, repräsentiert durch den am Staatsgerichtshof des Landes Hessen wirkenden Richter Roland Kern, den Oberstaatsanwalt Hubert Harth und den Frankfurter Strafverteidiger Rüdiger Vollhard, im Sommer 1998 den Fall in einer Art fiktivem Prozeß unter Anwendung der heute geltenden Strafvorschriften neu aufrollt. »Wegen Kindestötung in einem minder schweren Fall« wird die Bürgerin Susanna Margaretha Brandt zu einer auf Bewährung ausgesetzten Freiheitsstrafe von zwei Jahren verurteilt. Andere Zeiten, andere Sitten, anderes Recht. Ein Goethe von heute müßte seinen »Faust« von Grund auf umschreiben.

Der Kurschatten

HENRIK IBSEN
Baumeister Solness

Ibsen, wohin das Auge blickt: Alle Bühnen von Rang reißen sich um seine Stücke, in den Verlagen drängen sich die Übersetzer, in den Buchhandlungen türmen sich seine Werke. Bei der Berliner *Ibsen-Woche*, im März 1888 zum sechzigsten Geburtstag des Autors veranstaltet, stehen gleich drei seiner Stücke auf dem Programm: »Nora« im Lessing-, »Die Wildente« im Residenz-, »Die Frau vom Meer« im Hoftheater. In den literarischen Salons werden die neuesten Nachrichten über den Dichter aus Norwegen ausgetauscht, in der witzigen Modefrage »Ibsen Sie auch?« mutiert sein Name zum Verb.

Ab 1875 ist Henrik Ibsens Wohnsitz München, ab 1880 Rom. Während der heißen Jahreszeit flieht er die Stadt, Gossensaß am Südhang des Brenners ist das Sommerquartier seiner Wahl. Seit der Eröffnung der Brenner-Eisenbahn hat das vormals bedeutungslose Dorf am Zusammenfluß von Pflerscherbach und Eisack gute Chancen, sogar Meran Konkurrenz zu machen. Auf die Tagesausflügler, die zur Mittagsstunde aus dem Innsbrucker Zug steigen, im Gasthaus Gröbner zu Speis und Trank einkehren und um 15 Uhr die Rückfahrt antreten, folgen schon bald die ersten Dauergäste, die in den nach und nach aus dem Boden gestampften Nobelhotels Quartier nehmen. Ein flugs gegründeter Verschönerungsverein sorgt für Promenadenwege, Ruhebänke, Schutzlauben und Wegweiser.

1876 kommt Ibsen das erste Mal nach Gossensaß – am

Schluß werden es nicht weniger als sieben Sommer sein, die er hier zugebracht hat. Und nicht etwa nur zur Erholung, sondern zu intensivstem Schreiben: In Südtirol entstehen »Die Wildente« und »Stützen der Gesellschaft«, hier beginnt er »Nora« und beendet den »Volksfeind«, und im Entwurf von »Hedda Gabler« nennt er in einer Szene des zweiten Akts den geliebten Ferienort sogar beim Namen (um ihn dann in der Endfassung des Stücks aber doch zu verschlüsseln: »das Dörfchen unter dem Brennerpaß«).

Das Schweizerhaus, die am Hauptplatz gelegene Dependance des Grandhotels Gröbner, ist Ibsens Stammquartier. Schon die Anreise hebt seine Stimmung, Gattin Suzannah und Sohn Sigurd hält er brieflich auf dem laufenden:

»*Mir geht es in jeder Beziehung ausgezeichnet. Die Reise nach hier verlief wie üblich; von Modena bis Ala mußte nachts der Mantel heran; durch das Tal hier hinauf herrliches Wetter und frische Luft. Die Butterbrote bewähren sich vorzüglich, sie waren mein einziger Proviant auf der ganzen Reise. Das letzte aß ich, mit einer Tasse schwarzen Kaffees, in Verona zum Frühstück. In Florenz hatte ich nur eine halbe Flasche Wein genommen, in Ala am Morgen nichts. Will immer Butterbrote mit auf die Reise nehmen, die kann ich jederzeit mit Genuß essen.*«

In Gossensaß kennt man ihn schon, der Empfang durch die Wirtsleute fällt betont herzlich aus. Sein Tag ist streng eingeteilt:

»*Bisher stand ich um ½7 Uhr auf, frühstückte eine halbe Stunde später, ging dann aus, während das Zimmer gerichtet wurde, und schrieb von 9 bis 1 Uhr. Am Nachmittag habe ich auch etwas schreiben können. In 5 bis 6 Tagen wird der 2. Akt fertig sein. Bier trinke ich nicht, und das bekommt mir gut. Dagegen trinke ich Milch sowie etwas*

Im Grandhotel Gröbner in Gossensaß, Ibsens Südtiroler Sommerquartier, lernte der Dichter »seine« Hilde Wangel kennen

Wein mit Wasser; abends 1/2 8 leichte Kost. Bisher war ich jeden Abend vor 10 im Bett und schlief gut. Hier sind schon ziemlich viele Fremde, bald wird es ganz voll sein. Übrigens geben die Zugereisten, fast ausschließlich deutsche Damen, zu verstehen, daß sie mich kennen, und lächeln sehr wohlwollend, wenn man einander begegnet.«

Ibsen schließt mit der Bitte an seine Frau, von Zeit zu Zeit von sich hören zu lassen, nur möge sie sich dabei kurz fassen:

»Lange Briefe sind nicht nötig. Auch ich werde keine langen Briefe schreiben, habe ja mit meinem Stück zu tun ...«

Ibsen schreibt nachts. Damit die anderen Logiergäste, wenn er, um eine schwierige Formulierung ringend, im Zimmer auf und ab geht, nicht gestört werden, läßt er zwischen Tür und Schreibtisch einen dicken Teppich ausrollen. Ein, zwei Gläser Wein sind ein willkommenes Stimulans, der weiße Terlaner mundet ihm vorzüglich. Ist seine Frau mit von der Partie, so versteckt er, wenn er aufs Zimmer geht, die Bouteille unterm Rock. Am nächsten Morgen findet das Stubenmädchen den frischen Manuskriptteil auf dem Schreibtisch vor – zum Erstaunen der Wirtsleute fast ohne jede Korrektur. Wenn er, noch vor dem Frühstück, das Haus verläßt, führt ihn sein erster Weg zum nahen Brunnen, wo er das Tintenfaß reinigt – niemand darf ihm dabei zur Hand gehen.

Sein Aufzug ist immer der gleiche: Ob kühl oder warm, ob trüb oder sonnig – Ibsen trägt Samtrock und Zylinder. Das strenge schwarze Habit korrespondiert mit seinem wortkargen Wesen: Niemals unfreundlich, geht er doch Gesprächen mit Einheimischen wie Fremden scheu aus dem Weg, und vor allem bei seinen kurzen, aber häufigen Spaziergängen am Pflerscherbach, die ihm bei den Dorfleuten den liebevollen Spitznamen »Bachmandl« eintragen, will er ungestört sein: Hier kann er konzentriert über den Fortgang seiner Arbeit, über die jeweils nächste Szene nachdenken.

Bei den Hotelmahlzeiten hält er sich von der Table d'hôte fern, läßt sich die Speisen an einem kleinen Extratisch servieren. Logiergäste, die über seine Identität Bescheid wissen, beäugen ihn mit Neugier, und die Schreiblustigen unter ihnen werden später unter dem Eindruck des berühmten Namens ihre Beobachtungen zu Papier und vielleicht gar in gedruckter Form unter die Leute bringen. Moritz Zeisler ist solch ein Exemplar; in seinen Gossensasser Reiseerinnerungen lesen wir über den prominenten Tischnachbarn:

»Schon die äußere Erscheinung ist die eines nicht gewöhnlichen Menschen: Auf einem kurzen, aber kräftigen

»Eine neue Dichtung fängt an, in mir zu dämmern«:
Henrik Ibsen zur Zeit der Entstehung seines Dramas
»Baumeister Solness«

und gedrungenen Körper sitzt ein ungewöhnlich großer Kopf, der unverkennbar den Stempel des Bedeutenden trägt. Die hochgewölbte Stirn und das energische Gesicht sind von starrem, weißlich-grauem Haar umrahmt, und die von dichten, dunklen Brauen überschatteten Augen blicken durch die Brille scharf, klar und forschend in die Welt. Man glaubt in seinem Gesicht lesen zu können, daß er viel gekämpft und gelitten hat, und nur wenn er spricht, gewinnen die sonst harten Züge einen freundlichen Ausdruck. Er spricht freilich sehr wenig und sehr selten.«

Unter den Hotelgästen machen Warnungen die Runde: *»Seien Sie vorsichtig, Ibsen beobachtet Sie, Sie kommen sicher in sein nächstes Stück.«*

Sein Wunsch, ungestört zu bleiben, wird von jedermann respektiert. Nur die drei alten Jungfern aus Salzburg, die (so unser Gewährsmann) »zusammen wohl 200 Jahre zählen und die der Witz der Gäste ›die drei Nornen‹ getauft hat«, tanzen aus der Reihe und drängen sich an den Dichter heran, um ihn in schöngeistige Gespräche zu verwikkeln.

Ist Ibsen mit Familie angereist, so geht er Frau und Sohn, wenn sie nach ihm den Speisesaal betreten, artig entgegen und geleitet sie an seinen Tisch. Trinkt er zum Essen Bier, soll es frisch angezapft sein. Möglich, daß die freundlichen Serviererinnen den anspruchsvollen Gast dabei mitunter mit einem listigen Trick täuschen und hinter dem Schankzimmer laut polternd mit dem Holzschlegel gegen das alte Faß schlagen – zum Schein. Derart aufmerksam um sein Wohl besorgten Wirtsleuten schuldet man Dank; Ibsen schreibt ihnen ins Gästebuch: »Sei stets beglückt, du schöne Gegend. Auf Wiedersehn, ihr lieben, treuen Menschen!«

»Du schöne Gegend« – das könnte auch damit zu tun haben, daß ihn das Pflerschertal, dessen Uferpromenade zu Ibsens Lieblingsplätzen in Gossensaß zählt, an seine norwegische Heimat erinnert: Die Landschaftsformation hat starke Ähnlichkeit mit einem Fjord, man braucht sich nur auszumalen, die Talsohle sei mit Meerwasser gefüllt.

Sechs Sommer hat Henrik Ibsen – teils allein, teils mit Frau und Sohn – in Gossensaß zugebracht, zuletzt 1884, dann tritt eine Pause ein. Im Juli 1886 kommen die Herren der Gemeindeverwaltung überein, den berühmten Gast mit einem nach ihm benannten Platz zu ehren; zugleich erhoffen sie sich von der damit verbundenen Zeremonie die Wiederkehr des nun schon zum zweiten Mal Fernbleibenden. Hotelier Ludwig Gröbner fragt bei Ibsen brieflich an, ob er damit einverstanden sei, daß das von ihm so sehr geliebte Bergwaldidyll oberhalb des Kreuzbachls fortan seinen Namen trage. Der Dichter, als Mann von achtundfünfzig Jahren öffentlichen Ehrungen durchaus zugänglich, willigt dankbar ein und schickt den »verehrten Beteiligten« seine »besten Wünsche für das Gedeihen der Gemeinde«.

Da den Gossensassern für die feierliche Einweihung des Ibsen-Platzes sehr an der Anwesenheit des »Taufpaten« gelegen ist, müssen sie sich noch drei Jahre gedulden: Erst im Juli 1889 kehrt Ibsen wieder. Nun aber wird für ihn ein umfangreiches Programm entworfen: Festzug mit Musik, Ansprachen der Honoratioren. Die »musikalisch-deklamatorische Soiree« im Speisesaal des Grandhotels sieht neben Schubert-Klängen und Loewe-Balladen auch Rezitationen von Ibsen-Texten vor; zum Abschluß gibt's ein Feuerwerk. Auf dem Ibsen-Platz wird eine Bank aufgestellt, auf der der Jubilar, auf seinen Spazierstock gestützt, für das Erinnerungsphoto posieren wird; die kräftigsten Burschen aus dem Dorf tragen den mittlerweile Behäbigen und auch schon leicht Gehbehinderten in einer Sänfte zu dem hoch überm Ort gelegenen Gelände.

Bei der abendlichen Festakademie ist Ibsen von Bewunderern umringt, jeder will ihm die Hand reichen. Eine der Damen, Hotelgast wie er, stellt ihm eine dunkelhaarige Schönheit vor, deren ebenmäßige Gesichtszüge, anmutiger Wuchs und melancholischer Blick Ibsen sofort ins Auge stechen: »Fräulein Emilie Bardach aus Wien.«

Begleitet von ihrer Mutter, ist die knapp Siebenundzwanzigjährige gleichfalls Logiergast im Grandhotel Gröbner, man begegnet einander also an den folgenden Tagen auf Schritt und Tritt wieder. Unter den aufmerksamen Augen der Gästeschaft sucht der sonst so Kontaktscheue kaum verhohlen die Nähe der vierunddreißig Jahre Jüngeren. Frau Bardach, die Mutter, gibt ihre Einwilligung zu gemeinsamen Spaziergängen, deren Dauer von Tag zu Tag zunimmt: Die beiden haben einander offensichtlich eine Menge zu sagen. Wenn Sturm und Regen sie ans Haus fesseln, finden sie sich zu angeregter Konversation in der Hotelveranda.

Inzwischen trifft – mit einigen Tagen Verspätung – auch Frau Ibsen in Gossensaß ein, der Dichter stellt ihr seine junge Urlaubsbekanntschaft vor. Madame, an diese sich anbiedernden »Weiber« gewöhnt, die sich von Ibsen – wie sie später nicht ohne Spott zu Protokoll geben wird – Verständnis für ihre »Seelenleiden« erhoffen, zeigt sich nachsichtig-freundlich. Sie weiß ja, daß sich ihr Mann, von solcherlei Vertrauensbeweisen zunächst angetan, stets sehr bald auf sein striktes »Noli me tangere« zurückzieht.

Doch diesmal scheint alles ein bißchen anders zu sein. Schon am 5. August, zwei Wochen nach dem noch sehr formellen Kennenlernen, schreibt Emilie Bardach in ihr Tagebuch: »Seine Huldigungen sind nicht ganz idealer Natur.« Sie vermutet richtig: Als sie gut anderthalb Monate später abreist, stehen, von Ibsens Hand, in ihrem Stammbuch die Worte: »Hohes, schmerzliches Glück – um das Unerreichbare zu ringen!« Und auf der Rückseite seines Porträtphotos, das er ihr zur Erinnerung mitgibt, liest sie: »An die Mai-Sonne eines Septemberlebens – in Tirol.«

Emilie Bardach, Kind aus gutem Wiener Hause, ledig und in unglücklicher Liebe einem älteren, aus Ungarn stammenden Mann lose verbunden, will den Kuraufenthalt in Südtirol dazu nützen, sich über ihr künftiges Leben klarzuwerden. Das wohlsituierte Elternhaus erlaubt es ihr, ohne

Emilie Bardach aus Wien, Urbild der Hilde Wangel aus Henrik Ibsens Schauspiel »Baumeister Solness«

Ausübung eines Berufs sich ganz dem Wiener Gesellschaftstreiben hinzugeben und im übrigen den typischen Neigungen der höheren Tochter zu frönen: Sie spielt Klavier und singt. Jetzt, in der Sommerfrische, hat sie sich aufs Malen verlegt – die romantische Ruine Straßberg oberhalb der Brennerstraße hat es ihr besonders angetan. Eines der Bildchen, auf eine jener Rehglocken appliziert, wie sie hier auf den Almen in Gebrauch und neuerdings auch als Touristensouvenir beliebt sind, wird sie später Ibsen zum Geschenk machen.

Literatur ist ihre starke Seite nicht: Von Ibsen hat sie, als sie dessen Bekanntschaft macht, keine einzige Zeile gelesen. Auch an sein Umgangsdeutsch muß sie sich erst gewöhnen; in ihr Tagebuch trägt sie ein:

»Schade, daß die fremde Sprache ihm doch Schwierigkeiten macht. Sonst verstünden wir uns sehr gut.«

Jetzt holt sie natürlich, was ihr an Ibsen-Texten in die Hand kommt, mit Fleiß nach, und es erfüllt sie mit Stolz, daß er begierig ist, ihre Meinung darüber zu erfahren:

»Er bat mich so inständig, mit ihm viel zu reden, mich ihm ganz zu eröffnen, wodurch wir Mitarbeiter würden.«

Auf der anderen Seite ängstigt es sie, wie heftig er ihr den Hof macht:

»Ohne Eindruck kann dieser Verkehr nicht bleiben, weil er mir zu viel Empfindung entgegenbringt. Es läuft mir bei seinen Worten oft kalt über den Rücken. Er bespricht die ernstesten Lebensfragen und vermutet in mir so unendlich viel. Ich fürchte: mehr, als er finden wird. Es habe ihn in seinem Leben noch niemand so entzückt. Er behauptet, mich sehr zu studieren, mir im Gespräch Fallen zu legen, damit ich lüge. Doch umsonst, es ist ihm alles gut und edel.«

Das Schlechtwetter hält an, statt der gemeinsamen Promenaden ist man Abend für Abend in einer Nische des Speisesaals in stundenlange Gespräche vertieft. Nachher eilt sie auf ihr Zimmer und vertraut ihrem Tagebuch an, was ihr hübsches Köpfchen so total durcheinanderbringt:

»Ich liege, Mama geht eben aus. So bin ich allein Herrscherin im Raum, frei, endlich frei, um niederzuschreiben von der Unendlichkeit, die ich in diesen Tagen empfinde, und da sieht man aber wieder, wie arm die Sprache gegenüber dem ist, was man empfindet. Nur die Tränen, die sagen mehr. Wie läßt sich das Gegenwärtige mit allem Ver-

gangenen vergleichen! Wie arm und klein erscheint alles demgegenüber! Alle anderen waren nur gewöhnliche Menschen, und nun ist es ein Geist, der die Welt dominiert. Dieser Vulkan, furchtbar schön, vorgestern nachmittag, als wir endlich allein zusammensaßen!«

Was die Affäre für sie so qualvoll macht: Emilie Bardach weiß nur zu gut, daß Ibsen keines der Versprechen, die sie aus seinen Worten heraushört, einlösen, daß es für beide Teile wohl nur eines geben kann: Entsagung.

»Jetzt ist es die wahre Liebe. Das Ideal, zu dem er unbekannt gedichtet. Jetzt wird er Dichter aus Schmerz und Entsagung. Und doch glücklich, mich gefunden zu haben, das Schönste, Wunderbarste. Zu spät! Wie kleinlich komm ich mir vor, daß ich mich ihm nicht entgegenstürzen kann! Doch da steigen sie auf, die Hindernisse: das reale Leben, die vielen Jahre, die Frau, der Sohn – alles das, das uns trennt. Mußte es so weit kommen? Konnte ich es hindern? Während er spricht, ist mir jetzt oft, ich muß fort, weit weg, und dabei schmerzt es mich, ihn zu verlassen, ich leide unter seiner Unruhe, fühle sie im Saal, auch wenn wir voneinander getrennt sitzen.«

Was sich Emilie Bardach, geschmeichelt von so viel »Bevorzugung vor all den andern, die ihn umringen«, nicht eingesteht: Das allergrößte Hindernis einer dauerhaften Bindung an Ibsen, wenn sie denn möglich wäre, läge in ihr selbst. Sosehr es ihr imponiert, von diesem Genie mit Worten, wie ihr Ohr sie noch nie vernommen, angehimmelt zu werden, so wenig vermag sie dem aus eigenem beizusteuern: Erotik ist von ihrer Seite nicht im Spiel, vor den Zärtlichkeiten des vierunddreißig Jahre Älteren empfindet sie Ekel.

Natürlich reizt sie die Vorstellung, an der Seite des von

aller Welt gefeierten Dichters von Land zu Land, von Triumph zu Triumph zu eilen (wie er es ihr noch am letzten Tag ihres Ferienaufenthalts in Gossensaß vorgaukelt), aber daß in den Stunden vorm Aufbruch eine Gruppe Einheimischer »im Tiroler Nationalkostüm« mit »Gesängen und Tänzen« aufwartet, wodurch ihr peinliche Abschiedsszenen erspart bleiben, ist ihr »sehr willkommen«.

Es wird dann dennoch ein höchst romantischer Abgang: Der Zug, den Mutter und Tochter besteigen, geht gegen drei Uhr nachts ab, Ibsen begleitet die Damen zum Bahnhof. »Von herbstlichem Gebirgsnachtnebel umhüllt«, schreibt Emilie in ihr Tagebuch, »beleuchteten nur die Funken der Lokomotive unseren Abschied.«

Sie werden einander nie wiedersehen.

Ibsen bleibt noch eine weitere Woche in Gossensaß und ergeht sich in selbstquälerischem Schmerz um das Verlorene:

»*Keine Sonne mehr. Alles fort, verschwunden!*« schreibt er ihr nach Wien. »*Die wenigen zurückgebliebenen Gäste konnten mir selbstverständlich keinen Ersatz bieten. Im Pflerschertal bin ich jeden Tag spazierengegangen. Es gibt doch am Wege eine Bank, wo es sich in Gesellschaft gewiß recht stimmungsvoll plaudern ließe. Aber die Bank war leer, und ich bin vorbeigegangen, ohne Platz zu nehmen. Auch im großen Saal habe ich es öde und trostlos gefunden. Erinnern Sie sich an die große, tiefe Fensternische rechts vom Eingang der Veranda? Die berauschend duftenden Blumen standen noch immer da. Aber sonst – wie leer, wie einsam, wie verlassen!*«

Sein Trost ist die Arbeit:

»*Eine neue Dichtung fängt an, in mir zu dämmern. Ich will sie diesen Winter vollführen und versuchen, die heite-*

re Sommerstimmung auf dieselbe zu übertragen. Aber in Schwermut wird sie enden.«

Eine Woche später trifft der nächste Brief ein. Emilie läßt ihn ungeöffnet liegen, bis alle anderen anstehenden Tätigkeiten verrichtet sind. Sie will ganz und gar den Kopf dafür frei haben. Doch aus der ersehnten Ruhe wird nichts: Wieder wühlt sie, was er da »in einem seiner schönen furchtbaren Momente« zu Papier gebracht hat, zuinnerst auf:

»Wie gewöhnlich sitze ich am Schreibtisch. Jetzt möchte ich gern arbeiten, kann es aber nicht. Meine Phantasie ist zwar in reger Tätigkeit, aber immerzu schweift sie anderswohin. Meine Sommererinnerungen kann ich nicht zurückdrängen – und will es auch nicht. Tausendmal gute Nacht!«

Emilie Bardach ist im Begriff, sich für eine Abendeinladung herzurichten. Jetzt, in ihrer »ohnedies regen Phantasie noch mehr erhitzt«, hat sie Zweifel, ob sie überhaupt in der Verfassung ist auszugehen. Muß er denn immerzu ihre Gedanken auf sich lenken? »Warum schickt mir Ibsen nicht Lektüre, Nahrung für den Geist?«

Statt dessen schürt er weiter eine Leidenschaft, die keine Zukunft hat:

»Als eine liebliche Sommererscheinung habe ich Sie, meine liebe Prinzessin, kennengelernt. Wie gern möchte ich Sie in winterlichen Umgebungen wiedersehen! In meiner Phantasie bin ich freilich dabei. Ich sehe Sie auf der Ringstraße, leicht, eilig, dahinschwebend, in Samt und Pelzwerk graziös gehüllt. In Soireen und Gesellschaften sehe ich Sie auch – und besonders im Theater, zurückgelehnt, mit einem etwas müden Ausdruck in den rätselhaften Augen. Zu Hause möchte ich Sie auch so gerne sehen. Doch das gelingt mir nicht, weil mir die Anhaltspunkte dazu fehlen. Sie

haben mir über Ihre Häuslichkeit, über Ihr Heimatleben sehr wenig erzählt.«

Emilie Bardachs Aufzeichnungen aus diesen Tagen ergeben ein diffuses Bild. Einerseits sind ihr Ibsens Briefe heilig, andererseits wünscht sie, sie kämen seltener: »Er soll dichten.« Einerseits genießt sie es, daß alle ihre Bekannten wissen, welch berühmten Korrespondenzpartner sie hat. Andererseits findet sie es taktlos von den Leuten, darauf angesprochen zu werden: »Über ihn zu reden ist mir peinlich.«

Zu Weihnachten schickt sie ihm ihr Bild; er dankt überschwenglich, berichtet von »unbeschreiblicher Freude«:

»Wie haben Sie mir damit jetzt mitten im Winter jene kurze, sonnige Sommersage wieder vergegenwärtigt!«

Als sie ihm mitteilt, daß sie mit einer »garstigen Influenza« darniederliegt, entzündet sich seine Phantasie aufs neue:

»Denken Sie, ich hatte eine bestimmte Ahnung davon! Ich habe Sie im Bett liegen sehen, blaß fiebernd, aber reizend, schön und lieblich wie immer. Tausendmal Dank für die niedlichen Blumen, die Sie mir gemalt haben. Für Blumenmalerei, glaube ich, besitzen Sie eine hervorragende Begabung. Dieses Talent sollten Sie ernstlich kultivieren.«

Am 6. Februar 1890 tritt im Briefverkehr der beiden eine Wende ein; Ibsen kündigt an, fortan nur noch selten von sich hören zu lassen:

»Glauben Sie mir, es ist besser so. Ich fühle es als eine Gewissenssache, die Korrespondenz mit Ihnen einzustellen oder doch zu beschränken. Sie dürfen sich vorläufig so wenig wie nur möglich mit mir beschäftigen. Sie haben andere Aufgaben in Ihrem jungen Leben zu verfolgen, anderen Stimmungen sich hinzugeben. Und ich – das habe ich Ihnen schon mündlich gesagt – kann mich niemals durch ein briefliches Verhältnis befriedigt fühlen.«

Erst als – gut ein halbes Jahr später – Emilies Vater stirbt und sie Ibsen davon unterrichtet, lebt die Korrespondenz für einen Augenblick wieder auf: mit einem formellen Kondolenzschreiben. Aber der Dichter wünscht keine Fortsetzung, und als sie sich darüber hinwegsetzt und ihm zu Weihnachten eine kleine Malerei von ihrer Hand nach München schickt, wird er, indem er unter anderem auch auf seine Ehe zu sprechen kommt, mehr als deutlich:

»Ich danke Ihnen so recht von Herzen dafür. Auch meine Frau findet, daß das Bild sehr hübsch gemalt ist. Aber ich bitte Sie: Schreiben Sie mir vorläufig nicht mehr. Wenn die Umstände sich geändert haben, werde ich es Sie wissen lassen. Bald werde ich Ihnen mein neues Schauspiel schicken. Empfangen Sie es in Freundlichkeit, aber schweigend!«

Emilie Bardach gehorcht. Mehr als sieben Jahre verstreichen, bis sie nochmals zur Feder greift: Es ist Ibsens siebzigster Geburtstag. Sein Dankbillet ist die endgültig letzte Post, die sie von ihm erhält:

Herzlich liebes Fräulein …!

Empfangen Sie meinen innigsten Dank für Ihren Brief. Der Sommer in Gossensaß war der glücklichste, schönste in meinem ganzen Leben. Wage kaum daran zu denken. – Und muß es doch immer. – Immer!

Ihr treu ergebener
Henrik Ibsen.

Das ist nun freilich ein Schlußakkord, wie er glorioser nicht erklingen könnte, wäre da nicht noch ein Zweites, ungleich Erhabeneres, das die zuerst so heftig Umworbene und dann so brüsk Abgewiesene vor aller Welt rehabilitiert, ja in den Rang der unsterblichen Dichtermuse erhebt:

Henrik Ibsen verewigt Emilie Bardach in einem seiner reifsten Stücke, setzt ihr in »Baumeister Solness« mit der Figur der jungen Hilde Wangel ein bleibendes Denkmal.

»Alle meine Dichtungen hängen aufs engste zusammen mit dem, was ich *durch*lebt – wenn auch nicht *er*lebt – habe«, bekennt Ibsen schon Jahre vorher in Beantwortung einer Anfrage des deutschen »Peer Gynt«-Übersetzers Ludwig Passarge.

Genau dies trifft auch auf sein Schauspiel »Baumeister Solness« zu, das er 1891/92 im heimatlichen Christiania zu Papier bringt:

*Er*lebt hat er die alle seine Sinne aufpeitschende Konfrontation des alternden Mannes mit der ungestüm-unbefangenen Jugend: die zwei Sommermonate mit der vierunddreißig Jahre jüngeren Wienerin Emilie Bardach in dem Südtiroler Bergdorf Gossensaß. Und *durch*lebt, also in seiner Phantasie ausgesponnen, und vom *Er*lebten inspiriert, hat er das zugleich verwirrend-süße und tödlich-bittere Drama des gefährdeten Karrieristen, dem die Prinzessin das ihr versprochene Königreich abverlangt. Doch die Kraft der Jugend, die sie ihm im Überschwang ihrer Gefühle für seine Mutprobe zuzuführen scheint, versagt: Solness stürzt ab – und zwar buchstäblich. Als er, von Hilde Wangel dazu ermuntert, beim Richtfest eines von ihm erbauten Hauses dessen Turm erklimmt, um eigenhändig den Kranz aufzuhängen, verliert er das Gleichgewicht …

In der Regieanweisung des ersten Aktes beschreibt Ibsen seine Hilde Wangel wie folgt:

»Sie ist mittelgroß, zierlich und geschmeidig, das Gesicht leicht von der Sonne gebräunt; in Wandertracht, ein Hütchen auf dem Kopf, einen Ranzen auf dem Rücken, in der Hand einen langen Bergstock.«

Emilie Bardach, wie sie leibt und lebt, und zwar exakt in der Adjustierung, wie Ibsen sie von jenem Sommer 1889 her in Erinnerung hat. Überflüssig zu erwähnen, daß für Halvard Solness und dessen Frau Aline das Ehepaar Ibsen Modell steht. So schließt sich der Kreis.

Freilich, eine so nachsichtig-großherzige Ehefrau wie diese Aline Solness ist Suzannah Ibsen nicht: »Halte dir all die überspannten Frauenzimmer vom Leibe!« warnt sie ihren Mann zu wiederholten Malen und toleriert deren zum Teil dreiste Annäherungsversuche nur insoweit, als der Dichter ihrer als »Material« für die Figuren seiner Stücke bedarf. Sie selber sorgt dafür, daß all das Geschreibsel der »Weiber« im Papierkorb landet, und auch die Briefe des »Solness-Fräuleins«, wie sie Emilie Bardach süffisant nennt, seien – so wird sie später den Literaturforschern zu Protokoll geben – durch ihre Hände gegangen. Und damit nicht genug, will sie klargestellt haben: Auch ihrem Mann seien sie allesamt gleichgültig geworden, nachdem die Arbeit getan, das lebende Modell zum Kunstwerk umgestaltet war.

Sollte also wirklich zutreffen, was der Kritiker Julius Elias dem Dichter (mit dem er – in Sektlaune – ein Gespräch über dieses Thema geführt haben will) in den Mund legt? Diese Jungfer in Tirol sei nichts weiter als eine merkwürdig verkorkste Person gewesen, die bestimmt nie heiraten werde, auch gar nicht auf einen jungen Partner aus sei, sondern nur darauf, anderen Frauen den Mann auszuspannen. Doch die »kleine dämonische Zerstörerin« habe damit bei ihm, Ibsen, wenig Glück gehabt: »Sie nahm mich nicht, aber ich nahm sie für eine Dichtung.«

Nun, so glücklich ist die Ehe von Henrik und Suzannah Ibsen auch wieder nicht, daß es dem von der Herrsch- und

Nörgelsucht seiner Frau oft tief vergrämten Gatten nicht gefallen sollte, die Aufmerksamkeit einer ebenso attraktiven wie feinfühligen Jüngeren auf sich zu lenken. So gleichgültig, wie er vorgibt, wird ihm diese Emilie Bardach also wohl doch nicht gewesen sein, zumindest nicht damals, Tür an Tür im Sommerlogis zu Gossensaß.

Nach dem Tod des Dichters am 23. Mai 1906 – die Gemeinde Gossensaß läßt einen Kranz mit Schleife in den Tiroler Landesfarben am Grab niederlegen, die Witwe revanchiert sich für die am Grandhotel Gröbner angebrachte Ibsen-Gedenktafel mit der Überlassung einiger Memorabilien: Schreibmappe, Tintenfaß und Feder – wird Emilie Bardach aktiv.

Ein »glühender Ibsen-Verehrer« in Dänemark, mit dem die mittlerweile Vierundvierzigjährige in Kontakt steht, wirft ihr Egoismus vor: »Wie können Sie die Ibsen-Briefe als persönliches Heiligtum hüten und der Welt vorenthalten?« So schafft sie also die Kassette, in der sie das versiegelte Paket unter Verschluß hält, herbei, setzt sich mit dem Literaturkritiker und Ibsen-Freund Georg Brandes in Verbindung und stellt diesem anheim, den »Schatz« für eine seiner Ibsen-Studien auszuwerten.

Was nun eintritt – so wird sie sich im Jahr darauf unter dem Titel »Meine Freundschaft mit Ibsen« in einem anderthalb Spalten langen Artikel in der Wiener »Neuen Freien Presse« rechtfertigen , geht freilich weit über das hinaus, was sie beabsichtigt hat:

»Die Veröffentlichung in so vielen deutschen und ausländischen Blättern geschah ohne mein Wissen, und die dadurch entstandene Sensation war mir mehr als peinlich.«

Und was sie vor allem erbittert: in den skandinavischen

Ländern fällt man über sie her, schmäht »das kleine Solness-Fräulein, das gerade nur den Tod Ibsens abgewartet hat«, um sich wichtig zu machen und dabei das makellose Bild des korrekten Ehemannes in den Schmutz zu ziehen.

Der Expertenstreit wogt hin und her: Gehen die einen so weit, Vergleiche mit Goethe und dessen Altersliebe Ulrike von Levetzow zu ziehen, so höhnt Karl Kraus in der »Fackel«, Ibsens Briefe an Emilie Bardach seien »so nichtssagend, daß ihnen das Interesse künftiger Literaturhistoriker gesichert ist«.

Und was sagt die Briefempfängerin selbst? In der »Neuen Freien Presse« vom 31. März 1907 kann man es nachlesen:

»Ich sah in ihm wohl nur den behäbigen alten Herrn, der lange mit einem Glas Bier bei Tisch sitzenblieb und krampfhaft eine Zeitung vor sich hielt. Das sollte ihn davor schützen, angesprochen zu werden. Doch gleich nach unserer Bekanntschaft bat er mich, diese Waffe für andere als eine Art besonderer Einladung für meine Person anzusehen und mich zu ihm zu setzen, sooft ich nur konnte. So wurden wir gute Freunde, und auf das erste seiner Werke, das er mir schenkte, schrieb er: ›In guter Freundschaft gewidmet‹.«

Emilie Bardach holt noch weiter aus:

»Es war damals seine Glanzperiode, Briefe, Telegramme kamen nach Aufführungen, und die ließ er manchmal ungeöffnet liegen, bis ich kam, denn er pflegte mich seinen Mitarbeiter zu nennen. Sein Tisch wurde von Verehrerinnen mit Blumen geschmückt.«

Doch während er deren Zuwendung nur gnädig über sich ergehen läßt, tut er im Umgang mit der »Prinzessin« alles, ihr offen zu huldigen:

»Auf einem unserer gemeinsamen Spaziergänge bückte

er sich plötzlich in seiner ganzen Schwerfälligkeit, und als ich ihn nach der Ursache fragte, meinte er, er habe nur einen Stein vom Boden entfernt, denn der könnte mich verletzen.«

Über den weiteren Verlauf der Beziehung resümiert sie:

»Möchte man es Begegnung, Zufall, Glücksmoment, Fatum nennen? Während unseres Zusammenseins fühlte ich, daß es zu keiner klaren Beziehung kommen und auch in einem kümmerlichen Nachschleichen nicht verblassen sollte, und so habe ich ihn nie wiedergesehen. Im Jahr 1891 kam er nach Wien. Da verbrachten wir den Winter in Südtirol. Er hatte keine Adresse mehr und wußte nicht, was aus mir geworden.«

Nach dem Ersten Weltkrieg übersiedelt Emilie Bardach in die Schweiz. Das elterliche Vermögen scheint aufgebraucht zu sein, in Bern bringt sich die unverheiratet Gebliebene mit Klavierstunden durch, in Kinos sorgt sie für die musikalische Untermalung, auch am gesellschaftlichen Leben der Schweizer Bundeshauptstadt nimmt sie rege Anteil.

Ihren »Presse«-Artikel baut sie unter dem Titel »Der Sommer in Gossensaß« zu einer größeren Abhandlung für den »Mercure de France« aus, in der sie auch auf die nunmehr veränderten Verhältnisse in Südtirol eingeht:

»Finanzieller und geographischer Zusammenbruch: Die verschobenen Grenzen machten aus Gossensaß Colle Isarco. Die Verschiebung der Grenzen war mir schmerzlich, denn der Tiroler Bauer ist eine so ganz andere Rasse, er war Freund meiner Kindheit und Jugend, und seine reine Seele mußte unberührt bleiben. Früher lag eine Art von Zauber über dem Ort, nun war die Bühne entweiht, es war nicht mehr das alte Gossensaß. Ibsen kam nie wieder, und auch

andere bedeutende Persönlichkeiten, die man gekannt, blieben aus.«

Herzstück ihrer »Memoiren« aber ist und bleibt das Erlebnis Ibsen:

»In manchen Momenten erschien er mir gewaltig wie ein Elementarereignis, Gewitter und Blitze zuckten in feurigen Varianten. Dann wieder konnte er erzählen, bildlich darstellen. So beschrieb er mir einmal die Feier zur Eröffnung des Suezkanals, der er als Vertreter seines Landes beigewohnt hatte. Ein andermal saß ich bei ihm, als der bekannte Literarhistoriker Prof. Dilthey herankam und sie zusammen über Goethes ›Faust‹ sprachen. Übrigens wurde dieses Professors noch junge Frau ohnmächtig, als Ibsen in meiner Abwesenheit – wie es scheint, mit überwältigender Begeisterung – über mich und seine Gefühle sprach ... Als er mich das erstemal sah, habe es ihn wie ein elektrischer Strahl vom Kopf bis zu den Füßen durchzuckt. Diese Monate in Gossensaß seien ihm wichtiger als sein ganzes früheres Leben. Und ein andermal: Um mich zu erringen, wollte er alle früheren Bande lösen. Er phantasierte von all den Reisen, die wir gemeinsam machen sollten. Ich war betäubt ...«

Ein Exemplar dieses »Journals« hat sich erhalten: in der Osloer Universitätsbibliothek. Es ist eine Photokopie der Urschrift. Emilie Bardach, ebenso von ihrer »Sendung« erfüllt wie von Geldnot getrieben, geht damit hausieren – mit mäßigem Erfolg. Auch ihren Landsmann Arthur Schnitzler versucht sie dafür zu interessieren – und denkt wohl gar an ein Stück, das er über sie schreiben könnte. Ist sie denn nicht der Prototyp einer Schnitzler-Figur?

1911 lernt sie den Dichter, dessen »Liebelei« vor kurzem in Frankfurt uraufgeführt worden ist, in Garmisch-Partenkirchen kennen. »Etwas affektiert, nicht sehr klug, wohl hysterisch und im Grunde bedauernswert …« ist Schnitzlers erster Eindruck, den er unmißverständlich im Tagebuch festhält.

Vierzehn Jahre später begegnen sie einander wieder, Arthur Schnitzler ist auf Vortragsreise in der Schweiz, eine der Stationen ist Bern. In einem Brief an seine Wiener Freundin Clara Pollaczek erwähnt er das Rencontre – und geht nun *noch* deutlicher auf Distanz:

»Damals war sie dick und hysterisch, jetzt ist sie hysterisch und mager. Ein bißchen unerträglich und ein bißchen rührend.«

Aber Emilie Bardach läßt nicht locker, bestürmt den Dichter im August 1926 brieflich, nur ein so »gründlicher Psychiater« wie er könne sie verstehen:

»Ich war ja nie normal, und meine Erlebnisse sind das Sensationellste, das man sich vorstellen kann. Mir als Wienerin wären Sie doch verpflichtet sich etwas zu widmen.«

Schnitzler ist anderer Ansicht, legt die fünf Briefe mit dem Vermerk »n.b.« ab. Nicht beantwortet.

Es hilft nichts: Auch ihre letzte Wortmeldung, mit ihrem Glückwunschbrief zu Ibsens siebzigstem Geburtstag habe sie dessen Spätwerk »Wenn wir Toten erwachen« beeinflußt, bleibt ungehört. Emilie Bardach, die den Dichter beinah fünfzig Jahre überlebt, stirbt mit dreiundneunzig am 1. November 1955 in Gümlingen bei Bern. Nur eine Handvoll treue Freunde begleiten den Leichnam auf dem Weg zum Krematorium.

Immerhin einer von ihnen widmet Emilie Bardach im Feuilleton der Berner Tageszeitung »Der Bund«, wo sie kurz zuvor noch eine letzte Ibsen-Kritik hat lesen können (die Rezension einer »Peer Gynt«-Neuinszenierung am

Berner Stadttheater), einen Nachruf. Titel des Zweispalters: »Meine Prinzessin«. Die Figur auf dem Bild, das dem 40-Zeilen-Artikel beigegeben ist, zeigt eine bei aller Gebrechlichkeit zähe Greisin mit Gehstock – beim Verlassen des Theaters. Es ist, wie man erkennen kann, ein sonniger Tag. Doch Zufall oder Fügung: Der Photograph hat für seine Aufnahme eine Perspektive gewählt, aus der die Frauengestalt im Vordergrund nur einen ganz, ganz kurzen Schatten wirft …

Wer war Rudinoff?

FRANK WEDEKIND

Der Liebestrank

Am 17. Juli 1931 druckt das »Neue Wiener Tagblatt« einen Nachruf, der von Aufmachung und Umfang her nur einem ganz Großen gelten kann. 1931 ist das Sterbejahr Arthur Schnitzlers – ist es er, dem Milan Dubrovic, der Verfasser des Drei-Spalten-Feuilletons, huldigt?

Nein, der Dichter des »Anatol«, des »Weiten Landes« und der »Traumnovelle« wird erst in drei Monaten von der Lebensbühne abtreten.

Wer also ist da gestorben?

Rudinoff.

Kein Vorname, keine Berufsbezeichnung, nur einfach Rudinoff.

Also allem Anschein nach eine Person, die man kennt.

Aber kennt man sie?

Auch Autor Dubrovic stellt diese Frage – gleich im ersten Satz seines Nekrologs:

»Wer war Rudinoff?«

Und er antwortet:

»Darüber haben sich jahrzehntelang Literaturhistoriker, Kunstsachverständige, Bohemiens und Polizeibeamte aller Weltteile ergebnislos den Kopf zerbrochen.«

Ob vielleicht der Titel des Artikels Aufklärung bringt? Er lautet:

»Wedekinds Modell«.

Nun, das könnte immerhin eine Handhabe sein. Man denkt an »Frühlings Erwachen« und »Lulu«, an »König Nicolo« und den »Marquis von Keith«, denkt an den skandalumwitterten Bürgerschreck des deutschen Theaters nach der Jahrhundertwende, von dem noch 1952 Friedrich Dürrenmatt sagen wird, kein heutiger Dramatiker könne an ihm und seinem Werk vorübergehen.

Nehmen wir also die Spurensuche nach diesem geheimnisvollen Rudinoff auf.

Am 4. August 1866 kommt er in Angermünde zur Welt, dem Zentrum des uckermärkischen Zuckerrübenanbaues, Frankfurt an der Oder ist die nächste größere Stadt. Im Geburtsregister finden wir ihn unter dem Namen Wilhelm Morgenstern; sein Vater, aus Rußland geflüchtet, ist Kantor der örtlichen jüdischen Gemeinde.

Schon in jüngsten Jahren entpuppt sich Wilhelm als unruhiger Geist: Er bricht aus Gymnasium und Kaufmannslehre aus, schlägt sich mit fünfzehn mutterseelenallein nach

Wilhelm Rudinoff, Urbild des Kunstreiters Fritz Schwigerling aus Frank Wedekinds Komödie »Der Liebestrank« (Selbstporträt)

Berlin durch und holt dort, wenn er nach Feierabend – zuerst als Laufbursche, dann als Verkäufer in einem Konfektionsladen – in sein schäbiges Untermietzimmer heimkehrt, an Selbststudium nach, was er durch seinen vorzeitigen Schulabgang versäumt hat. Alles, was ihm an Wissensstoff unterkommt, stopft er in sich hinein. Insbesondere die Theaterliteratur hat es ihm angetan: Wilhelm will Schauspieler werden.

An Selbstbewußtsein scheint es dem ehrgeizigen Autodidakten nicht zu mangeln: Keinen Geringeren als den allmächtigen Berliner Intendanten Otto Brahm, auf dessen Bühne er bereits verschiedentlich statiert hat, kann er dazu bringen, ihm in der Erstaufführung von Ibsens »Wildente« eine Episodenrolle anzuvertrauen. Aus dem Provinzbengel Wilhelm Morgenstern wird der Berliner Nachwuchsschauspieler Willy Wolf Rudinoff. Auf Kleinbühnen tritt er in Pantomimen auf, in Künstlerkneipen mit der Laute im Arm, bei einem Wanderzirkus als Kunstpfeifer und Schnellzeichner, und wenn wieder einmal sein Geldbeutel total leer ist, macht es dem jungen Abenteurer auch nichts aus, sich an der nächsten Ecke ein paar Groschen als Straßensänger zu verdienen.

Mit zwanzig wechselt Rudinoff das Terrain, erhält ein Engagement am Pfauentheater in Zürich. Als die Saison um ist, entsinnt er sich seiner zweiten Begabung, packt sein Malzeug in den Rucksack und hält die Schweizer Bergwelt in Aquarellen fest, die ihrer naturalistischen Unverblümtheit wegen leicht Käufer finden. Auch an den Abenden bleibt er nicht untätig: In der Zürcher Weinstube »Zum grünen Heinrich« fertigt er von den Gästen Porträts an – zwei Franken pro Kopf. Wünschen seine Klienten eine Blumengirlande um ihr Konterfei, so erhöht sich der Preis um

50 Rappen, und 50 Rappen Aufschlag kostet es auch, soll ihr Hund mit aufs Bild. Vielleicht, so schmiedet unser Held kühne Zukunftspläne, kommt auf diese Weise genug Geld zusammen, daß er eines Tages in München oder in Paris auf die Akademie gehen und ein ordentliches Malstudium beginnen kann?

Sommer 1887, Theaterferien. Im die heißen Monate über leerstehenden Pfauentheater nistet sich der »Cirque Delbosque« ein, eine winzige französische Wandertruppe mit Seiltanz- und Jongleur-, mit Clown- und Schimmelnummer, deren romantischer Zauber Rudinoff magisch anzieht. Tag für Tag wohnt er den Proben bei, macht von den Artisten Bleistiftskizzen und wird bei dieser Gelegenheit vom Fleck weg als Pantomimendarsteller engagiert. »Villa à vendre« heißt das unbedeutende Spektakel, in dem der Neuzuwachs nacheinander einem Räuber, einem Grafen und einem verliebten Mönch Gestalt verleiht.

An einem der freien Nachmittage kehrt Rudinoff in einem der Cafés am Limmatquai ein. Ein etwa zwei Jahre älterer Mann mit auffallend üppigem Schnurrbart, der mit seinen Kumpanen am Nebentisch in lebhafte Diskussionen vertieft ist, lädt den Gast ein, sich seiner Runde zuzugesellen. Es ist der dreiundzwanzigjährige Frank Wedekind, der zu dieser Zeit gleichfalls in Zürich lebt – vor kurzem ist er bei der Firma Julius Maggi ausgeschieden, wo er acht Monate lang das »Reklame- und Pressbureau« geleitet hat. Jetzt will er sich ganz aufs Schreiben verlegen: In der angesehenen »Neuen Zürcher Zeitung« ist sein Aufsatz »Zirkusgedanken« erschienen, für sein erstes Theaterstück (»Der Schnellmaler«) sucht er noch nach einem Verleger, auch Gedichte und Novellen liegen druckfertig in der Lade.

Wedekind, in seinen Schweizer Jahren ein eifriger Thea-

Frank Wedekind von seinem Freund Wilhelm Rudinoff porträtiert

terbesucher, kennt den zwei Jahre Jüngeren von der Bühne her – über ihrer gemeinsamen Neigung zum ungezügelten Bohemeleben und zu allem, was mit Kleinkunst, mit Zirkus, Varieté und Vaudeville zu tun hat, werden sie im Nu zu Freunden, treffen einander fortan Tag für Tag. Wedekind ist von Rudinoffs Natürlichkeit, Rudinoff von Wedekinds Noblesse angetan. Ein so kluger Kopf – und ohne allen Hochmut gegenüber dem Autodidakten aus dem Tingeltangelmilieu! Nur wenn er dem Burschen seine Dramen vorliest, überkommt diesen »ein merkwürdiges Gefühl« – Rudinoff wird es drei Jahrzehnte später, wenn er in einem Beitrag für die Berliner Kulturzeitschrift »Der Querschnitt« auf seine Lebensfreundschaft mit Wedekind zurückblickt, wie folgt ausdrücken:

»Mir schien, als ob ein Mensch, der vorher auf mich den Eindruck vollkommenster geistiger Gesundheit gemacht hatte, plötzlich seinen Schädel öffne, um mir mit teuflischem Grinsen sein in Unordnung geratenes Gehirn zu zeigen.«

1889 sehen die beiden einander wieder – und diesmal in München. Rudinoff ist mittlerweile Student an der königlichen Akademie der bildenden Künste; kein Geringerer als Franz von Lenbach prophezeit dem dreißig Jahre Jüngeren eine große Zukunft. Wedekind seinerseits ist im Begriff, das Theaterstück »Frühlings Erwachen« zu entwerfen. Die gemeinsamen Treffs in der »Dichtelei«, ihrer Schwabinger Stammkneipe, enden für gewöhnlich in nächtelangen Zechgelagen in Wedekinds Quartier Türkenstraße 69, wo Frau Anna Mühlberger, die Vermieterin, alle Hände voll zu tun hat, die wegen ungebührlicher nächtlicher Ruhestörung aufgebrachten Nachbarn zu beschwichtigen.

Rudinoff ist der erste, der nach einiger Zeit aus dem exzessiven Münchner Bohemeleben ausbricht, der genug hat von dem »Tabak-, Bier-, Wein-, Weißwurst-, Leberkäs- und Kalbshaxendunst«, von den »Emanationen pedantischer Schulmeistergehirne«, von den »nebulosen Formen weltumstürzender Ideen«: Er wechselt nach Paris über, setzt dort sein Kunststudium fort und hat am Ende – nach fünfzehn Jahren intensivsten Schaffens als Graphiker und Ölmaler – ein so umfangreiches Œuvre beisammen, daß er mit seinen Blättern Ausstellungen in Dresden, London, Brügge, Rom und Wien beschicken kann. Zwischendurch aber, immer wieder auch als Show-Künstler »rückfällig«

werdend, bereist er die Welt: tritt, von Wedekind im Gitarrespiel unterwiesen, als Musikant auf, feiert als Schattensilhouettist und Rauchmaler, als Vogelstimmenimitator und Opernsänger Erfolge, läßt sich in renommierten Häusern wie der Londoner Alhambra oder dem Pariser Cirque d'Hiver ebenso feiern wie in verrufenen Amsterdamer Matrosenspelunken; in Afrika finden wir ihn als Großwildjäger wieder, und Eduard VII., zu dieser Zeit noch Thronfolger, holt ihn gar zu Porträtsitzungen an den englischen Königshof.

Aber gleichgültig, ob es ihn in den Kaukasus, nach Transvaal oder nach Australien verschlägt, ob er, sein bißchen Habe im Handkarren hinter sich her ziehend, von Dorfschenke zu Dorfschenke durch die Schweiz tingelt oder an den schönsten Orten der Welt seine Staffelei aufstellt: Rudinoffs Beziehung zu Frank Wedekind bleibt all die Jahre aufrecht, und so ist auf beiden Seiten die Freude riesengroß, als man einander eines Tages in Paris wiedersieht und der Dichter dem Freund ein soeben fertiggestelltes Stück zu lesen geben kann, in dem dieser – die Hauptfigur ist. Es ist die Komödie »Der Liebestrank«, die Wedekind 1891/92 geschrieben und in der er Rudinoff in der Rolle des ehemaligen Kunstreiters Fritz Schwigerling ein bleibendes Denkmal gesetzt hat.

Es ist die reichlich phantastische (und heute wohl unspielbare) Geschichte von dem russischen Fürsten Rogoschin, der sich in sein Mündel, die junge Gräfin Katharina Alexandrowna Totzky, verliebt und, um deren Widerstand zu brechen, den ehemaligen Kunstreiter Fritz Schwigerling als Hauslehrer auf sein Gut bei St. Petersburg holt. Diesem Abenteurertyp traut er übernatürliche Kräfte zu; nach außen hin dazu ausersehen, seine Kinder zu unterrichten, soll er in Wirklichkeit einen Zaubertrank brauen, der die schöne Katharina ihrem Vormund gefügig macht. Doch das Unternehmen verläuft kontraproduktiv: Katharina schließt sich – unter der Bedingung, daß Schwigerling ihr den Weg zu ihrem Traumberuf, dem Zirkus, ebnet – ihrem Retter an und flieht an dessen Seite in ein neues Leben.

Man ahnt es: »Der Liebestrank« zählt nicht zu Wedekinds stärksten Stücken. Schon bei der Drucklegung nimmt das Unheil seinen Lauf: Sieben Jahre nach der Niederschrift von dem Münchner Verlag Albert Langen publiziert, strotzt das schmale Bändchen von Setzfehlern, und zur Uraufführung findet sich keine der großen Bühnen, sondern nur ein zweitklassiges Provinztheater bereit. Daß Max Reinhardt den »Liebestrank« 1915 in den Berliner Kammerspielen nachspielt, geht nur deshalb einigermaßen glimpflich aus, weil er dafür eine Garnitur allererster Schauspieler zur Hand hat, die das Grotesk-Parodistische des dreiaktigen Schwanks achtbar über die Rampe bringen.

Auch das Urbild der Hauptfigur Fritz Schwigerling zeigt sich von dem Text, der doch gerade ihn, dieses Universalgenie aus Zirkusartist, Spiritist und Globetrotter, verherrlichen soll, wenig angetan. »Zu viel Ehre!« ruft er zwölf Jahre nach Wedekinds Tod den Theaterkritikern zu, die sich auf Vergleiche des »echten« Rudinoff mit dessen literarischem Alter ego einlassen. Und er fährt fort: »Ich wünsche nicht, als ›Schwigerling‹ in Ihre sogenannte deutsche Literatur einzugehen!«

Was folgt, ist eine Abrechnung mit Wedekinds gekünsteltem Abenteurertum: »Hierzu fehlte ihm rein alles. Kraft, Schönheit, Vitalität, Lebensgewandtheit, gesundes Denken und nicht zuletzt Mut. Er war eine Art modernen Don

Quixotes im Westentaschenformat, der gegen eine Herde von Schafen in den Krieg zog und mit ihrem Leithammel Wortgefechte führte.« Rudinoff schließt die verbale »Hinrichtung« des Busenfreundes von einst mit den Worten: »Er kam mir wie ein Obersekundaner vor, der, während der Herr Professor römische Geschichte doziert, halb unterm Tisch, halb auf seinen Knien die Novellen des Boccaccio liegen hat.«

Das ist starker Tobak – Wedekind kann von Glück sagen, daß er Rudinoffs brüske Abkehr von ihm und seinem Werk nicht mehr selber erleben muß. In anderen Fällen, wo er bei der Gestaltung seiner Bühnenfiguren gleichfalls aus dem »Leben« schöpft, bleibt ihm nachträgliche Distanzierung seitens der Modelle erspart: Weder von dem Salonathleten Leitner, den er zum Helden der Pantomime »Die Kaiserin von Neufundland« macht, noch von dem Kunsthändler und Mäzen Willy Grétor, der in den »Marquis von Keith« sowie in der Gestalt des Dr. Schön im »Erdgeist« eingeht, liegen ähnliche Proteste vor.

Als Rudinoff alias Wilhelm Morgenstern im Dezember 1930 im Berlinder »Querschnitt« zu seinem Rundumschlag gegen den einstigen Kumpan und dessen Intellektuellenclique ausholt, ist aus dem Vaganten mit den ständig wechselnden Standorten, Beziehungen und Erwerbsquellen ein seßhafter Mittsechziger geworden, der sich nach einem ruhigen Lebensabend sehnt. Bei einem Wien-Aufenthalt kommt ihm eine Zeitung in die Hand, in deren Inseratenteil ein Besitz in der näheren Umgebung der Stadt zur Vermietung ausgeschrieben ist. Rudinoff, zuletzt als Maler und Radierer ebenso anerkannt wie erfolgreich (einige seiner Kreidezeichnungen befinden sich noch heute in den Beständen der Albertina), bezieht das im mariatheresianischen Stil erbaute Haus an der Ortsgrenze von Vösendorf und Brunn am Gebirge – das zwischen Kartoffeläckern, Kleefeldern und Ziegelscheunen gelegene Anwesen mag ihn an seine Kindheitsheimat in der fernen Uckermark erinnern. Hier stirbt er, fünfundsechzig Jahre alt, im Juli 1931.

Sein Aufsatz im »Querschnitt« wird also wohl eine seiner letzten Arbeiten gewesen sein. Ihr temperamentvoller Duktus und ihr geschliffener Stil verraten, daß dieser Tausendsassa der Künste durchaus auch das Zeug zum Schriftsteller gehabt hätte – es ist unter seinen zahllosen Berufen der einzige, den er nicht ausgeübt hat. Die Illustrationen, die seinen Text begleiten, weisen Rudinoff als begnadeten Porträtisten aus – gleichgültig, ob es sich um sein Selbstbildnis handelt oder um die magisch-stimmungsvolle Kaffeehausstudie mit »seinem« Dichter im Mittelpunkt. Hier also schließt sich der Kreis: Wedekind als Modell des Wedekind-Modells.

»Ich brauche Sie sehr notwendig ...«

HUGO VON HOFMANNSTHAL
Der Schwierige

Der Theaterkritiker Hans Weigel nennt Hofmannsthals »Schwierigen« »eines der wenigen großen deutschen Lustspiele«, und was das spezifisch Österreichische betrifft, so läßt er daneben überhaupt nur Ferdinand Raimunds »Alpenkönig und Menschenfeind« und Arthur Schnitzlers »Liebelei« gelten. Was »die schier unauslotbare Tiefe« dieses »einsamen Meisterstücks« ausmache, sei »ihr schwebendes Gleichgewicht von Bekenntnis und Ironie, von Apologie und Satire, von Anklage und Verteidigung, von Schuldspruch und Freispruch«.

Der Autor selber macht für das Gelingen seines wohl reifsten Werkes den Zeitpunkt der Entstehung verantwortlich: Als Hugo von Hofmannsthal 1919 die Arbeit am »Schwierigen« beendet, ist es gerade ein Jahr, daß Europas alte Ordnung der Vergangenheit angehört. »Nie hätte ich die österreichische aristokratische Gesellschaft mit so viel Liebe in ihrem Charme und ihrer Qualität darstellen können als in dem historischen Augenblick, wo sie, die bis vor kurzem eine Gegebenheit, ja eine Macht war, sich leise und geisterhaft ins Nichts auflöst – wie ein übriggebliebenes Nebelwölkchen am Morgen.« Eine weitere Erklärung findet er in den Fragmenten des Novalis: »Nach einem unglücklichen Krieg müssen Komödien geschrieben werden.«

Hofmannsthal schreibt sie: Es ist die Komödie vom scheinbar bindungsunfähigen Kriegsheimkehrer, den die rückhaltlose Liebe einer Frau von höchster Empfindsamkeit aus allen »Konfusionen« herausführt – in eine neue, die einzig wahre Existenz.

Nicht nur dieser Graf »Kari« Bühl, der »Mann ohne Absichten« (wie Hofmannsthal sein Stück ursprünglich zu nennen beabsichtigt), durchläuft innerhalb des dreiaktigen Spiels einen komplizierten Reifungsprozeß, sondern auch der Text selbst: Zwölf Jahre liegen zwischen Beginn und Abschluß des Manuskripts.

Aus dem Frühsommer 1908 datieren die ersten Notizen. Noch sind die Komödien »Florindo« und »Silvia im Stern« nicht fertig, da geht dem Vierunddreißigjährigen ein weiteres Theaterprojekt durch den Kopf, das das Thema Ehe zum Gegenstand haben soll. »Ich existiere die nächsten zwei bis drei Monate nur für die Arbeit«, berichtet er in einem seiner Briefe jener Tage, »trenne mich sogar von den Kindern, um ein Maximum an Ruhe und Konzentration zu erreichen.« Aber auch als er zwölf Jahre später das Manuskript aus der Hand legt und der »Neuen Freien Presse« zum Vorabdruck überläßt, folgen noch Streichungen und Ergänzungen, und erst 1921 geht die endgültige Buchfassung in Druck.

Im selben Jahr findet im Münchner Residenztheater die Uraufführung statt, und gleich vom Start weg ist es – bei aller Bühnendominanz der Titelfigur – vor allem die Rolle der großen Liebenden, jener mythischen Traumgestalt Helene Altenwyl, die das Interesse sowohl der Zuschauer wie der Rezensenten auf sich zieht. Viel wird fortan für die Publikumsakzeptanz des »Schwierigen« davon abhängen, wie der Part der weiblichen Hauptfigur besetzt ist. Helene Thimig ist es, die sie 1921 kreiert (und auch bei der Wiener Erstaufführung – 1924 im Theater in der Josefstadt unter der Regie ihres Gatten Max Reinhardt – verkörpert); in späteren Jahren gibt sie die Rolle an die Kolleginnen Aglaja Schmid und Vilma Degischer ab. Weitere Wiener Helenen sind Elisabeth Bergner, Erika Pluhar, Marianne Nentwich, Mijou Kovacs und Julia Stemberger, zuletzt – an der Seite von Helmut Lohner – die junge Maria Köstlinger.

Daß wir uns an dieser Stelle so angelegentlich für die Helene Altenwyl interessieren, hat noch einen eigenen, einen ganz besonderen Grund: Ihr Charakterbild ist einer Frau nachgezeichnet, die tatsächlich existiert und für Hugo von Hofmannsthals Leben und Werk allergrößte Bedeutung gehabt hat. Ja, Bühnenfigur und Urbild teilen sogar den *Namen*: Auch sie, die den Dichter zu der Gestalt der Helene Altenwyl inspiriert hat, ist eine Helene. Mit vollem Namen: Helene von Nostitz.

Weit davon entfernt, ihre diesbezüglichen »Verdienste« selber an die große Glocke zu hängen, findet sie sich nur bei einer einzigen Gelegenheit – es ist ein Gespräch mit dem Schriftsteller Gert Podbielski Ende der dreißiger Jahre, also lange nach Hofmannsthals Tod – dazu bereit, ihr literarisches Alter ego zu »bestätigen«: Jawohl, sie wisse, daß es ohne sie und ihre Beziehung zu Hugo von Hofmannsthal eine Helene Altenwyl nicht gäbe. Ihr Sohn und Biograph, Oswalt von Nostitz, drückt es vorsichtiger aus: »Helene Altenwyl und Helene von Nostitz sind zwar nicht miteinander identisch, doch wesensverwandt.« Und er fügt, Hofmannsthals Arbeitsmethode erläuternd, hinzu: »Es war nicht seine Art, in der Wirklichkeit erlebte Gestalten photographisch zu fixieren, und wenn sie ihm einmal zur Kristallisierung seiner Vorstellungen verholfen hatten, ging es ihm eher darum, die Spuren zu verwischen; auch empfand er wohl gegenüber den Beteiligten eine natürliche Scheu.«

Was also hat es mit diesem Urbild der Helene Altenwyl

für eine Bewandtnis, die Hofmannsthal selber 1907, also zwei Jahre nach seiner ersten Begegnung mit ihr, in einem Brief an Freund Rudolf Borchardt als »die anmutigste und schönste junge Frau, die ich in Deutschland kenne«, rühmt?

Mit Mädchennamen heißt sie Helene von Beneckendorff und Hindenburg; ihr Vater, preußischer Offizier, ist ein Cousin des Generalfeldmarschalls und Reichspräsidenten, die Mutter entstammt einer hannoveranisch-russischen Diplomatenfamilie. Helene, am 18. November 1878 in Berlin geboren, wächst also in jener unverwechselbaren preußischen Tradition auf, die strengste Moral mit hohen Bildungsansprüchen und aufgeschlossenem Weltbürgertum verbindet. Ihre musischen Neigungen lebt sie am Klavier, an der Staffelei und am Bücherbord aus; an der Seite ihrer Mutter bereist sie die europäischen Hauptstädte. Den während der Pariser Weltausstellung von 1900 geknüpften Kontakten zu dem Bildhauer Auguste Rodin, der seine Faszination von der »grande et noble amie« 1907 in einer vielbewunderten Marmorbüste Gestalt annehmen läßt, folgen in späteren Jahren Freundschaften mit Rainer Maria Rilke und Gerhart Hauptmann, mit Max Reinhardt und Eleonora Duse.

Mit fünfundzwanzig heiratet Helene den oberlausitzischen Verwaltungsjuristen Alfred von Nostitz-Wallwitz, der in späteren Jahren eine Reihe verschiedener diplomatischer Posten bekleiden wird. Gemeinsam machen sie aus ihrem jeweiligen Domizil einen Musenhof, der zum begehrten Treffpunkt der Dichter, Musiker und Maler der Zeit wird.

Einer, der bei fast jeder seiner Deutschland-Visiten dem Ehepaar Nostitz seine Aufwartung macht, ist Hugo von

»Nicht miteinander identisch, doch wesensverwandt«: Helene von Nostitz und Helene Altenwyl (hier mit Freund Hugo von Hofmannsthal)

Hofmannsthal. Besonders Helene ist dem vier Jahre Älteren schon bald eine geschätzte, ja mit der Zeit unentbehrliche Gesprächspartnerin – sei es im persönlichen Beisammensein, sei es im gegenseitigen Briefverkehr. »Ich brauche Sie sehr notwendig für mein Leben, für das Leben meiner Phantasie oder meiner Gedanken!« schreibt er ihr aus Wien. Als Hofmannsthal im Sommer 1929 allzu früh – mit fünfundfünfzig – von der Lebensbühne abtritt, können der Dichter und seine ferne Muse auf eine Freundschaft zurückblicken, die beinahe ein Vierteljahrhundert umspannt hat.

Am 29. April 1905 begegnen sie einander zum erstenmal. Hofmannsthal ist einunddreißig, Helene von Nostitz, seit einem halben Jahr verheiratet, sechsundzwanzig. Der Dichter, mit Gattin Gerty aus Österreich anreisend, soll in Weimar einen Vortrag über »Shakespeares Könige und große Herren« halten; im Hause des gemeinsamen Freundes Harry Graf Kessler entdeckt man schon beim ersten Übergleiten vom Konversations- zum Gesprächston eine so starke gegenseitige Sympathie, ja Geistesverwandtschaft, daß für beide Teile auf Anhieb feststeht: Der Faden muß weitergesponnen werden. Kaum heimgekehrt nach Rodaun, sendet Hofmannsthal eine ergriffene Dankadresse nach Weimar.

Als im Jahr darauf seine Tragödie »Ödipus und die Sphinx« am Deutschen Theater uraufgeführt wird, kommen Helene und Alfred von Nostitz eigens nach Berlin; am Tag nach der Premiere trifft man sich zum Mittagessen in einer renommierten Weinstube. Es folgen ein Tee, an dem auch Regisseur Max Reinhardt teilnimmt, eine Reihe weiterer Einladungen und schließlich ein gemeinsamer Besuch in der von Isadora Duncans Schwester Elisabeth eröffneten Berliner Tanzschule. Wie groß muß Helenes Erstaunen, ja Entzücken sein, als sie wenige Monate später einen Text in Händen hält, in dem Hofmannsthal die in jenen Berliner Tagen geführten Gespräche zu einem eigenen Prosastück verarbeitet hat. Es trägt den Titel »Unterhaltung über den Tasso von Goethe«, und einem der vier Diskutanten gibt der Autor den Namen Helene …

Noch im Herbst desselben Jahres kommt es zu einem ersten Zusammentreffen unter vier Augen: Hofmannsthal ist zu einer Lesung nach Dresden eingeladen, Helene empfängt den Gast in ihrer Villa, und damit Gatte Alfred, der sich zur Zeit in diplomatischer Mission außer Landes befindet, das fünfstündige Tête-à-tête auch nicht der geringsten Unschicklichkeit verdächtigen kann, unterrichtet sie unverzüglich ihren Mann von dem Geschehenen und schreibt ihm:

»Der Abend gestern mit Hofmannsthal war sehr genußreich. Ich fühle, daß ich mit solch einem Menschen wirklich sprechen kann.«

Zu Anflügen von Eifersucht oder auch nur den leisesten Irritationen in diese Richtung werden Hugo von Hofmannsthal und Helene von Nostitz übrigens auch später ihren jeweiligen Ehepartnern nie den mindesten Anlaß geben: Sowohl Gerty von Hofmannsthal wie insbesondere Alfred von Nostitz sind in den freundschaftlichen Verkehr mit einbezogen, auch wenn der nun einsetzende rege Briefwechsel sich im wesentlichen zwischen den beiden »Hauptakteuren« abspielt. Er wird, wenn ihn Sohn Oswalt von Nostitz sechsunddreißig Jahre nach Hofmannsthals und einundzwanzig Jahre nach dem Tod seiner Mutter, von ihm selbst kommentiert, der Öffentlichkeit übergibt, einen Band von beinahe 200 Seiten füllen. Ein von 1905 bis 1929 andauerndes Zwiegespräch, in dem es keinen dominanten Partner gibt: Auch Helene weiß ihren eigenen Ton zu wahren. Musisches steht neben dem Austausch von Naturerlebnissen, Hofmannsthals Werk wird ebenso beredet wie das der gemeinsamen Literaturgötter Goethe, Dostojewskij und Balzac, auch die kleinen Banalitäten des Alltags finden in den Briefen ihren Platz, und über allem waltet als steter Grundton eine tiefe geistig-seelische Zuneigung. Die Anrede bleibt all die Jahre die gleiche: »Liebe gnädige Frau«, »Lieber Herr von Hofmannsthal«.

Daß Helenes intensive Anteilnahme an Hofmannsthals

Schaffen auf dieses nicht nur in einem allgemeinen Sinne beflügelnd wirkt, sondern es auch ganz konkret befruchtet, zeigt sich spätestens beim 1909/10 entstehenden »Rosenkavalier«: So manche sehr realen Züge seiner Gesprächspartnerin fließen in die Gestalt der Marschallin ein. Ganz stark aber und unbestritten tritt diese Situation ein, als Hofmannsthal darangeht, den »Schwierigen« zu konzipieren und seiner Titelfigur, dem unschlüssigen »Kari« Bühl, die Frau fürs Leben zuzuführen: Aus der Preußin Helene von Nostitz wird in Hofmannsthals Dichtung die Österreicherin Helene von Altenwyl.

Natürlich wird, als Helene von Nostitz in späteren Jahren selber zu schreiben beginnt, auch das Erlebnis Hofmannsthal seinen Platz in ihrem Werk einnehmen. In ihren Erinnerungen »Aus dem alten Europa« räsoniert die inzwischen Zweiundfünfzigjährige über den »Reichtum seiner Menschlichkeit«, rekapituliert all die beglückenden Begegnungen mit ihm, gibt Hofmannsthals Kommentar zur Geburt ihres Sohnes Oswalt wieder (»Er soll nur kein Dichter werden, es ist ein zu schweres Schicksal!«), entsinnt sich dankbar seiner Verdienste als »Fremdenführer« während ihrer Wiener Jahre (»Ein wunderbarer Interpret seines Landes«) und zeigt sich nicht zuletzt amüsiert über seine gelegentlichen Vorbehalte gegenüber ihrer norddeutschen »Präzision und Dynamik« – etwa wenn Helene ihn einmal per Telegramm um genauere Formulierung einer etwas vagen Verabredung ersucht und sich von Hofmannsthal schroff zurechtweisen lassen muß: »Kann diese preußischen Manieren nicht vertragen, Pläne unbestimmt.« Als er selber später den Vorfall humorvoll kommentiert, schiebt er noch eins nach: Um nur ja nicht seinen ersten Zorn über Helenes ungestüm-pedantisches Verhalten verrauchen zu lassen, habe er an jenem Tag im Laufschritt das Telegraphenamt aufgesucht …

Ein andermal drückt er es vornehmer aus: »Uns Österreicher und Euch Deutsche bindet freilich die eine Sprache, aber innerhalb der gleichen Sprache trennt uns vieles.«

Ein Jahr vor Hofmannsthals Tod treffen die beiden Familien ein letztes Mal zusammen – auf dem Besitz des Prinzen Reuß im vierzig Kilometer von Wien entfernten Ernstbrunn. Der nachherige Aufbruch verläuft unsentimental wie immer: nur ein kurzes, fast trockenes Lebewohl. Auch im Umgang mit den engsten Freunden widerstrebt dem Dichter jedes ausufernde Abschiedsritual.

Was Helene von Nostitz bleibt, ist die Erinnerung – die Erinnerung an die wenige Wochen zuvor in Dresden erlebte Uraufführung der »Ägyptischen Helena«, an die tränenfeuchten Gesichter der einfachen Bürgersleute von Salzburg, die einander beim Verlassen der »Jedermann«-Aufführung zuraunen, sie gingen aus dem »Spiel vom Sterben des reichen Mannes« »gebessert« heraus, und vor allem an die gemeinsamen Stunden in der Rodauner Hofmannsthal-Villa oder in der Stadtwohnung in der Stallburggasse. Letzterer gedenkt Helene von Nostitz in einem eigenen Kapitel ihrer Aufzeichnungen:

»Grauseidene Vorhänge deckten das ganze Zimmer, auch die Wände, die Tür, und trennten es entschlossen von der Außenwelt. Als einziger Schmuck stand da ein großer chinesischer Teller von phantastischer Pracht. Hier war das Gespräch tief ohne Schwere, fern von allem und doch weltumspannend.«

Fern von allem und doch weltumspannend – so verläuft auch Helene von Nostitz' weiteres Leben. Ihrem 1927 erschienenen Erstlingswerk »Rodin in Gesprächen und Briefen« und dem schon erwähnten Erinnerungsband »Aus dem alten Europa« folgen die Städteporträts »Potsdam«, »Aus dem neuen und alten Berlin« sowie »Festliches Dresden«. Am 17. Juli 1944 stirbt sie nach schwerer Krankheit in der Nähe von Koblenz, der Schloßpark von Bassenheim birgt ihre letzte Ruhestätte. »Ihren« Dichter hat sie fünfzehn Jahre und zwei Tage überlebt.

Je ne sais pas

SAMUEL BECKETT
Warten auf Godot

Je ne sais pas.«

»Ich weiß es nicht.«

Sticht einen Straßenpassanten nieder und zuckt, als er nach dem Motiv seiner Tat gefragt wird, ratlos mit den Achseln: »Ich weiß es nicht.« Ganz schön absurd, nicht wahr? Und wenn dann auch noch ein *Dichter* das Opfer ist …

Beim »Figaro« haben sie alles auf Mikrofilm; das »Service des archives« ist in einem Nebengebäude in der Rue du Louvre untergebracht. Freundliche Magazineurinnen schleppen aus schummerigen Regalen bejahrte Zeitungsbände herbei und breiten sie auf geräumigen Pulten vor den Petenten aus. Magere Greisinnen mit Vogelgesichtern – was sie wohl suchen mögen? Advokatenwitwen, die sich an Monsieurs brillanten Plädoyers delektieren? Opernnärrinnen, die sich vom Wiederlesen der einstigen Kritikerelogen neue Wonnen erhoffen? Oder waren nur einfach die Kreuzworträtsel besser – anno dazumal?

Es ist ruhig in dem beengten Kämmerchen, nur das rhythmische Geräusch des Umblätterns, selten ein unkontrollierter Seufzer, von Zeit zu Zeit das gewisse Atemanhalten: Dann hat der Betreffende seinen Fund gemacht. Oder es hat auch nur so ausgesehen, und es heißt weiterblättern.

Jetzt bin *ich* an der Reihe. Janvier dix-neuf cents trentehuit. Januar 1938. Vor mir liegt der Zettel mit dem exakten Datum: Freitag, der siebente. Samstag, den achten, müßte es also in der Zeitung gestanden sein. Ich überfliege die Schlagzeilen: nichts. Ich tue es ein zweitesmal, diesmal sorgfältiger: wieder nichts. Sollte ein Messerattentat auf offener Straße auch im damaligen Paris schon ein Routinedelikt gewesen sein, nicht der Rede wert? Ich wende mich also auch dem Kleingedruckten zu, den versprengten Notizen, den Seitenfüllern. Und hier, endlich, finde ich, was ich suche. »En quelques lignes« heißt die Rubrik. »In wenigen Zeilen«.

En quelques lignes...

◆ EN CONVERSATION AVEC DES AMIS, avenue d'Orléans, M. Samuel Peckett, 32 ans, écrivain irlandais, 9, rue de la Grande-Chaumière, fut abordé par un individu qui lui demanda quelques pièces de monnaie. On le repoussa. L'homme, furieux, se jeta sur M. Peckett, lui porta un coup de couteau et disparut. L'écrivain irlandais, grièvement blessé, a été hospitalisé à Broussais. Son agresseur est recherché.

In der Avenue d'Orléans stürzte sich gestern abend ein unbekannter Mann auf Monsieur Samuel Peckett, 32, Schriftsteller aus Irland, wohnhaft in der Rue de la Grande Chaumière 9, versetzte ihm einen Messerstich und flüchtete. Der Überfallene wurde schwerverletzt ins Hospital Broussais eingeliefert; nach dem Täter wird gefahndet.

Peckett – mit P. Eine unbekannte Größe noch. Fünfzehn Jahre wird es bis zum Durchbruch dauern, über zwanzig bis zum Nobelpreis, noch darf man den Namen falsch schreiben. Was heutzutage die Hauptschlagzeile wäre, kann 1938 noch mit einer Elf-Zeilen-Notiz abgetan werden. Und als drei Tage später der Täter gefaßt wird, kommt man auf die Sache gar nicht mehr zurück. Ein Bagatellfall.

Ein Bagatellfall für die *Polizei*.

Und ein Bagatellfall für die *Presse*.

Kein Bagatellfall für die *Literatur*.

Warten auf Godot – hier setzt es ein. Denn als der Dichter, einige Wochen nach dem Vorfall aus dem Krankenhaus entlassen, seinen Angreifer im Untersuchungsgefängnis aufsucht und nach dem Grund seiner Attacke fragt, erhält er zur Antwort:

»Je ne sais pas.«

»Ich weiß es nicht.«

Der Landstreicher Estragon, der seinem Kumpel Wladimir beim gemeinsamen Warten auf Godot stereotyp erwidert: »Ich weiß es nicht.«

Der Refrain der Sprachlosigkeit – auch die übrigen Figuren des Stückes nehmen ihn auf: Wladimir selber, Pozzo und sein Knecht, der Botenjunge. Die Stunde der Wahrheit – für Beckett die Stunde der Absurdität. Urerlebnis, Schlüsselszene, hier fällt der Groschen.

Von Aidan Higgins, seinem Landsmann und Bewunderer, wissen wir, daß der Dichter des »Endspiels«, dem von manchen seiner Kritiker ein »Sumpf aus Wörtern, Kälte und Vernunft« vorgehalten wird, auch ein Schöpfer unvergleichlicher *Gestalten* ist: Gestalten, die er zwar in strikt ahistorischen Situationen agieren läßt, im Absoluten und Parabolischen, und die dennoch mancherlei Anstößen von *außen* ihre Existenz verdanken.

Freilich ist hier ein anderes als jenes »photographische Gedächtnis« am Werk, das Beckett etwa am Kollegen Proust rügt. Datum und äußere Erscheinung haben aufgehört, eine Rolle zu spielen. »Hören Sie endlich auf, mich mit Ihrer verdammten Zeit verrückt zu machen!« heißt es an einer Stelle des »Godot«. »Es ist unerhört! Wann!

Wann! Eines Tages, genügt Ihnen das nicht? Irgendeines Tages ist er stumm geworden, eines Tages bin ich blind geworden, eines Tages werden wir taub, eines Tages wurden wir geboren, eines Tages sterben wir, am selben Tag, im selben Augenblick, genügt Ihnen das nicht?«

Es genügt, um Beckett zu lesen.

Es genügt *nicht*, will man die Signale erkunden, die das Werk dieses Dichters von *außen* empfangen hat.

Samuel Beckett ist einunddreißig. Schon einmal hat er zwei Jahre in Paris verbracht: als Englischlektor an der Ecole Normale Supérieure in der Rue d'Ulm, vom berühmten Trinity College seiner Vaterstadt Dublin im Rahmen des akademischen Austauschdienstes nach Frankreich entsandt. Nun siedelt er sich endgültig an der Seine an. Den älteren James Joyce gewinnt er zum Freund, mit Ezra Pound wird er bekannt, die kunst- und männersammelnde Amerikanerin Peggy Guggenheim ist die Gefährtin jener Tage. Ihr widmet er den Roman »Murphy« – die letzte Arbeit, die er in seiner Muttersprache schreibt, ehe er zum Französischen übergeht. Mrs. Guggenheim, die für ihren Geliebten den Spitznamen »Oblomov« in Umlauf setzt, schildert ihn als einen »nicht besonders lebendigen« Menschen, der »Stunden und viel Alkohol« braucht, »ehe er warm wird und sich löst«. Ein »schlaksiger Ire mit grünen Augen, einem schmalen Gesicht und einer Adlernase«, der enganliegende französische Anzüge trägt und unter fürchterlichen Erstickungsanfällen leidet, die Mrs. Guggenheim – ganz im Stil der Zeit – auf traumatische Erinnerungen an die Pränatal-Phase ihres Schützlings zurückführt.

Beckett lebt zwischen Montparnasse und St. Germain-des-Prés das ungebundene Leben des angehenden Schrift-

»Stein des Anstoßes« für Samuel Becketts Drama »Warten auf Godot«: ein Messerattentat in der Pariser Passage Rimbaud

stellers, der sich nur selten eines der teuren Restaurants seines Arrondissements leisten kann. Der 7. Januar 1938 ist solch ein Tag: Beckett tafelt im noblen »Zeyer« an der Avenue du Maine. Nach dem Souper schlendert er zu Fuß zu seiner Wohnung: eine Dachkammer im schäbigen Hotel Libéria, Rue de la Grande Chaumière. Gleich hinter der Kirche St. Pierre du Petit Montrouge mündet die schmale Passage Rimbaud in die Avenue du Général Leclerc, und hier, im Dunkel der Nacht, stürzt sich plötzlich ein Clochard auf den wildfremden Passanten und streckt ihn mit einem Messerstich in die Herzgegend nieder. Beckett kommt mit dem Leben davon, der Täter wird gefaßt.

Und dann, eines späteren Tages, dieser merkwürdige Dialog zwischen Opfer und Untersuchungshäftling:

»Wieso haben Sie das getan?«

»Ich weiß es nicht.«

Beckett verzichtet auf Schmerzensgeld, er hält sich auf andere Weise schadlos: Der Tramp aus der Passage Rimbaud liefert ihm, als er zehn Jahre später sein Drama des Wartens »En attendant Godot« schreibt, das Urbild für den Vagabunden Estragon, genannt Gogo. Der Kerl mit den ungleichen Füßen, mit den bösen Träumen, mit dem ewigen »Je ne sais pas«. Halb Clochard, halb Clown.

Ich gehe die Stationen jenes absurden nächtlichen Dramas Schritt für Schritt ab: die Brasserie Zeyer, wo man von Überfall-Kriminalität nichts wissen und nur Métro-Attentate rund um die Stationen Châtelet und Réaumur-Sébastopol gelten lassen mag; die Kirche St. Pierre mit der Nachtglocke für akuten Sterbesakramentsbedarf; die Avenue du Général Leclerc, die damals noch Avenue d'Orléans hieß: billige Läden, ein drittrangiger Fischmarkt, ein nomadisierender Korbsesselflicker, der neben sich auf dem Trottoir eine Tafel aufgestellt hat: »Gebt mir Arbeit! Komme auch ins Haus!« Dann die Passage Rimbaud, das typische enge Hinterfrontgäßchen, Müllablagerung bei Strafe verboten, »Société philanthropique Fondation Baron & Baronne Roze«, was immer sich dahinter verbergen mag; das Polizeikommissariat in der Rue Dumoncel, die staubige Trikolore überm Eingang; das Hospital Broussais, wo James Joyce das Beste an Ärzten mobilisiert, den Freund zu retten: Herz und Lunge sind unbeschädigt geblieben, nur das Rippenfell ist zerfetzt. Und schließlich das Hotel Libéria, dessen Dachkammer nun ein paar Wochen lang auf seinen Mieter verzichten muß. Es steht in einer unscheinbaren Straße in nächster Nähe der Métro-Station Vavin und des Friedhofs von Montparnasse; an die Einfriedung von Rodins Balzac-Skulptur haben Maturanten einen Aufruf zur Beteiligung an einer Oktoberfestfahrt nach »Bavière« affichiert. Läden für Malutensilien lassen auf die Nähe einer Kunstakademie schließen, im Restaurant Wadja, dem Hotel gegenüber, werden billige Studentenmenüs ausgegeben. Hinter einem der ebenerdigen Fenster des Nebenhauses dämmert eine verwahrloste Greisin inmitten hochaufgetürmten Unrats in ihren Tod hinüber: Sie blickt mich an, ohne mich wahrzunehmen. Ihr Lehnstuhl könnte ebensogut eine Mülltonne sein, ein Erdhaufen, eine Urne. Eine Beckett-Figur – wie aus dem »Endspiel«. Gespenstisch, ich beschleunige meinen Schritt.

Nach der Entlassung aus dem Krankenhaus bezieht Samuel Beckett seine erste eigene Wohnung; auch dieses Haus finde ich ohne Mühe: Rue des Favorites Nr. 6, nahe den Schlachthöfen von Vaugirard. 1961 wechselt er an den Boulevard St. Jacques – es ist wieder ein Appartement im achten Stock und wieder eines mit düsterem Ausblick: diesmal auf Gefängnishof und Irrenhaus. Briefkasten und Klingelknopf tragen unverhüllt den berühmten Namen, doch wer hieraus auf Nahbarkeit schlösse, irrte gründlich: Hier gibt es seit Jahren keine Interviews, keine Phototermine. Als im Oktober 1969 die Nachricht von der Nobelpreisverleihung durch die Weltpresse geht, bleibt der Dichter tagelang unauffindbar, die Stockholmer Zeremonie muß ohne ihn auskommen. Selbst die engsten Freunde wissen ein Lied von seiner Weltabkehr zu singen. Roger Blin, der

1953 am kleinen Théâtre de Babylone die Uraufführung des »Godot« besorgt und damit Becketts Ruhm einleitet, sagt: »Wenn er meine Gesellschaft leid ist, steht er plötzlich auf und geht weg.« Nichts wäre törichter, als sich von *ihm* Auskunft über jenen »aggresseur nocturne« zu erhoffen, der in seinem Landstreicher Estragon ein zweites Mal Gestalt angenommen hat.

Ist es nicht wie eine Vorwegnahme Beckettscher Absonderlichkeit, daß unter den Polizeiakten des Jahres 1938, die mir der pedantisch-liebenswürdige Monsieur Poisson vom Musée des Archives in der Rue de la Montagne Sainte Généviève zur Durchsicht vorlegt, ausgerechnet der Faszikel jenes Rayons Petit Montrouge fehlt, dessen Beamte den Überfall an der Passage Rimbaud bearbeitet haben? Alles rundherum ist lückenlos da: Montparnasse, Plaisance und Santé. Nur Montrouge bleibt unauffindbar: »Brûlé pendant la guerre.«

Monsieur Poisson zeigt mir an einem der anderen Bände, wie ich mir die Eintragung, die nun nicht mehr einzusehen ist, in etwa vorzustellen habe. »Coups et blessures«, »admis à l'hôpital à la suite d'un coup de couteau«, »sans aucune raison«, »sans domicile, sans travail ni ressources« – so setzt er mir aus den stereotyp wiederkehrenden Formulierungen der handgeschriebenen Polizeiprotokolle das Puzzle zusammen, dem schließlich nur noch *eines* fehlt: der Name des Täters. Aber ist der so wichtig? Hat nicht auch Beckett selber eine seiner Figuren »the unnamable« genannt, »den Namenlosen«? Den Spuren dieses Dichters zu folgen, heißt das nicht von vornherein, sich auf ein Vexierspiel einzulassen? Beispielsweise die Bibliothek des Centre Pompidou vergeblich nach seinen Büchern durchzuackern, weil man sie bei den Iren wähnt statt bei den Franzosen? Oder am Boulevard St. Michel sein damaliges Stammlokal, das Café de l'Arrivée, zu suchen und statt dessen in einem – »Café du Départ« zu landen? Mit solchen Resultaten, solchen Absurditäten ist hier auf Schritt und Tritt zu rechnen, und ich zögere keinen Augenblick, sie auf der Haben-Seite zu verbuchen.

Ich bin auf alles gefaßt.

Auf den Clochard, der mich niedersticht.

Und ebenso auf den Clochard, der mich zum Essen einlädt.

Und der, ob Mörder oder Wohltäter, nicht weiß, warum.

Auch nach Becketts Tod – der Dichter stirbt am 22. Dezember 1989 dreiundachtzigjährig in seiner Wahlheimat Paris – reißt die Kette der Merkwürdigkeiten, die den Weg des »Godot« vom Moment seiner ersten Niederschrift an begleiten, nicht ab: In einem Interview fürs französische Fernsehen schildert der schon erwähnte Schauspieler Roger Blin, der unter denjenigen ist, die 1953 das Stück im Pariser Théâtre de Babylone aus der Taufe heben, die tiefe Betroffenheit, die den Autor erfaßt, als er, auf seinem ersten Amerika-Flug von Blin begleitet, aus dem Cockpit die Stimme des Kapitäns vernimmt: »Kommandant Godot begrüßt Sie an Bord unserer Maschine und wünscht Ihnen einen angenehmen Flug ...«

Ein Zufall, gewiß, aber was für einer!

Kein Zufall dagegen ist es, was einer der Biographen in späteren Jahren, auf eine lange verborgen gebliebene Tagebuchnotiz stoßend, herausfinden wird: Auch Becketts Deutschlandreise anno 1936/37 hinterläßt in »Warten auf Godot« Spuren! Am 29. Januar 1937 trifft der Dreißigjährige in Dresden ein. Unter den Kunstsammlungen, die er besucht, ist die Alte Akademie mit ihren berühmten Caspar-David-Friedrich-Beständen. Vor einem der Gemälde verweilt der Gast besonders lange und nachdenklich – es trägt den Titel »Zwei Männer in Betrachtung des Mondes« und zeigt zwei kehrseitig porträtierte Gestalten, die den Blick auf den von den abgestorbenen Zweigen eines kahlen Baumes eingerahmten Vollmond heften.

Ja, es kommt noch besser: Unter den Personen, die sich des Fremden während seiner Dresdner Tage freundlich annehmen, ist auch der an der dortigen TH lehrende Kulturphilosoph Fedor Stepun; er weiht Beckett in Leben und Werk des jüngst verstorbenen russischen Dichters Andrej Belyj ein. Und mit wem ist dessen in Dresden lebende Schwägerin verheiratet? Mit einem Italiener namens Pozzo! Daß Beckett der Figur des erblindenden, seinen Knecht Lucky peinigenden und den Landstreichern Wladimir und Estragon bei deren Warten auf Godot begegnenden Reisenden ebenjenen Namen gibt, sollte Zufall sein?

So fügt sich eins zum andern: der Signor Pozzo aus Dresden, der namenlose Clochard aus der Passage Rimbaud und eine Landschaft von Caspar David Friedrich. Fürwahr, die Materialbeschaffung der Dichter geht die seltsamsten Wege!

Der Leihonkel

BERTOLT BRECHT
Herr Puntila und sein Knecht Matti

Seit Juni 1933 lebt er im dänischen Exil; jetzt, sechs Jahre später, wird's für Brecht auch hier riskant: Die deutschen Truppen fallen in Skandinavien ein; die Schauspielerin Naima Wifstrand, die in einer schwedischen Aufführung der »Gewehre der Frau Carrar« die Hauptrolle gespielt hat, besorgt für den Autor und dessen Familie ein Haus in der Nähe von Stockholm. Doch kaum ein Jahr ist um, da wird Brecht klar, daß er bald neuerlich die Koffer packen muß. Amerika ist sein erklärtes Ziel: Freund Erwin Piscator hat ihm an der von ihm geleiteten New Yorker Theaterschule eine Stelle als Lektor für Literatur angeboten. Jetzt geht es also darum, die Einreise-Visa für Brecht, Gattin Helene Weigel und die Kinder Barbara und Stefan zu ergattern. Finnland scheint ihm dafür die geeignetere Absprungbasis als Schweden: Die Schriftstellerin Hella Wuolijoki möge ihm eine Einladung zukommen lassen, das könnte den Grenzübertritt beträchtlich erleichtern. »Wir würden sie nur benützen, wenn nötig. Es müßte freilich bald sein.«

Mitte April 1940 geht die Familie Brecht, zu der auch noch seine Sekretärin und Geliebte Margarete Steffin gehört, an Bord eines Dampfers, der die fünf nach Helsinki bringt. Möbel und Bücher bleiben bei Freunden in Schweden zurück. Die ersten paar Tage wohnt man in einem Hotel beim Hauptbahnhof, dann wird in eine kleine Wohnung im Arbeiterviertel Tölö übersiedelt, deren Möbel man sich bei hilfsbereiten wildfremden Leuten ausborgt.

In der festen Hoffnung, daß es schon bald mit den Papieren für die USA klappen werde, bucht Brecht für sich und die Seinen Schiffspassagen für einen Ozeandampfer, der am 5. August Richtung New York auslaufen soll. Doch die Sache zieht sich hin, der amerikanische Konsul in Helsinki verhält sich seinen Antragstellern gegenüber abweisend, die Brechts müssen sich wohl auf ein längeres Verbleiben in Finnland einstellen. Da springt wieder die gute Hella Wuolijoki ein, die ihnen schon zuvor zu ihrer Aufenthaltserlaubnis verholfen hat: Sie lädt ihre Schützlinge ein, sich in einem der Nebenhäuser des von ihr verwalteten Landgutes Marlebäck im 130 Kilometer nordöstlich von Helsinki gelegenen Kausala niederzulassen. Dankbar nimmt Brecht, zu dieser Zeit zweiundvierzig, das Angebot der zwölf Jahre Älteren an.

Wer ist diese großherzige, zu jeder Art von Hilfe bereite Frau?

Hella, mit Mädchennamen Murrik und von Geburt Estin, ist 1904 zum Philologiestudium nach Helsinki gekommen und hat hier den finnischen Rechtsanwalt und sozialdemokratischen Politiker Sulo Wuolijoki geheiratet. Eigentlich will sie Schriftstellerin werden, doch bevor sie dazu kommt, ihre ersten Theaterstücke zu Papier zu bringen, steigt sie zunächst einmal in den Holzhandel ein, übernimmt die Leitung mehrerer Firmen. Sechs Sprachen beherrschend, macht sie sich vorübergehend auch im diplomatischen Dienst nützlich und arbeitet als Journalistin – ihrer sowjetfreundlichen Einstellung wegen wird sie später vor Gericht gestellt und zu langjähriger Kerkerhaft verurteilt werden.

Jetzt aber, in diesem Frühjahr 1940, lenkt die temperamentvolle Mittfünfzigerin die Geschicke des prosperierenden, mit achtzig Milchkühen bestückten Gutes Marlebäck. Brecht notiert darüber in seinem »Arbeitsjournal«:

»Das Gutshaus, weiß, mit zwei Reihen von je acht großen Fenstern, ist über 100 Jahre alt, im Empirestil gebaut. Die Zimmer sind museumsreif. Neben dem Gutshaus liegt ein riesiger Steinbau für die Kühe – mit Fütterungsluken von oben, wohin das Lastauto mit dem Futter fährt, und schöner Wasserspülung, alles in Eisen und herrlichem Holz, der rötlichen Fichte des Nordens.«

Auch der Gastgeberin selber widmet er einen Abschnitt in seinen Tagebuchaufzeichnungen:

»Wunderbar die Geschichten der Wuolijoki, vom Volk auf dem Gut, in den Wäldern, wo sie einmal große Sägewerke besaß. Sie sieht schön und weise aus, wenn sie, ständig sich ausschüttend vor Lachen, von den Listen der einfachen Leute und den Dummheiten der feinen erzählt. Über

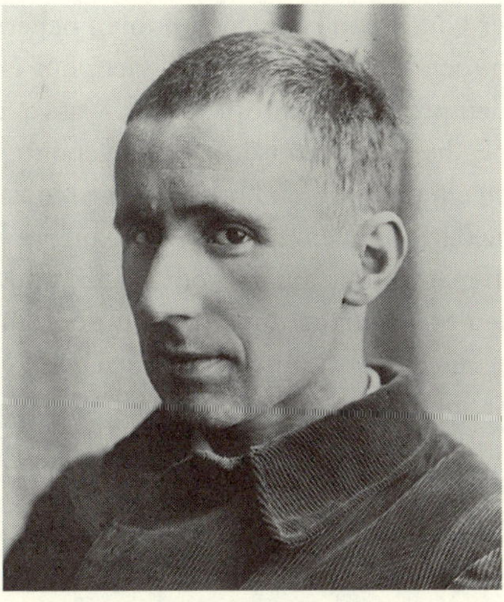

Bertolt Brecht, 1931

ihre Insel und Moore schleppt sie ihr großes Gewicht mit verblüffender Energie, und ihre Dickleibigkeit hat da etwas Chinesisches. Die Gutsgeschäfte scheint sie mit sehr leichter Hand zu regeln, niemals kommt es zu Befehlshabereien, sie ist sehr menschlich.«

Brecht gefällt es auf Marlebäck. Die Birkenwälder ringsum, der würzige Beerenduft, die fischreichen Gewässer und auch das vertraute Klirren der Milchkannen vom Hof her erfüllen ihn mit einem nie zuvor gekannten Glücksgefühl:

»Diese hellen Nächte sind sehr schön. Gegen 3 Uhr stand ich auf, der Fliegen wegen, und ging hinaus. Hähne krähten, aber es war nicht dunkel. Und ich liebe es so, im Freien das Wasser abzuschlagen.«

Auch die Sauna, die zum Gut gehört, dürfen die Brechts benützen:

»Es ist ein kleines viereckiges Holzhaus am Fluß. Durch das Auskleidezimmerchen kommt man in den dunklen Baderaum, der von einem riesigen Steinofen beherrscht wird. Man nimmt den Holzdeckel ab und gießt aus einem danebenstehenden großen Eisentopf heißes Wasser über faustgroße Steine, die direkt über dem Feuer gehäuft sind. Dann klettert man ein paar Stufen hoch auf eine Holzestrade, wo man sich niederlegt. Wenn der Schweiß ausbricht, peitscht man die offenen Poren mit Birkenwedeln, und dann geht man auf den Steg hinaus und steigt in den Fluß. Klettert man wieder hoch – das kühle Wasser erscheint einem nicht kalt –, läßt man Birkenblätter zurück. Auch nachts, im Bett, findet man einige. Man schläft mit der Birke ...«

Natürlich sind auch Beschränkungen in Kauf zu nehmen, doch für deren Bewältigung ist Gattin Helene Weigel zuständig, die in allen Belangen des praktischen Lebens ebenso einfallsreich ist wie zäh.

»Ich fürchte, daß das Kochen für Helli schwierig wird. Es ist nötig, den Ofen zu heizen, und das Wasser ist nicht im Haus. Aber die Leute sind sehr freundlich, und Hella Wuolijoki weiß unzählige Geschichten.«

Ja, die Geschichten, die seine Gastgeberin aus dem Ärmel schüttelt, sie vor allem sind es, die es Brecht antun: Der Stückeschreiber wittert neuen Stoff. Denn natürlich soll seine Arbeit – ungeachtet der Mühsal, die ihm das Flüchtlingsdasein der letzten Monate aufbürdet – keine Unterbrechung erfahren. »Der gute Mensch von Sezuan« ist abgeschlossen, mit den beiden neuen Stücken, die er im Entwurf im Kopf hat, kommt er nicht voran: der Geschichte von der jungen Französin, die während der Besetzung ihres Landes durch die Deutschen davon träumt, Jeanne d'Arc zu sein, und der Geschichte von dem blinden Bettler, der vor dem Portal des Ministeriums Posten bezieht, während drinnen im Konferenzsaal über den Krieg entschieden wird. Auch das Manuskript des begonnenen Cäsar-Romans läßt er liegen; die deprimierenden Radionachrichten über Hitlers weiteren Vormarsch im Ohr, reichen Brechts schöpferische Kräfte in diesen Tagen gerade nur dazu aus, sich ein paar kurze Gedichte abzutrotzen.

Da kommt die Anregung seiner Gastgeberin, sich mit ihr an einem vom finnischen Erziehungsministerium ausgeschriebenen Volksstückwettbewerb zu beteiligen, genau im rechten Augenblick. 120000 Finn-Mark sind für den ersten Preis ausgesetzt; Hella Wuolijoki will einen Text einreichen, den sie schon länger in der Lade liegen hat. Es ist eine Komödie mit dem Titel »Die Sägespäneprinzessin«, liegt auch, von ihr selbst adaptiert, als Filmskript vor und handelt von einem reichen Gutsbesitzer, der zwei Seelen in seiner Brust hat: Ist er betrunken, so kann man so gut wie

Herr Puntila und sein Knecht Matti, Berliner Ensemble 1949 mit Leonard Steckel und Erwin Geschonneck

alles von ihm haben; ist er jedoch nüchtern, so bricht er jedes seiner Versprechen und kehrt aufs neue den Kapitalisten hervor, der es gewohnt ist, über Leichen zu gehen.

Hella Wuolijoki hat sich das Thema nicht aus den Fingern gesogen: Hinter dem Protagonisten ihres Stückes verbirgt sich niemand anderer als ihr Onkel Roope vom Nachbargut Puntila – ein notorischer Schnapstrinker von schizophrenem Zuschnitt, dessen Exzesse in den zwanziger Jahren sogar einen lokalen Skandal ausgelöst und noch lange danach der Landbevölkerung ringsum Gesprächsstoff geliefert haben. Auf diesem düsteren Kapitel der eigenen Familienchronik also basiert Hella Wuolijokis Komödie: Der reiche Gutsbesitzer Iso-Heikkilä verlobt sich bei einem ausschweifenden Zechgelage der Reihe nach mit fünf Frauen, und um seine Bräute, nun wieder nüchtern, loszuwerden, verspricht er seinem Chauffeur Kalle, der ihm dabei behilflich sein will, im Suff die eigene Tochter.

Wiederum nüchtern, mag er jedoch von seinem Versprechen nichts mehr wissen und schickt sich an, den Chauffeur zu entlassen. Erst als dieser seine wahre Identität als Akademiker enthüllt, wird er von seinem »Chef« als standesgemäßer Schwiegersohn akzeptiert.

»Gutsherr Iso-Heikkilä und sein Knecht Kalle« nennt Hella Wuolijoki ihr Stück; um das noch bestehende Gut Puntila und vor allem den noch lebenden Onkel zu schonen, ändert die Autorin die Namen der Figuren. Brecht, dem sie davon erzählt und das Manuskript zu lesen gibt, zeigt sich von der Fabel aufs höchste angetan und befolgt den Rat seiner Gastgeberin, sich an dem erwähnten Dramenwettbewerb zu beteiligen, auf *seine* Weise: Er hält Hella Wuolijoki dazu an, von ihrem Stück eine seine eigenen Vorstellungen berücksichtigende Neufassung anzufertigen, diese ins Deutsche zu übersetzen und seiner rechten Hand Margarete Steffin in die Schreibmaschine zu diktieren.

Die in ihrer Selbstlosigkeit schwerlich zu übertreffende Kollegin geht tatsächlich auf Brechts dreistes Ansinnen ein und überläßt diesem großzügig ihr Werk, damit er es selber zur Vorlage für sein nächstes Stück nehme. Und natürlich unter *seinem* Namen – für seinen freizügigen Umgang mit dem geistigen Eigentum anderer ist der Egomane Bertolt Brecht ja schon seit längerem bekannt. Ja, er geht noch einen Schritt weiter: Auch so manche andere Geschichte, die ihm Hella Wuolijoki bei dieser oder jener Gelegenheit erzählt hat, läßt er in seine Adaptierung des Stoffes einfließen, und als er nach nicht einmal drei Wochen mit der Arbeit fertig ist, gelingt es ihm sogar, seine Gönnerin dazu zu überreden, seine »Fassung« (die nun den Titel »Herr Puntila und sein Knecht Matti« erhält) in die Landessprache zu übertragen, damit er sie bei dem finnischen Volksstückwettbewerb als seinen eigenen Beitrag einreichen kann.

Zwar gewinnt der »Puntila« keinen der drei Preise, aber Brecht hat ein neues Opus – und eines seiner erfolgreichsten und meistgespielten obendrein. Bis es soweit ist, muß freilich erst einmal der Krieg zu Ende gehen …

Wie er mit Hella Wuolijokis Vorlage umgegangen ist, hält Brecht in seinem »Arbeitsjournal« fest:

»Was ich zu tun habe, ist, den zugrundeliegenden Schwank herauszuarbeiten, die psychologisierenden Gespräche niederzureißen und Platz für Erzählungen aus dem finnischen Volksleben oder für neue Meinungen zu gewinnen, den Gegensatz ›Herr‹ und ›Knecht‹ szenisch zu gestalten und dem Thema seine Poesie und Komik zurückzugeben.«

Was dabei herauskommt, nennt er »ein kleines fettes Kalb von einem Stück«, in dem »mehr Landschaft« enthalten sei als in irgendeinem seiner anderen. Besonderes Kuriosum: Mit den Buchstaben B und N vermerkt er am Rande des Szenenplans fein säuberlich, in welcher Verfassung sich seine Hauptfigur jeweils befindet – B für betrunken, N für nüchtern.

Brecht übernimmt zwar fast alle Figuren aus der »Sägespäneprinzessin«, etliche Dialoge und Redewendungen läßt er sogar wortwörtlich stehen, dafür greift er um so radikaler überall dort ein, wo es ums Tendenzielle geht: Puntila wird bei ihm zum rücksichtslosen Ausbeuter, der sich nur im Zustand der Volltrunkenheit humane Anwandlungen leistet. Und der ihm auch geistig überlegene »Knecht« Kalle (den er in Matti umtauft) arrangiert sich am Schluß nicht mit Puntila, sondern zieht – in demonstrativer Solidarisierung mit einer Gruppe schnöde entlassener Tagelöhner – seiner Wege.

Am 19. September 1940 legt Brecht das fertige Manuskript aus der Hand – wie soll's nun mit ihm, mit seiner Familie und mit seiner Arbeit weitergehen? Auch in Finnland werden von Tag zu Tag die Kriegsfolgen spürbarer: Kaffee ist kaum noch zu haben, Fleisch, Obst und Zucker werden knapp, die für Brecht unentbehrlichen Zigarren sowieso unerschwinglich. Als schließlich auch noch das Benzin ausbleibt, ist der Lebensnerv vieler landwirtschaftlicher Betriebe tödlich getroffen: Für den Transport der leichtverderblichen Milch ist die Eisenbahn ein zu langsames Verkehrsmittel. Gut Marlebäck wird verkauft, die Brechts müssen sich nach einer neuen Bleibe umsehen. Sie finden sie in Gestalt einer Zwei-Zimmer-Küche-Wohnung im Hafenviertel von Helsinki: »Ich sehe auf Himmel, ein Stück Hafen mit kleinem Dampfer und die Holzschuppen einer Kistenfabrik.« Erst am 2. Mai 1941 treffen die amerikanischen Einwanderungspapiere ein; über Moskau und Wladiwostok (wo sie an Bord eines schwedischen Überseedampfers gehen) steuern sie ihr neues Leben in den USA an. Das kalifornische Santa Monica ist ihr Ziel.

Natürlich befindet sich im Reisegepäck auch der »Puntila« – Brecht wird sich das Manuskript während der Exiljahre in Amerika nochmals vornehmen und gründlich überarbeiten. Bis zur Uraufführung verstreichen allerdings noch volle sieben Jahre. Am 5. Juni 1948, sieben Monate nach Brechts Rückkehr nach Europa, stehen »Herr Puntila und sein Knecht Matti«, von Leonard Steckel und Gustav Knuth verkörpert, zum erstenmal auf der Bühne. Im Zürcher Schauspielhaus führen Kurt Hirschfeld und Brecht selber Regie, Teo Otto besorgt die Ausstattung.

Als im Jahr darauf die Gründung des »Berliner Ensembles« erfolgt und für die Eröffnungspremiere am 12. November 1949 die Wahl auf den »Puntila« fällt, reist auch Hella Wuolijoki aus Helsinki an und wohnt einer der Aufführungen im Deutschen Theater bei. Von ihr selber, die inzwischen dreiundsechzig geworden ist und nur noch fünf Lebensjahre vor sich hat, liegt keinerlei Kommentar darüber vor, wie »ihr« Stück auf sie gewirkt haben mag. Um so eilfertiger – und wohl auch, um jegliches Geraune über seinen rücksichtslosen Umgang mit dem geistigen Eigentum anderer abzuwenden – teilt Brecht selber in einem Brief an die Zeitung »Neues Deutschland« mit:

»Ich bin im besten Einvernehmen mit Hella Wuolijoki. Sie war in Berlin, besuchte die ›Puntila‹-Aufführung, sah Plakat und Programmheft und äußerte sich sehr erfreut.«

Ein Jahr nach ihrem Tod dreht Alberto Cavalcanti in Wien seinen »Puntila«-Film – mit Curt Bois und Heinz Engelmann in den Titelrollen. Für die »finnischen« Außenaufnahmen muß das nahe Burgenland herhalten, und da das Filmatelier auf dem Rosenhügel im Sowjetsektor der Stadt liegt, wird es – unmittelbar vor dem Abschluß des österreichischen Staatsvertrages und dem Abzug der Besatzungstruppen – der letzte in der Reihe jener »Russenfilme« sein, die ihr Geld nicht im deutschen Sprachraum einspielen, sondern in der UdSSR. Daß dieser Wiener »Puntila«, der schon manches von der kurz darauf einsetzenden Heimatfilmwelle vorwegnimmt, vor den strengen Augen Brechts bestanden haben könnte, ist nur schwer vorstellbar. Als filmhistorisches Zeitdokument hat er dennoch seinen Wert.

Unter Freunden

CARL ZUCKMAYER
Des Teufels General

Am 18. November 1941 verbreitet das Deutsche Nachrichtenbüro Berlin per Fernschreiber die folgende Meldung:

Der Generalluftzeugmeister Generaloberst Udet erlitt am Montag, dem 17. November 1941, bei Erprobung einer neuen Waffe einen so schweren Unglücksfall, daß er an den Verletzungen auf dem Transport verschied. Der Führer hat für den auf so tragische Weise in Erfüllung seiner Pflicht dahingegangenen Offizier ein Staatsbegräbnis angeordnet.

Unter denen, die diese Nachricht lesen, ist auch der Schriftsteller Carl Zuckmayer. Die amerikanische Zeitung, die er in Händen hält, meldet das Ereignis in noch knapperer Form und ohne jeden Kommentar, auch Mutmaßungen über den Unfallhergang bleiben ausgespart. Zuckmayer muß sich also seinen eigenen Reim darauf machen. Und er *tut* es – in Gestalt seines Dramas »Des Teufels General«.

Der in wenigen Wochen Fünfundvierzigjährige, nach dem Anschluß Österreichs an Hitler-Deutschland von seinem Besitz im Salzburgischen in die Schweiz geflüchtet und von dort in die USA emigriert, lebt seit kurzem als Landwirt in Vermont – Gattin Alice wird nach dem Krieg in dem Memoirenwerk »Die Farm in den grünen Bergen« über ihre Erfahrungen in jenen Jahren referieren. Sowohl in Hollywood, wo Zuckmayer eine Stelle als Drehbuchautor angeboten wird, wie in New York, wo Freund Erwin Piscator ihn als Dozenten der von ihm geleiteten Theaterschule der Exil-Universität einzusetzen gedenkt, hält er es nur kurze

Zeit aus. Auch aus dem Plan, zusammen mit Fritz Kortner – unter dem Titel »Somewhere in France« – eine moderne Fassung von Ludwig Anzengrubers Drama »Das vierte Gebot« zu erstellen, wird nichts: Zuckmayers Vorstellungen vom Theater sind für den amerikanischen Geschmack »zu deutsch«. Und für die Schublade schreiben – jenen Tag X vor Augen, wo es vielleicht wieder möglich sein wird, an deutschen Bühnen aufgeführt zu werden? Nein, da ist es ihm immer noch lieber, den Bauernhof im Hügelland von Vermont zu bewirtschaften, den er seit einem Jahr gepachtet hat: Carl Zuckmayer legt die Feder aus der Hand und vertauscht sie gegen Mistgabel und Sense, gegen Melkschemel und Pflug.

Zwar ist auch für einen Naturschwärmer wie ihn, der sich als Jüngling für die Cowboy-Romantik eines Karl May

»Des Teufels General«: Ernst Udet. Das Urbild des Harras war mit dem Schriftsteller Carl Zuckmayer eng befreundet

begeistert (und eine seiner beiden Töchter auf den Namen Winnetou getauft) hat, die ungewohnte körperliche Arbeit alles andere als ein Honiglecken, doch der Stolz auf die selbstgepflanzten Kartoffeln, die selbstgezogenen Hühner und die selbstgemolkene Milch läßt ihn tatsächlich den Verlust des angestammten Metiers verschmerzen, und in einem Brief an Friederike Zweig äußert er sogar »abgründige Verachtung« gegenüber der Schriftstellerei und nennt sie »einen kindischen Versuch, den lieben Gott zu spielen«.

Damit ist es – mit einem Schlag – vorbei, als Zuckmayer an einem Spätherbstabend 1942, ein Jahr nach Ernst Udets Tod, einen Tragkorb im Arm und die beiden Haushunde zur Seite, von der Feldarbeit heimkehrt und plötzlich, auf halbem Weg und aus welchen Gründen auch immer, von dem Gedanken an das schmerzliche Ende seines Freundes Udet – die beiden kennen einander seit 1917, doch davon später – übermannt wird:

»Staatsbegräbnis, sagte ich laut.
Das letzte Wort der Tragödie.
Was in Wirklichkeit vorgegangen war, wußte ich nicht, und es kümmerte mich nicht.
Die Tragödie stand mir vor Augen – lückenlos.«

Carl Zuckmayer ist in diesem Augenblick fest entschlossen, die »Tragödie« aufzugreifen und in ein Theaterstück umzusetzen. Zum Glück erwartet Tochter Winnetou gerade Besuch: Ein Schulfreund ist für die Dauer der Weihnachtsferien in Blackwoods Farm angesagt; die beiden jungen Leute nehmen dem Hausherrn für drei Wochen die Abendarbeit im Stall, das Holzsammeln und das Heizen der Öfen ab:

»So schrieb ich in den Abendstunden, zwischen sechs und neun, wie in Trance den ersten Akt und den Entwurf des letzten.«

Gattin Alice hat keine Ahnung, was Zuckmayer da in seinem im Obergeschoß gelegenen Schlafzimmer wie ein Besessener in seine Schreibmaschine tippt:

»Ich wußte selbst nicht, wenn ich morgens die Ziegen molk, was ich abends schreiben würde. Ich mußte schreiben. Das war eine wiedergeschenkte Gnade.«

In einer eiskalten Nacht, Ende Januar 1943, liest er seiner Frau den ersten Akt vor:

»Sie war bis an die Nase in Wolldecken eingehüllt, denn der Nordwestwind blies. Wir tranken dabei alles Bier und den Rest von Whisky, der noch im Hause war. ›Das ist mein erstes Stück‹, sagte ich, ›das ich für die Schublade schreibe. Es wird nie gespielt werden, aber ich muß es tun.‹«

Es ist zu der Zeit, da die Schlacht um Stalingrad im Gange ist – noch weiß man nicht, wie sie ausgehen wird. Daß ein Theaterstück wie dieses jemals in Deutschland auf die Bühne kommen könnte, kann sich Zuckmayer jedenfalls nur schwer vorstellen. Aber auch im Ausland sieht er dafür wenig Chance – der vielen »sympathischen Deutschen« wegen, die er den abstoßenden Nazi-Rollen gegenüberstellt.

»Es war eine aussichtslose Arbeit, aber sie begeisterte uns beide bis zu einer Art von Ekstase.

›Ja‹, sagte meine Frau, ›so ist es. So muß es sein.‹ In dieser Nacht fiel ich halbtot, berauscht, beglückt, verzweifelt ins Bett und vergaß – es war das einzige Mal in all diesen Wintern – die Öfen nachzuheizen.«

Die Folge: Am nächsten Morgen ist das Wasser eingefroren, sechsunddreißig Stunden arbeitet Zuckmayer daran, es aufzutauen, Gattin Alice wird von einem schweren Ischiasanfall niedergestreckt.

Als die drei Wochen um sind, muß Zuckmayer aufs neue bei der Arbeit auf dem Hof voll zupacken: Das halbfertige Manuskript bleibt liegen, ist erst zwei Jahre später vollendet. Aber obwohl man in Amerika von detaillierten Nachrichten aus der Heimat abgeschnitten ist, gelingt es dem Autor mühelos, sich in die aktuelle Situation hineinzudenken, und Kollege Alexander Lernet-Holenia, der nach Kriegsende unter den ersten sein wird, die den Stücktext zu lesen bekommen, bescheinigt dem Freund in einem seiner Briefe ins Exil: »Du bist nie fort gewesen.«

Carl Zuckmayer und Ernst Udet, das zum General Harras verfremdete Urbild seiner Titelfigur, kennen einander noch aus dem Ersten Weltkrieg: Der künftige Schriftsteller hat 1914 in Mainz das Notabitur gemacht und sich mit achtzehn freiwillig zum Dienst mit der Waffe gemeldet. Im vorletzten Kriegsjahr – die pazifistisch ausgerichtete Zeitschrift »Aktion« hat soeben ein paar erste Gedichte von ihm veröffentlicht – wird der Leutnant der Reserve für kurze Zeit zu einer Spezialausbildung für Fern- und Luftbeobachtung abkommandiert. Hospitant beim Jagdgeschwader Richthofen (dessen späterer Kommandant, Hermann Göring, gerade auf Urlaub weilt), freundet sich Zuckmayer mit einem gleichaltrigen Fliegerleutnant an, der, obwohl erst einundzwanzig, seiner besonders vielen erfolgreichen Einsätze wegen mit dem »Pour le Mérite« ausgezeichnet ist: Ernst Udet. »Wir mochten uns nach den ersten paar Worten, soffen unsere erste Flasche Kognak zusammen aus und verloren uns bis kurz vor dem Zweiten Weltkrieg nicht mehr aus den Augen.«

Die alte Kumpanei wird noch enger, als die Nationalsozialisten an die Macht gelangen: Der politisch linksstehende Zuckmayer, auch durch seine jüdische Großmutter akut gefährdet, führt mit dem eher unpolitischen Nur-Flieger Udet so manchen regimekritischen Dialog. Angewidert von den Parteibonzen, die auf dem Berliner Presseball vom 29. Januar 1933, unmittelbar vor Hitlers Ernennung zum Reichskanzler, stolzgebläht alle ihre alten Kriegsauszeichnungen zur Schau tragen, reißt sich Udet demonstrativ seinen Orden von der Brust und läßt ihn in der Fracktasche verschwinden.

Noch deutlicher stellen die beiden ihren Abscheu vor dem heraufkommenden braunen Terror unter Beweis, als sie einander 1936 in Berlin wiedersehen: Zuckmayer, seit drei Jahren in Österreich ansässig und mit Stücken wie »Der fröhliche Weinberg«, »Schinderhannes«, »Katharina Knie« und »Der Hauptmann von Köpenick« mittlerweile ein etablierter Autor, hat mit der Beschlagnahme und Vernichtung seines Romans »Salwàre oder Die Magdalena von Bozen« einen ersten Vorgeschmack dessen bekommen, was sich in Nazi-Deutschland zusammenbraut. Udet, seinerseits ein hoher Offizier der Luftwaffe, erscheint zu dem gemeinsamen Abendessen in Zivil und nützt die Gelegenheit, den Freund zu warnen: »Hier gibt es keine Menschenwürde mehr – geh weg aus Deutschland und komm nie wieder!«

Zuckmayer zeigt sich erstaunt und fragt zurück: »Und du? Was ist mit dir?«

Antwort: »Ich bin der Fliegerei verfallen. Ich kann da nicht mehr raus. Aber eines Tages wird uns alle der Teufel holen.«

Dann wird das Thema gewechselt, mit Alkohol weggespült. Zum Abschied umarmt man einander – es ist ihr letztes Zusammentreffen.

Fünf Jahre später ist Ernst Udet tot. Was die Nazis in der offiziellen Verlautbarung vom 18. November 1941 zum »Betriebsunfall« bei der »Erprobung einer neuen Waffe« umstilisieren, ist in Wahrheit der Verzweiflungsakt eines in ein verbrecherisches System Verstrickten, der nicht nur bei der obersten militärischen Führung in Ungnade gefallen, sondern sich inzwischen wohl auch über Leichtsinn und Schuldhaftigkeit seiner Mitläuferschaft klar geworden ist.

Udet ist gebürtiger Frankfurter. Sein Talent fürs Technische wird im Elternhaus geweckt: Der Vater ist Ingenieur. Zu Beginn des Ersten Weltkrieges bei der Motorradfahrertruppe, nutzt der Neunzehnjährige seine Ausbildung als Zivilflieger bei den Münchner Otto-Werken, um zur Flieger-Ersatzabteilung überzuwechseln: Mit gezählten 62 Abschüssen bringt er es bis zum Staffelkapitän. Nach dem Krieg, das seit dem Vertrag von Versailles über Deutschland verhängte Flugzeugbauverbot geschickt unterlaufend, zunächst in der eigenen Firma tätig, wendet er sich nunmehr der Kunst- und Schaufliegerei zu. Auch als Testpilot bewährt sich Udet, aus einer Photoexpedition durch Kenia und Tanganjika geht der Bildband »Fremde Vögel über Afrika« hervor, bei einem von den Amerikanern gedrehten Richthofen-Film übernimmt er die Rolle des Fachberaters, und als ihm, wieder in Deutschland, 1935 ein Spitzenposten im Reichsluftfahrtministerium angeboten wird, greift er zu und steigt bis zum Inspektor der Jagd- und Sturzkampfflieger, zum Chef des Technischen Amtes der Deutschen Luftwaffe und schließlich – im Range eines Generalobersten – zum Generalluftzeugmeister auf.

Natürlich kennt Udet den Preis, den er für seine steile Karriere zu zahlen hat: Als er 1935 seine Autobiographie »Mein Fliegerleben« herausbringt, verbindet er den bitteren *Rück*blick auf den verlorenen *Ersten* Weltkrieg mit einem stramm systemkonformen *Aus*blick auf einen hoffentlich um so triumphaleren Ausgang des *Zweiten*: »Wir sind Soldaten ohne Fahne gewesen. Wir haben unsere Fahne wieder ausgerollt. Der Führer gab sie uns zurück. Für die alten Soldaten lohnt es sich wieder, zu leben.«

Mit der »Schlacht um England« – Sommer 1940 – kommt der erste Rückschlag: Die deutsche Luftwaffe ist zwar für den »Blitzkrieg« gerüstet, nicht aber für die Bezwingung der Royal Air Force. Die Verluste der von Hermann Göring befehligten Luftstreitmacht sind katastrophal, Hitler rückt von seinem »Reichsmarschall« ab, und der braucht, seitdem sich auch an der Ostfront ein baldiges Debakel abzeichnet, einen Sündenbock. Udet zieht aus der ausweglos gewordenen Situation die ihm einzig möglich erscheinende Konsequenz: »Eiserner, Du hast mich verraten!« kritzelt er in der ihm eigenen Mixtur aus Schnoddrigkeit und Pathos aufs Kopfende seines Bettes, steigt in eine seiner Maschinen und stürzt sich mit ihr in den Tod.

Zuckmayer, der von alledem im amerikanischen Exil erfährt, stellt, als er sich entschließt, »Des Teufels General« zu schreiben, die Dinge über weite Strecken anders dar, und das ist ihm als Schriftsteller natürlich unbenommen. »Die Handlung«, so hält er in einem eigenen Vermerk zwischen Personenverzeichnis und Regieanweisung fest, »ist erfunden und – wie ihre Träger – nur zum Teil durch tatsächliche Ereignisse und lebende – oder tote – Personen angeregt.«

Über zwei Jahrzehnte später, als das Stück längst seinen Triumphzug über die deutschen (und nicht nur die deutschen) Bühnen und auch die Welle der dadurch ausgelösten Proteste hinter sich hat, formuliert er es noch schärfer: »Ich möchte darauf hinweisen, daß die Person Ernst Udets mich zwar zu der Gestalt des Generals Harras angeregt hat, jedoch keineswegs ein lebensechtes Porträt Udets darstellt. Harras ist eben keine biographische, sondern eine dramatisch erfundene Figur. Gewisse Grundzüge seines Wesens stimmen mit denen von Udet überein, aber es ist keine Modellarbeit.«

Was Zuckmayer eigentlich bewegt, ist die Frage, die er, der von den Gewissenskonflikten seines Freundes Ernst Udet verschont gebliebene Emigrant, an sich *selber* richtet: »Wie wäre dein eigenes Verhalten, dein eigenes Los, mit deinem Naturell, Temperament und Leichtsinn, hättest du nicht das Glück einer ›nichtarischen‹ Großmutter und stündest mittendrin?«

Die Antwort fällt – vor allem nach Ansicht der Zuckmayer-Kritiker – allzu nachsichtig aus. »Mein Lebensinhalt«, so läßt er seinen General Harras schwadronieren, »war immer die Fliegerei. Das hab ich gemacht von der Pike auf – schon als Freiwilliger im Jahre 14 – und nu kann ich's nicht mehr bleiben lassen. Das ist fast wie mit'm Schnaps.«

Oder: »Ein Nazi bin ich nie gewesen. Immer nur ein Flieger. Ich hab auch nirgends eingeheiratet, nie aus der Parteikasse gelebt, keinen Juden bestohlen und mir kein Schloß in der Uckermark gebaut. Ich bin ein Flieger, sonst nix. Und wem's nicht paßt, der kann mich …«

Oder auch: »Als die im Jahre 33 drankamen, da wußte ich genau, daß 'n kleiner Weltkrieg angerichtet wird. Na, und ich hab nun mal einen Narren dran gefressen – an der Fliegerei, meine ich. Luftkrieg ohne mich – nee, das könnt ich nicht aushalten. Daher – hab ich mir gesagt – man muß ja schließlich in der Ecke bleiben, in der man seine erste Runde angefangen hat. Man kann ja nicht gut auf der anderen Seite …«

Im übrigen redet er sich auf seine alte Mutter aus, der er nicht den Spaß an seinen Heldentaten und seinen Orden verderben könne, auf seine bis zuletzt durchgehaltene Weigerung, in »die Partei« einzutreten, auf seine Verdienste um die Rettung gefährdeter jüdischer Mitbürger, auf sein Verständnis für die Sabotageakte der Widerständler um den ihm unterstellten Luftfahrtingenieur Oderbruch.

Noch von Amerika aus knüpft Zuckmayer die ersten Kontakte, um »Des Teufels General« auf die Bühne zu bringen. 1946, inzwischen mit der Leitung einer Deutschland-Sektion im US-Verteidigungsministerium betraut, setzt er erstmals nach zehn Jahren seinen Fuß wieder auf heimatlichen Boden. Die Uraufführung des »Dramas in drei Akten« findet am 12. Dezember 1946 am Zürcher Schauspielhaus statt: Heinz Hilpert inszeniert, Caspar Neher besorgt die Ausstattung, Gustav Knuth spielt die Titelrolle. Im Premierenpublikum: die Freunde Lernet-Holenia und Csokor, der Verleger Henry Goverts, der Kulturhistoriker Carl Jakob Burckhardt, die Schicksalsgefährten Curt Goetz und Valerie von Martens. Die Kollegin Elisabeth Langgässer, Landsmännin des Rheinhessen Zuckmayer und so wie er von den Nazis geächtet, versteigt sich in ihrer Begeisterung zu dem Urteil, Harras gleiche einem »antiken Helden«; auch die Presse überschüttet Stück und Aufführung mit überschwenglichem Lob.

Damit »Des Teufels General« auch in Deutschland nach-

Der Harras der Uraufführung vom Dezember 1946: Gustav Knuth (hinten)

gespielt werden kann, muß die US-Kontrollbehörde, die durch das eventuelle Aufkommen einer »Generals- und Offizierslegende« ihr Umerziehungsprogramm gefährdet sieht, erst das entsprechende Verbot lockern: Auf der im ehemaligen Frankfurter Börsensaal errichteten Behelfsbühne gibt Ende November 1947 Martin Held der begehrten Rolle Statur. Bei einer 1950 erstellten Zwischenbilanz kommt man auf 3238 Vorstellungen des Zuckmayer-Reißers: »Des Teufels General« bricht in der Theaterliteratur der unmittelbaren Nachkriegszeit alle Rekorde. 1954 folgt Helmut Käutners Verfilmung des Stoffes – Curd Jürgens hat damit so sensationellen Erfolg, daß ihn ein großer

Teil des Kinopublikums für alle Zeiten mit der Figur des Harras identifizieren wird.

Zuckmayers Freude über seine schriftstellerische »Wiedergeburt« bleibt allerdings nicht ungetrübt: Im gleichen Maße, in dem sich die Soldatengeneration durch »Des Teufels General« als von Hitler mißbrauchte Opfer dargestellt und somit von Mitschuld freigesprochen fühlt, werfen kritische Stimmen dem Dichter Verharmlosung des Dritten Reiches im allgemeinen und Idealisierung der Titelfigur im besonderen vor. Seinen Einwand, »rein politische Stücke zu schreiben« liege »außerhalb seiner Vorstellung«, wollen und können sie nicht gelten lassen. Vor allem die akademische Jugend setzt ihm mächtig zu: Zwei Jahre lang eilt der heftig Attackierte von einer Diskussionsveranstaltung zur anderen, um seinen Kritikern Rede und Antwort zu stehen – mit der Folge, daß der Zweiundfünfzigjährige nach einer strapaziösen Versammlungstour durch Rheinland und Ruhrgebiet mit einem Herzinfarkt zusammenbricht.

Daran, daß sein Stück von vielen als »Entschuldigung eines gewissen Mitmachertyps« mißdeutet wird, kann natürlich Zuckmayer (der sich niemals wieder in Deutschland oder Österreich niederlassen, sondern seinen Lebensabend in der Schweiz verbringen wird) am allerwenigsten gelegen sein, und so nimmt er sich immer wieder den ursprünglichen Text vor und erarbeitet Neufassungen. Unter dem Eindruck der Auschwitz-Prozesse läßt er 1963 »Des Teufels General« sogar für jegliche weitere Aufführung sperren und gibt ihn, abermals revidiert, erst drei Jahre später frei. Widmet der 1969 erschienene Reclam-Schauspielführer dem Stück noch fünf engbedruckte Seiten und preist es als »eine virtuose Leistung des Dramatikers Zuckmayer«, so ist es dem Bertelsmann-Theaterlexikon von 1996 gerade noch eine kursorische Erwähnung wert, und gar die Zeitgeschichtler haben sich längst anderen Vorlagen zugewandt: »Des Teufels General« ist endgültig in den »Besitz« der Schauspieler übergegangen, denen Zuckmayer – wie immer man das Inhaltliche beurteilen mag – so begehrte Prachtrollen auf den Leib geschrieben hat.

Da kann es kaum verwundern, daß in Schauspielermetropolen wie Wien und Berlin – um nur zwei der neueren Remakes herauszugreifen – in den späten Neunzigern, also zwanzig Jahre nach Zuckmayers Ableben, das schon totgeglaubte Stück nochmals die Theaterkassen füllt. In Wien ist es Sieghardt Rupp, der, von Regisseur Otto Schenk geführt, im Theater in der Josefstadt einen knallig-hedonistischen Harras vom traditionellen Typ hinlegt, während in Frank Castorfs Berliner Volksbühne aus dem Macho-Mythos der fünfziger Jahre ein irrlichterndes Zwitterwesen der Spaßgesellschaft wird, dessen Part folgerichtig auf zwei geschlechtskonträre Darsteller aufgeteilt ist: Corinna Harfouch und Bernhard Schütz. Ja, auch so kann man »Des Teufels General« heute spielen.

HELMUT QUALTINGER
Der Herr Karl

Erinnern Sie sich noch an den »Herrn Karl«? Vor allem der älteren Generation, die »dies alles« selbst miterlebt hat, geht das Porträt des scheinbar gemütvollen, in Wahrheit abgefeimten Wiener Kleinbürgers, der bedenkenlos seine Vorteile aus dem NS-Regime zieht, unter die Haut. Für Helmut Qualtinger die Rolle seines Lebens, für unzählige Betroffene, die an diesem 15. November 1961 vor dem Fernsehapparat sitzen, ein Alptraum.

Eine heftige Protestwelle überzieht das Land; Theaterkritiker Hans Weigel resümiert: »Der ›Herr Karl‹ will einem bestimmten Typus auf die Zehen treten, und ein ganzes Volk schreit ›Au‹.«

Noch im selben Monat wechselt Qualtinger von seinem Platz vor der Kamera auf die Bühne: Das *Kleine Theater der Josefstadt im Konzerthaus* ist allabendlich ausverkauft. Auch andere Schauspieler versuchen sich an der Paraderolle des Geschäftsdieners, der an seinem Arbeitsplatz, dem Kellermagazin eines Delikatessenladens in der Inneren Stadt, einem imaginären Gegenüber seine miese Vita referiert.

Das Nachrichtenmagazin »Der Spiegel« geht, als das ZDF im März 1962 den ORF-Film »Der Herr Karl« nachspielt, als erstes der Frage nach, ob der Prototyp ein aus zeitgeschichtlichem Allgemeinwissen zusammengefügtes Kunstprodukt ist oder aber auf einem leibhaftigen Urbild basiert. Und siehe da, die Recherchen der Hamburger Re-

Helmut Qualtinger in der Rolle seines Lebens: als »Herr Karl« (zuerst vor der Fernsehkamera, bald auch auf der Bühne)

porter fördern Erstaunliches zutage: Der »Herr Karl« hat tatsächlich gelebt! Sein richtiger Name: Max ...

Es ist die Glanzzeit des Wiener Nachkriegskabaretts an der Schwelle der fünfziger zu den sechziger Jahren: »Brettl vorm Kopf« und »Glasl vorm Aug« heißen die Erfolgsprogramme des *Neuen Theaters am Kärntnertor*; Gerhard Bronner, Peter Wehle, Helmut Qualtinger und der um einiges ältere Carl Merz sind die Stützen des Ensembles. August 1961: Gerade ist das »Dachl überm Kopf« ausgelaufen, man geht in die Theaterferien. Einer der jüngeren Mitwirkenden, der Schauspieler Nikolaus Haenel, hat noch eine kleine Rolle am Volkstheater, dann ist er – bis zu seinem Engagement an einer Schweizer Bühne – für ein Vierteljahr arbeitslos. In der von einer Baronin Gerhardus betriebenen Delikatessenhandlung Ecke Führichgasse/Tegetthoffstraße, wo Haenel, der knapp dreiunddreißigjährige Qualtinger sowie eine Handvoll Musiker und Presseleute regelmäßig zu einem Steh-Achterl zusammentreffen, ist eine Stelle frei, und Haenel greift zu: Er klettert die Wendeltreppe zum Kellermagazin des Ladens (zu dem im Obergeschoß auch noch eine Nippesboutique gehört) hinunter und kümmert sich um den Lagerbestand, füllt die Regale nach, schreibt die Bestellzettel, übernimmt die Hauszustellung, wischt den Boden auf, ist Mädchen für alles.

57 12 77
„Top", Wein- u. Liqueurhandlung u. Boutique Elisabeth Gerhardus, I, Führichgasse 6 52 23 34

Bevor die drei Monate in der Firma »Top« um sind, schult er rasch noch seinen Nachfolger ein. Doch der – Max mit Vornamen, von Haenel als »mageres Männchen mit graumeliertem Schnauzbart, Glatzenansatz und Nickelbrille« beschrieben – erweist sich als wenig arbeitswillig. Weit mehr Geschmack findet er daran, dem scheidenden Kollegen seine Lebensbeichte aufzudrängen, und er tut es auf seine Weise: anschaulich-theatralisch. Begnügt sich also nicht mit bloßem Erzählen, sondern spielt ihm Szene für Szene seine Vergangenheit vor. Die beiden schäbigen alten Stockerln, die im Souterrain des Ladens herumstehen, dienen ihm dabei als Requisiten: Einmal stellen sie Waschtisch und Bett seiner Wohnung dar, ein andermal die Schilderhäuschen des Wachpostens während seiner Militärzeit in Norwegen.

Ob er will oder nicht – Haenel muß sich die Tiraden des

»Herrn Max« anhören, der sich seiner einstigen Verdienste als Katzenvertilger in einem Wiener Tierasyl, vor allem aber seiner »großen« Zeit als kleiner Parteigenosse rühmt. Und da er von seiner Zusammenarbeit mit Qualtinger her weiß, daß der seit längerem auf der Suche nach solch einem »Zeitzeugen« ist, weiht Haenel den Kollegen brühwarm ein. Bei mehreren Treffs im Restaurant »Halali« auf dem Neuen Markt füttert er ihn mit Details von den makabren »Vorstellungen« im Kellermagazin, und Qualtinger seinerseits gibt das »Material« an den Kollegen Carl Merz weiter, der es ohne Verzug (übrigens an derselben Adresse Führichgasse 6 wohnend, drei Etagen über dem Ladenlokal!) in die Schreibmaschine tippt. Nur den *Namen* des »Helden« ändert er: Aus dem Herrn *Max* wird ein Herr *Karl*. Eine der markantesten Figuren der österreichischen Nachkriegsdramatik ist geboren ...

Der Rest ist Schweigen. Niemand weiß heute mehr, wie der originale Herr Karl mit Familiennamen geheißen, ob er sich selber sein literarisches Konterfei an jenem denkwürdigen November-Abend 1961, vor dem Fernsehschirm sitzend, zu Gemüte geführt, wie er es verkraftet und ob es ihn womöglich gar nachdenklich gestimmt hat. Mit seinem Hinauswurf aus der Firma »Top«, wegen eines Spirituosendiebstahls wenige Wochen nach Dienstantritt fristlos entlassen, verliert sich seine Spur. Und auch am Originalschauplatz des »Herrn Karl« erinnert heute nichts mehr an jene düstere Episode von vor vierzig Jahren: Das Geschäft wechselt den Besitzer, das Lokal wird umgebaut, die »Bühnenrequisiten« des Herrn Max, die beiden alten Stockerln aus dem Kellermagazin, landen im Entrümpelungsgut.

Mozart nannte ihn Sarastro

WOLFGANG AMADEUS MOZART
Die Zauberflöte

Tyrann oder Gott, skrupelloser Entführer oder weiser Verzichtender, selbstherrlicher Popanz oder oberste moralische Instanz, dämonischer Guru oder metaphysischer Sachwalter alles Edlen und Guten – an keiner Figur der Opernbühne scheiden sich die Geister der Interpreten so sehr wie an Sarastro. Mit welcher Attitüde auch immer der Oberpriester des Sonnentempels dem »Zauberflöten«-Publikum gegenübertritt: Die Möglichkeiten des Regietheaters werden in diesem Punkt wohl niemals bis ins letzte ausgeschöpft sein. Das Libretto läßt der Deutung jedweden Spielraum: Schikaneders Regieanweisung lautet lakonisch: »zu märchenhaften Zeiten«. Nur der *Name*, für den sich das Duo Mozart/Schikaneder entscheidet, setzt gewisse Maßstäbe: Sarastro leitet sich vom griechischen Zoroastres (und dieser vom persischen Zarathustra) ab – wir hätten es also, hielten wir uns diesbezüglich streng an den Buchstaben, mit einem altiranischen Propheten und Religionsstifter zu tun.

Die Vermutung, daß Mozart bei der Figur des Sarastro – zumindest vordergründig – an die Nr. 1 unter den Wiener Freimaurern der Zeit, Ignaz von Born, gedacht und sie mit Zügen dieses überragenden Mannes ausgestattet haben dürfte, taucht zum erstenmal im Jahr 1865 auf – in den Schriften des Leipziger Predigers Moritz Alexander Zille. Der Jesuit Joseph Kreitmayer, der die Spur – er freilich in polemischer Absicht – weiterverfolgt, meint im Textbuch der »Zauberflöte« sogar »eine willkommene Propaganda für den Orden der Freimaurer« ausmachen zu sollen. Von da an zieht sich's wie ein roter Faden durch einen Großteil der Mozart-Literatur: Mit dem Sarastro – so zum Beispiel noch 1975 der aus Salzburg stammende Musikhistoriker Erich Schenk – habe der Meister seinem Gesinnungsgenossen Ignaz von Born »ein Denkmal gesetzt«. Wie bedauerlich nur, daß dieser selber es nicht mehr erlebt habe, sich auf der Bühne porträtiert zu sehen: Als am 30. September 1791 im Freihaustheater auf der Wieden die Uraufführung der »Zauberflöte« stattfindet, ist Born seit 68 Tagen tot (und auch Mozart nur noch 65 Tage unter den Lebenden). Es ist also müßig, über die Frage zu spekulieren, wie es wohl auf ihn, den »Prototyp«, gewirkt haben würde, wäre

Umstrittenes Sarastro-Urbild: der Wiener Gelehrte und Freimaurer-Vordenker Ignaz von Born

damals auch er im Zuschauerraum gesessen und hätte den Sarastro-Arien »In diesen heil'gen Hallen kennt man die Rache nicht« und »Zur Liebe will ich dich nicht zwingen, doch geb ich dir die Freiheit nicht« gelauscht.

Wer ist nun dieser »Ur-Sarastro«, dieser ominöse Ignaz von Born?

Am 26. Dezember 1742, also gut dreizehn Jahre vor Mozart, kommt er in Karlsburg im damaligen Siebenbürgen zur Welt; sein Vater, der k.u.k. Stuckhauptmann Ludwig Born, ist im Silber- und Goldabbau tätig. Nach dem Tod der Eltern übersiedelt der erst elfjährige Ignaz zusammen mit seinen zwei Brüdern nach Wien und bezieht dort das Jesuitengymnasium in der Oberen Bäckerstraße. 1760, nach erfolgreicher Examination am Novizenhaus St. Anna, beginnt seine Probezeit, doch noch vor Ablegung der Ordensgelübde bricht der junge Freigeist aus dem geistlichen Milieu aus, wechselt nach Prag über und wendet sich dort, wohl dem väterlichen Beispiel folgend, dem Studium der »gesamten Bergwissenschaften« zu.

Mit der Tochter des wohlhabenden Textilfabrikanten und Armeelieferanten Johann Paul von Montag in den Stand der Ehe tretend, wird er zweifacher Vater; schon mit siebenundzwanzig zum Ritter nobilitiert, wirkt er im Range eines Bergrats zunächst im ungarischen Schemnitz; es folgen Studienreisen in die Bergbauzentren von Banat und Siebenbürgen und schließlich leitende Positionen bei den obersten Montanbehörden in Prag und Wien.

Ein schwerer Arbeitsunfall, der seine Gesundheit lebenslänglich zerrüttet und wohl auch seinen frühen Tod – mit kaum neunundvierzig! – nach sich zieht, führt zu vorzeitiger Entlassung aus dem Staatsdienst. Doch Born weiß die ihm zugemessene Frist zu nützen: In der Wiener Hofapotheke durchgeführte Experimente versetzen ihn in die Lage, ein neuartiges Amalgamierungsverfahren zu entwickeln, das Kaiser Joseph II. per Dekret konzessioniert und das seinem Erfinder sogar Gewinnbeteiligung einräumt. Die Nr. 1 unter den Hüttenfachleuten der Zeit, gibt Born auch der Höhlenforschung, der Geologie, der Mineralogie, der Botanik, der Zoologie sowie weiteren Disziplinen der noch in den Kinderschuhen steckenden Naturwissenschaften wichtige Impulse, so daß es wohl nur eine logische Konsequenz ist, ihn eines Tages auch mit der Neuordnung des kaiserlichen Naturalienkabinetts zu betrauen.

Auch mit Fachpublikationen tritt der Hochbesoldete und mit einer Dienstwohnung in der Kärntnerstraße Versorgte hervor: Dem »Index Fossilium« folgen »Abhandlungen zur Aufnahme der Mathematik, der vaterländischen Geschichte und der Naturgeschichte« sowie die Herausgabe der »Prager gelehrten Nachrichten«; in seinem botanischen Garten zieht er exotische Gewächse auf, die Weitergabe seiner Mineraliensammlung an England trägt ihm die Ehrenmitgliedschaft der Londoner »Royal Society« ein, und auch die Gründung der Königlichen Böhmischen Gesellschaft der Wissenschaften geht auf Ignaz von Born (Pseudonym: Johannes Physiophilus) zurück.

Nicht minder bedeutsam ist seine Rolle in der Freimaurerbewegung – und damit nähern wir uns Mozart und dem »Zauberflöte«-Komplex. Man hat Ignaz von Born eine Art »Cheftheoretiker« des seit der Mitte des Jahrhunderts auch in Österreich in Blüte stehenden Männerbundes genannt. In Wien sitzt zwar mit Kaiser Joseph II. ein Vertreter des aufgeklärten Absolutismus auf dem Thron, dessen Reformen auf volle Glaubensfreiheit abzielen, andererseits ist er es, der die Klöster aufhebt und auch geheimbündlerischen Emanzipationsbestrebungen mit Mißtrauen begegnet. Sein im Dezember 1785 erlassenes Freimaurerpatent soll die Selbständigkeit der in Wien agierenden Logen einschränken und unter Kontrolle halten.

Während die Logenbrüder um Franz Joseph Graf Thun einem quasi religiösen Mystizismus zuneigen, vertritt Ignaz von Born, der schon mit achtundzwanzig (und zwar in Prag) in den Bund aufgenommen wird, einen mehr machtpolitisch ausgerichteten Pragmatismus naturwissenschaftlicher Prägung. Joseph II. billigt den Freimaurern zwar zu, daß sie »wirklich einiges Gute für den Nächsten, für die Armut und Erziehung« leisten, doch will er die Zahl der rivalisierenden Gruppen durch Zusammenlegung begrenzen, auch besteht er auf der Vorlage von Mitgliederlisten sowie auf gewissenhafter Anmeldung ihrer Veranstaltungen. Aufgeschreckt von mancherlei Querschüssen gegen die »Geheimnistuerei« und »Gaukelei« der »sogenannten Freimaurergesellschaften«, lösen sich mehrere Logen auf, anderen laufen die verängstigten Mitglieder davon.

Born, seit 1776 – von Maria Theresia dazu ausersehen, die Betreuung des k.u.k. Naturalienkabinetts zu übernehmen – in Wien ansässig, wird 1781 in die Loge »Zur Wahren Eintracht« aufgenommen und rückt im Jahr darauf zu deren Meister vom Stuhle auf. Der ihn bei den Wiener Logenbrüdern einführt, ist jener legendäre aus Äthiopien stammende Angelo Soliman, der, in den Diensten der Fürsten Lobkowitz und Liechtenstein stehend, im damaligen Wien eine stadtbekannte Erscheinung ist, nach seinem Tod ausgestopft werden und als Museumsschaustück ein makabres Nachleben fristen wird.

Born widmet sich seiner neuen Aufgabe mit großem Ernst und Ehrgeiz: Die Freimaurerloge »Zur Wahren Eintracht« entwickelt sich unter seinem Vorsitz zu einem geistigen Mittelpunkt Wiens. In den von ihm eingeführten »Übungslogen« sind die Mitglieder dazu angehalten, über die verschiedensten Gegenstände der Philosophie, der Moral und der Wissenschaften zu referieren; herausragende Vortragstexte werden im »Journal für Freimaurer« abgedruckt; der Förderung der Wissenschaften dient die von Born herausgegebene Schriftenreihe »Physikalische Arbeiten der einträchtigen Freunde in Wien«; allen Logenbrüdern stehen eine eigene Bibliothek und eine eigene Naturaliensammlung zur Verfügung.

Doch derselbe Mann, der als Gelehrter allerhöchsten Ansprüchen genügt, fühlt sich auch in den Niederungen wüstester Polemik wohl: Als Born in seiner »Neuesten Naturgeschichte des Mönchstums, beschrieben im Geiste der Linnäischen Sammlungen« die katholischen Ordensleute als »Zwischenglied zwischen Mensch und Affe« diffamiert, das »im Müßiggange gefüttert« werde, bricht in der Kirche ein Sturm der Entrüstung los, und einer seiner Gegner resümiert: »Wenn Born in die Laune geriet, Sarkasmen zu sagen, so hörte es sich ihm angenehm zu. Aber wehe dem Toren oder der Torheit, auf die sein Satyr fiel! Er hieb nicht etwa bloß mit Ruten – nein, er skalpierte seine Opfer.«

Auch die Methoden, deren sich Born bei der Führung seiner Loge bedient, sorgen für böses Blut in den eigenen Reihen: Briefe seiner Kritiker fängt er ab und verwendet sie gegen sie; wagt es einer, von der verordneten »Einförmigkeit der Denkart« abzuweichen, muß er sich als »Schwärmer« verunglimpfen lassen, den der »gerechte Zorn« treffen werde; und so ist es kein Wunder, wenn die Streitigkeiten und gegenseitigen Schuldzuweisungen innerhalb des

Bundes noch 1786 dazu führen, daß Ignaz von Born sein Amt niederlegt und den Freimaurern ein für allemal den Rücken kehrt.

Auch privat ist Borns Lebensabend von vielerlei Ungemach verdüstert: Seine stete Hilfsbereitschaft zehrt nicht nur sein Vermögen auf, sondern liefert ihn skrupellosen Wucherern aus; die Polyneuritis, die ihn seit jungen Jahren plagt, wächst sich zur totalen Lähmung aus; statt der ihm entfremdeten Gattin nehmen sich seine Töchter des Pflegefalles an; erst neunundvierzigjährig, stirbt der Reichsritter, wirkliche k.u.k. Hofrat und Edle Ignaz von Born am 24. Juli 1791 in seiner Wohnung im Gatterburgschen Haus Nr. 1144 (der heutigen Dorotheengasse 12).

Sein Biograph Johann Pezzl verabschiedet ihn mit den Worten: »Born war Allen Alles: Er hatte eine ganz natürliche, eine ihm besonders eigene Gabe, die Menschen zu fesseln. Leute, die gegen ihn gleichgültig oder wohl gar wider ihn eingenommen waren, wurden manchmal durch einen Umgang von wenigen Stunden mit ihm seine wärmsten Verehrer.«

Was hat nun dieser fraglos außergewöhnliche Mann, den der zeitgenössische Historiker Johann Friedrich Reichardt in einem Atemzug mit dem Botaniker Jacquin und den Komponisten Haydn und Gluck nennt, ja unter die größten Geister der Epoche reiht, mit Mozart, mit der »Zauberflöte« und gar mit der Figur des Sarastro zu tun?

Am 14. Dezember 1784, vier Wochen vor seinem neunundzwanzigsten Geburtstag, wird Wolfgang Amadeus Mozart Freimaurer. Zunächst Lehrling in der Wiener Loge »Zur Wohltätigkeit«, wird er schon einen Monat später zum Gesellen befördert. Meister vom Stuhle ist der kurpfälzische Schriftsteller Otto Freiherr von Gemmingen-

Hornberg, den Mozart – auf seiner Paris-Reise vor sechs Jahren – in Mannheim kennengelernt und zu dessen Melodram »Semiramis« er die Bühnenmusik beigesteuert hat. Die freimaurerischen Ideale weiß sich Mozart ohne größere Gewissenskonflikte zu eigen zu machen: Er ist zwar ein guter, aber doch auch ein entschieden freimütiger Katholik.

Die von Ignaz von Born geführte Loge »Zur Wahren Eintracht« teilt mit den Brüdern von der »Wohltätigkeit« nicht nur die Versammlungsräume, sondern man verkehrt auch untereinander, und als es im Mai 1785 gilt, Borns sogar vom Kaiser gewürdigte Erfolge auf dem Gebiet der Edelmetallgewinnung zu feiern, komponiert Mozart für den allseits Verehrten eine Kantate für Solostimme, Chor und Orchester, die unter der Bezeichnung »Maurerfreude« (Köchel-Verzeichnis 471) in die Musikgeschichte eingehen wird. Die Textvorlage hat der aus Böhmen stammende Weltpriester Franz Petran verfaßt; die erste Strophe lautet:

Sehen, wie dem starren Forscherauge
Die Natur ihr Antlitz nach und nach enthüllet,
Wie sie ihm mit hoher Weisheit
Voll den Sinn und voll das Herz mit Tugend füllet
Das ist Maurers Augenweide,
Wahre heiße Maurerfreude.

Es ist klar, daß solch hymnische Huldigung die beiden Männer nahe zueinander führt: Mit zunehmender Häufigkeit ist Mozarts Name nun auch in den Anwesenheitslisten der mit der »Wohltätigkeit« konkurrierenden »Eintracht« zu finden. Und Born seinerseits schreibt dem dreizehn Jahre Jüngeren ins Stammbuch:

»Süßer Apollo, bewirke, daß mit der Musik seiner Leier

auch die Zahl seiner glücklichen Tage und die Harmonie eines erwünschten Geschicks übereinstimmen ...«

Auch Mozarts Textdichter Emanuel Schikaneder steht dem Freimaurergedanken nahe. Seine Mitgliedschaft bei der Regensburger Loge »Die Wachsende zu den Drei Schlüsseln« erlischt allerdings nach nur neun Monaten – seines allzu lockeren Lebenswandels wegen. Die beiden Männer kennen einander von Salzburg her: Schikaneder, im Begriff, das Schauspiel »Thamos, König von Ägypten« aufzuführen, braucht dafür Zwischenaktmusiken und Chöre, Mozart soll sie ihm liefern.

Das Thema Ägypten tritt ein weiteres Mal – und nun noch um vieles nachdrücklicher – in seinen Gesichtskreis, als Mozart unter den Zuhörern eines Vortrages ist, den Ignaz von Born »Über die Mysterien der Ägypter« hält, und es spricht vieles dafür, daß er den kurz darauf in einem der Freimaurer-Journalbände abgedruckten Text, als er sich mit Schikaneder bezüglich des »Zauberflöte«-Librettos bespricht, auch diesem zur Kenntnis bringt. Born hätte somit nicht nur der wissenschaftlichen Orientalistik wertvolle Impulse verliehen, sondern auch die Opernliteratur der Zeit befruchtet – mit dem bemerkenswerten Nebeneffekt, daß Komponist wie Librettist in eine der Hauptfiguren, in das Bild des Halbgottes Sarastro, die Erinnerung an den Freimaurer-Vordenker jener Tage, Ignaz von Born, hätten einfließen lassen. Für den Born-Biographen Edwin Zellweker jedenfalls gibt es nicht den geringsten Zweifel: »Sarastro ist eine Spiegelung und Sublimierung dieses heute fast vergessenen österreichischen Forschers.«

Nicht alle Mozart-Biographen stimmen dieser These zu, und nicht wenige verweisen sie schnöde ins Reich des Spekulativen. Offen zutage liegt immerhin Mozarts vielfältiges

Wirken als »Hauskomponist« der Wiener Freimaurer: Allein im Entstehungsjahr der »Zauberflöte« schreibt er die Kantate »Die ihr des unermeßlichen Weltalls Schöpfer ehrt«, das von ihm selber anläßlich der Einweihung des neuen Tempels dirigierte Vokalwerk »Laut verkünde unsre Freude« sowie den Chor »Laßt uns mit geschlungenen Händen« (der über anderthalb Jahrhunderte später die Melodie der österreichischen Bundeshymne bilden wird). Schon vorher hat er, zum Gedenken an zwei verstorbene Logenbrüder, die »Maurerische Trauermusik« komponiert, und sicherlich wäre ihm noch manches weitere Einschlägige aus der Feder geflossen, wäre die von ihm beabsichtigte Gründung eines eigenen Geheimbundes »Die Grotte« nicht ein unausgeführter Plan geblieben.

Hoher Besuch

ALBERT LORTZING
Zar und Zimmermann

Beethoven, Brahms und Gluck – unter den aus Deutschland stammenden Wahlwienern von Rang stellen vor allem die *Komponisten* einen Löwenanteil. Auch der Berliner Albert Lortzing versucht in der Donaumetropole sein Glück: Franz Pokorny, der Direktor des Theaters an der Wien, hat dem Vierundvierzigjährigen einen Zweijahresvertrag als Kapellmeister angeboten; außerdem sollen in Wien dessen Opern »Der Waffenschmied« und »Undine« aus der Taufe gehoben werden.

Die Vorfreude auf die neue Wirkungsstätte ist groß, als Lortzing 1846 mit seiner neunköpfigen Familie anrückt: »Wie miserabel kommt mir jeder vor, der nicht in Wien engagiert ist!« schreibt er an einen seiner Freunde. Doch der Jubel weicht schon bald resigniertem Klagen über die korrupten Kritiker, über die Vorliebe des Publikums für italienische Musik und vor allem über die hohen Lebenshaltungskosten im Gastland.

Damit die Lortzings finanziell über die Runden kommen, müssen sie sich also nach Zusatzeinkünften umsehen: Gattin Rosina versucht sich – mitten in der Weltstadt Wien! – als Nebenerwerbsbäuerin. In den Stallungen, die ihrem Wohnhaus auf der Wieden attachiert sind, ist reichlich Platz für Nutzvieh: Man schafft sich Kühe an und verkauft an die Anrainer Frischmilch. Die Folge: Der Steuerbogen, den in späterer Zeit die Heimatforscher aus den Archiven ausgraben werden, weist Albert Lortzing nicht nur als Kapellmeister, sondern auch als »Milchmeyer« aus …

Das einzige, was ihm in diesen zwei Jahren in der Reichshaupt- und Residenzstadt ungetrübte Freude bereitet, ist der anhaltende Erfolg seiner nun schon neun Jahre alten Oper »Zar und Zimmermann«: Das verwöhnte Hofopernpublikum im Kärntnertortheater jubelt dem Spiel vom Zimmermannsgesellen, der sich als Kaiser entpuppt, mit noch größerem Enthusiasmus zu als die Leipziger, die bei der Uraufführung am 22. Dezember 1837 den Komponisten auch als Darsteller erleben durften: Lortzing sang die Partie des Vagabunden Peter Iwanow.

Ja, er ist schon ein wahrer Tausendsassa, dieser Sprößling eines von Stadt zu Stadt ziehenden Berliner Schauspielerehepaares: Die starken Schwankungen des Familienbudgets mit Honoraren als Notenkopist ausgleichend, findet auch der Junior bereits früh Unterschlupf auf der Bühne, singt da und dort Tenor- und Buffo-Partien, und noch als Minderjähriger schreibt er seine erste eigene Musik: Chor und Tanz zu dem Kotzebue-Schauspiel »Der Schutzgeist«.

Auf den Stoff zu »Zar und Zimmermann«, seinem erfolgreichsten Werk Marke heitere Spieloper, stößt Lortzing schon mit neunzehn, als er in der deutschen Fassung des Pariser Singspiels »Der Bürgermeister von Sardam« die Rolle des französischen Gesandten Chateauneuf übernimmt, der dem als Zar entlarvten Handwerksburschen seine Aufwartung machen will. Als er sechzehn Jahre später darangeht, selber aus der zugkräftigen Verwechslungskomödie – und zwar in Personalunion von Librettist und Komponist – eine Oper zu machen, hat er sich gegen stärkste Konkurrenz durchzusetzen: In Wien hat man »Die Jugendjahre Peters des Großen«, in Straßburg »Der Kaiser als Zimmermann«, in Parma und Lissabon »Pietro il Grande«, in Paris »Pierre le Grand« und in Neapel gar Donizettis »Il Borgomastro de Saardam« auf die Bühne gebracht. Doch Lortzings Wagemut, dem Überangebot zum Trotz den abgegriffenen Stoff für eine eigene Variante aufzugreifen, macht sich bezahlt: Mit »Zar und Zimmermann« sticht er alle seine Mitbewerber aus – und das auf Dauer.

Die Geschichte ist aber auch zu schön! Und noch etwas: Sie ist im Kern historisch, hat sich wirklich zugetragen. Anno 1697/98 in dem holländischen Schiffbauerstädtchen Zaandam …

Peter I., den man später »den Großen« nennen wird, ist vierundzwanzig, als er im Kreml die Macht übernimmt. Bis zum frühen Tod seines Halbbruders Iwan hat er sich mit dem Schwachsinnigen den Thron geteilt, nun ist er endlich der alleinige »Zar aller Reußen«. Der junge Mann hat ehrgeizige Pläne: Durch einen Schweizer Glücksritter namens François Lefort unter den Einfluß der in Moskau etablierten Ausländerkolonie geraten, will er seinem rückständigen Land einen kräftigen Modernisierungsschub verpassen und dessen jahrhundertelange Abschottung vom Westen beenden, und dazu wird es nötig sein, sich von der hochentwickelten Zivilisation solcher Staaten wie England, Holland und Preußen persönlich ein Bild zu machen. Das ist freilich leichter gesagt als getan: Bis in die allerhöchsten Kreise Rußlands gelten Auslandsreisen zu dieser Zeit als streng verpönt. Es bleibt ihm also nichts anderes übrig, als die geplanten Inspektionen *inkognito* durchzuführen.

270 Mann zählt der Troß, der im März 1697 in Richtung

Im Haus des Zimmermanns Gerrit Kist fand der streng inkognito reisende Zar Unterschlupf

Westen aufbricht: Angeführt von dem schon erwähnten »Sonderbotschafter« Lefort, gehören der Delegation auch 55 Edelleute und »Volontäre« an, darunter ein subalterner Unteroffizier namens Peter Michailow, hinter dessen Namen und Maske sich niemand anderer als der solcherart aller protokollarischen Pflichten ledige Zar verbirgt. Wenn es also darum geht, in den westlichen Machtzentren wichtige Kontakte anzuknüpfen, die diversen Hauptstädte zu besichtigen und deren Errungenschaften zu inspizieren, bleibt der eigentliche Drahtzieher des ungewöhnlichen Unternehmens stets im Hintergrund und kann auf diese Weise um so ungestörter Eindrücke sammeln.

Über Riga, Memel und Königsberg erfolgt die Anreise, am Morgen des 18. August 1697 trifft man zu einem Abstecher im Zentrum des niederländischen Schiffsbaues, dem wenige Kilometer nordwestlich von Amsterdam gelegenen Städtchen Zaandam, ein. Der Zar, der schon in Moskau seine Verbindungen zu den dort lebenden Handwerkern aus Deutschland und Holland dazu verwendet hat, ihnen bei der Arbeit über die Schulter zu schauen, will sich in seinen eigenen Fertigkeiten vervollkommnen, und wo könnte er das besser als in der Heimat dieser ebenso kenntnisreichen wie fleißigen Leute, wo Schiffsbau und Seekriegsführung einen beneidenswerten Höchststand erreicht haben?

Um die acht Tage, die für den Aufenthalt in Zaandam vorgesehen sind, optimal zu nutzen, beziehen Peter und sein Gefolge in einer einfachen Herberge Quartier, streifen sich eiligst herbeigeschaffte Seemannsanzüge über, blicken sich zum Schrecken der Einheimischen ungeniert in deren Häusern und Werkstätten um, mieten ein Segelboot, um Leben und Treiben in der Bucht zu erkunden, und einige aus der Eskorte, darunter der unerkannte Zar, verdingen sich sogar bei einer der Schiffswerften, um den dortigen Zimmerleuten ihre Berufsgeheimnisse abzuluchsen. Gerrit Claesz Pool, Werkmeister bei der Firma Lijnsz, Teeuwisz & Rogge, ahnt nicht, daß es der Kaiser von Rußland ist, dem er da – unter dessen Decknamen Peter Michailow – per Zertifikat bescheinigt, er habe sich »als ein fleißiger und tüchtiger Zimmermann benommen«, sei im »Hobeln, Behauen, Bohren, Sägen, Stoßhölzeranlegen, Bröwen und Abkrabben« ebenso unterwiesen worden wie in den Feinheiten der Schiffsarchitektur und Zeichenkunst und habe mit seiner Hände Arbeit sogar zur Fertigstellung einer im Bau befindlichen Fregatte sein Teil beigetragen.

Noch Monate nach der Abreise der seltsamen Fremdlinge bleibt das »Russenspektakel« im kleinen Zaandam das beherrschende Tagesgespräch – und nicht nur unter den örtlichen Handwerkern, sondern auch in den Wohnhäusern, wo die ungebetenen Gäste Unterkunft gefunden, und in den Schlafkammern der Dienstmägde, wo sie, so manchen Dukaten hinterlassend, der Sinneslust gefrönt haben.

Wien ist die nächste Station – hier allerdings muß überstürzt zur Heimreise geblasen werden: Die Strelitzen, so wird aus Moskau gemeldet, sind dringend in ihre Schranken zu weisen, die aufmüpfige kaiserliche Leibgarde bereitet eine neue Revolte vor.

Auch andere Aufgaben warten in der Heimat auf den Zaren: Unter dem Eindruck seiner Studienreise geht er nun mit verstärkter Kraft daran, Land und Leute nach westlichem Vorbild umzumodeln. Peter I. stellt den russischen Kalender aufs christliche Zeitmaß um, aus 7208 wird das Jahr 1700, und statt wie bisher am 1. September wird fortan am 1. Januar Neujahr gefeiert. Seinen Höflingen verbietet er das Tragen von Vollbärten – beim gemeinen Volk eckt er damit allerdings an, sie sehen darin einen gotteslästerlichen Übergriff, und da nicht einmal die von ihm verhängte Bartsteuer Wirkung zeigt, geht Seine Majestät dazu über, ständig eine Schere bei sich zu tragen und, wo immer er auf widerspenstige Untertanen trifft, eigenhändig deren Bart zu stutzen. Ähnlich verfährt er mit dem chirurgischen Instrumentarium, das er von seiner Reise mitgebracht hat: Es bereitet ihm größte Lust, sowohl bei Obduktionen wie bei Operationen selber mit Hand anzulegen, und die Chroniken berichten sogar von Fällen, wo Zar Peter wildfremden Menschen mit geschwollener Backe, denen er in den Straßen von Moskau begegnet, gegen deren Willen die faulen Zähne zieht.

Natürlich beschränkt sich das Reformwerk Peters I. nicht aufs anekdotisch Überlieferte: Er gründet Schulen, setzt Kommissionen zur Bekämpfung von Amtswillkür und Korruption ein, tüftelt an einer neuen Rechtsordnung, verbannt unfähige Beamte nach Sibirien, läßt wissenschaftliche Werke aus Deutschland, Frankreich und den Niederlanden ins Russische übersetzen, gründet das erste öffentliche Theater von Moskau und läßt schließlich – Krönung seines Lebenswerkes – im Sumpfgebiet der Newa-Mündung Rußlands künftige Hauptstadt errichten, die seinen Namen tragen wird: St. Petersburg.

Ins kleine Zaandam, wo er sich die nötigen Kenntnisse für den nun auch in Rußland aufblühenden Schiffsbau geholt hat, kehrt Peter I. noch weitere zwei Mal zurück; zunächst ein Jahr nach der ersten Visite und schließlich 1717 (da hat er bereits seine spätere Gattin und Nachfolgerin Katharina an seiner Seite). Die Bürger von Zaandam, die es nun nicht mehr mit einem vermeintlichen Zimmermannsgesellen, sondern mit einem der mächtigsten Potentaten der Welt zu tun bekommen, wissen die große Ehre zu schätzen: Das *Czaar Peter Huisje* dicht am Ufer der Zaan – exakte Adresse: Up de Krimp Nr. 24 – zählt bis zum heutigen Tag zu den bestgehüteten Nationalheiligtümern der Niederlande. Es ist das winzig kleine Anwesen jenes Zaandamer Zimmermanns Gerrit Kist, in dem der Schiffsbauergeselle Peter Michailow alias Zar Peter I. während seines ersten Aufenthalts in dem holländischen Städtchen anno 1697 Quartier bezogen hat.

Das ganz aus Holz gezimmerte Häuschen mit dem übergroßen Rauchfang, dem steilen Rundziegeldach und den Puppenstubenfenstern wechselt in der Folgezeit mehrmals den Besitzer, bis es schließlich so etwas wie eine russische Exklave wird: Der niederländische König Willem I. macht den kleinen Besitz der mit seinem gleichnamigen Sohn verehelichten Großfürstin Anna Paulowna zum Geschenk, und Zar Nikolaus II. wird ihn gar mit einer Schutzmauer versehen, der die mit der Zeit brüchig werdende Holzkonstruktion vor Sturmschäden bewahren soll.

Drei Dinge sind es vor allem, auf die keiner der Wärter, die jahraus, jahrein die aus aller Welt herbeiströmenden Touristen durch das *Czaar Peter Huisje* geleiten, hinzuweisen versäumt: Da ist einmal die für einen Zwei-Meter-Hünen wie Peter I. viel zu niedrige Pforte, sodann die winzige Bettnische, in der er nur mit angezogenen Knien, wenn nicht überhaupt nur im Sitzen geschlafen haben kann, und schließlich – Reminiszenz an Napoleons Besuch der historischen Stätte – die hölzerne Wandtafel mit dem sowohl in Russisch wie in Niederländisch festgehaltenen Ausspruch »Nichts ist dem großen Mann zu klein«.

Butterfly hat überlebt

GIACOMO PUCCINI
Madame Butterfly

450000 Einwohner zählt Nagasaki – es ist ein Bruchteil jener Touristenströme aus aller Welt, die Jahr für Jahr in der südwestjapanischen Hafenstadt haltmachen, um zu Lande und zu Wasser die örtlichen Sehenswürdigkeiten aufzusuchen und im Bild festzuhalten. Das Straßenbahnnetz ist vorzüglich ausgebaut und verbindet fast alle wichtigen Punkte miteinander; eiligere Besucher buchen eine der drei- beziehungsweise fünfstündigen Bus-Touren, die Hafenrundfahrt mit dem Aussichtsboot dauert gar nur 50 Minuten.

Die zwei Stops, die bei keinem der vielen Besichtigungsprogramme fehlen, sind das 1963 im Norden der Stadt errichtete Atombombenmuseum, das an die Opfer der Katastrophe vom 9. August 1945 gemahnt, und der eine sanfte Erhebung an den südlichen Ausläufern von Nagasaki beherrschende Glover-Garten mit seinen üppigen Parkanlagen, seinen Fischteichen, seinen historisch getreu restaurierten Häusern aus der zweiten Hälfte des 19. Jahrhunderts, seinen Klettersteigen und Denkmälern.

Schon an den Eintrittsgeldern, die den Touristen abverlangt werden, ist abzulesen, welches von beiden das attraktivere, welches das begehrtere Ziel ist: Während für die Besichtigung der Photo-Displays, die dem von der Bombe devastierten Nagasaki das unversehrt-friedliche von einst gegenüberstellen, 200 Yen eingehoben werden, kostet das Ticket für den Glover-Garten mit all seinen an Disneyland erinnernden Attraktionen das Dreifache.

Ist allein schon der unübertreffliche Blick auf den Hafen und dessen lebhaft-pittoresken Schiffsverkehr die 600 Yen wert, die der Besucher zu berappen hat, so wird der Rundgang durch das weitläufige Gelände vollends zum Erlebnis, wenn der Gast – zumal der aus Europa anreisende – ein Opernliebhaber ist. Denn das Glover-Haus, das, nur wenige Schritte von der 1864/65 errichteten katholischen Kirche entfernt, den Hügel krönt, gilt – so erfährt der Tourist schon aus seinem Reiseführer – als der Originalschauplatz der Puccini-Oper »Madame Butterfly«, und die Statue der wohl berühmtesten Cio-Cio-san-Darstellerin des Landes, Miura Tamaki, sowie die Puccini-Gedenktafel aus italieni-

Statue im Glover-Park zu Nagasaki: Miura Tamaki, Japans berühmteste Butterfly-Darstellerin

schem Marmor tun ein übriges, die Legende zu erhärten, hier und nirgendwo sonst habe sich die historisch gesicherte Tragödie jener reizenden jungen Geisha zugetragen, die mit dem vorübergehend in Nagasaki stationierten US-Marineoffizier Franklin Benjamin Pinkerton in den Stand der Ehe tritt, kurz nach dessen Heimreise Mutter eines Kindes wird, mehr als drei Jahre auf die Rückkehr des Gatten und Vaters wartet und schließlich, von diesem schnöde getäuscht und verlassen, aus ihrer Misere keinen anderen Ausweg sieht, als nach dem von ihrer Familie ererbten Harakiri-Dolch zu greifen und ihrem verpfuschten Leben ein Ende zu machen.

»Die japanische Hafenstadt Nagasaki um das Jahr 1900« – so lesen wir im Textbuch der Puccini-Librettisten Luigi Illica und Giuseppe Giacosa. Und wir lesen weiter:

Aus der Roman-Butterfly von John Luther Long machte der Dramatiker David Belasco (Bild) eine Bühnenfigur

»Nach einer Erzählung von John Luther Long und deren theatergerechter Umgestaltung durch David Belasco.«

Da haben also ganz schön *viele* mitgemischt – ob es da nicht verdammt schwer sein wird, nach so langer Zeit noch den Kern der Story bloßzulegen? Einer Story, von der wir jedenfalls wissen (oder zu wissen glauben), daß sie auf tatsächlichen Geschehnissen beruht.

Blenden wir zurück ins Japan um die Mitte des 19. Jahrhunderts: Es ist die Zeit, da sich der von der übrigen Welt total abgeschottete Inselstaat nach außen öffnet: In den Häfen erhalten erstmals auch amerikanische Frachter Einfahrt, christliche Missionare aus Europa werben für ihren Glauben und nehmen Taufen vor, mit dem Ende der Herrschaft der Shogune und der Rückkehr des Tennos nach Tokio (1867) geht ein Rausch rasanter Verwestlichung durchs Land. Die USA errichten in Shimoda ein Konsulat; Townsend Harris heißt der erste Geschäftsträger, der mit den Japanern die jahrhundertelang verweigerten Handelsverträge abschließt.

Die Fremden, die nun in zunehmender Zahl ins Land einreisen, sind allerdings ihrer eigenen Gerichtsbarkeit unterstellt, und das macht im Gastland böses Blut: Während auf der einen Seite der Export japanischer Seide, japanischen Tees und japanischer Edelmetalle wirtschaftlichen Aufschwung bringt, führt das präpotente Auftreten des »weißen Mannes« vielerorts zu ausländerfeindlichen Reaktionen.

In Nagasaki, das mit seinem florierenden Außenhandelsverkehr im Begriff ist, sich zu einer Art »Tor zum Westen« zu entwickeln, wird die aus Kaufleuten, Schiffskapitänen und Diplomaten rekrutierte »fünfte Kolonne« von einem schottischen Unternehmer namens Thomas Blake Glover angeführt, der einen Großteil des Export-Import-Geschäfts abwickelt: Gold und Silber gegen Schiffe und Waffen. Aus Schanghai führt er die ersten Dampflokomotiven ein, aus England modernstes Gerät für den Bergbau; aus der Schiffswerft, die er fachlich berät, wird in späteren Jahren der Weltkonzern Mitsubishi hervorgehen. Auch als Glover mit seiner Firma in den Bankrott schlittert, bleibt er als Regierungskonsulent im Lande und wird als erster Ausländer mit dem exklusiven Orden der aufgehenden Sonne ausgezeichnet. Auf einem Hügel im Süden von Nagasaki errichtet er seine mit allem Luxus ausgestattete Residenz – es ist jener von märchenhaften Parkanlagen gesäumte Besitz mit Blick auf den Hafen, der dem heutigen Japan-Touristen als Originalschauplatz der »Butterfly«-Tragödie vorgeführt wird.

Die Fremden, die zu jener Zeit nach Japan einströmen, berichten den Angehörigen in der Heimat natürlich nicht nur von ihren Geschäftsabschlüssen, ihren Firmengründungen und ihrem nicht immer konfliktfreien Umgang mit den Einheimischen, sondern auch von der eigenartigen Kultur des Gastlandes: den Tempeln und Schreinen, den Teehäusern, den Kirschblüten und dem Schneegipfel des Fudschijama, und clevere japanische Standphotographen finden rasch heraus, wie ihre zahlungskräftige Klientel am effektvollsten ins Bild zu setzen ist. Die Folge: Japan wird zu einem begehrten Reiseziel, romantische Schnappschüsse mit Geishas, die im typischen Outfit ihres Standes – rubinrot gefärbte Lippen, Lackhaar, Kopfschmuck, Reispudermaske und Kimono – den Partner verzückt anhimmeln, zum unabdingbaren »must«.

Vorreiter dieser von allen einschlägigen Klischees mitgeprägten Mode ist ein fünfunddreißigjähriger Franzose namens Julien Viaud, der unter dem Pseudonym Pierre Loti bereits eine Reihe stimmungsvoller Reiseromane vorgelegt hat und nun, im Sommer 1885, für einige Monate auch in Nagasaki Station macht, dort eine blutjunge Japanerin heiratet und über das Leben an der Seite seiner O-Kiku-san zwei Jahre darauf ein Buch schreibt, das unter dem Titel »Madame Chrysanthème« zu einem Riesenerfolg wird. Allein die französische Ausgabe erreicht binnen weniger Jahre 25 Auflagen.

Weltenbummler Loti, der sich zuvor schon in etlichen anderen exotischen Ländern, darunter China, umgesehen hat, macht es sich zur Angewohnheit, sich überall eine einheimische Geliebte zuzulegen – natürlich nur, »um den jeweiligen Volkscharakter kennenzulernen«. Kann es bei so viel Arroganz verwundern, daß der Herr Marineoffizier nach Ablauf seiner Tage in Nagasaki froh ist, seine Gespielin wieder los zu sein? Aber auch *sie* hat wenig Mühe, über das abrupte Ende der Beziehung hinwegzukommen: »Chrysanthème« zieht sich in ihre Gemächer zurück und zählt das vom Ex-Liebhaber hinterlassene Geld.

Ein Landsmann von Loti, der drei Jahre jüngere Komponist André Messager, macht aus der nur in punkto Landschafts- und Brauchtumsschilderung romantischen, ansonsten aber ernüchternden Geschichte eine Oper, die ebenfalls ein aufgeschlossenes Publikum findet, und da Messager zur Zeit der Niederschrift seiner Partitur in der Villa d'Este bei Rom weilt, wo sich gerade auch sein italienischer Kollege Giacomo Puccini aufhält, dürfte es bei dieser Gelegenheit zu dessen erster Berührung mit dem »Butterfly«-Sujet kommen.

Auch in England kommen asiatische Love-Storys in Mode: Clive Holland bringt seinen Roman »My japanese wife«, Sidney Jones seine (1896 in Wien uraufgeführte) Operette »Die Geisha« zu Papier: Da ist also auch der Boden bereitet für die literarische Ausschlachtung eines weiteren japanischen Frauenschicksals, dessen Kunde um die Jahreswende 1897/98 via Amerika nach Europa dringt. Es ist die Tragödie einer jungen Geisha aus Nagasaki, die, von einem US-Marineleutnant »freigekauft«, mit diesem in den Stand der Ehe tritt, einen Buben zur Welt bringt, von ihrem Mann im Stich gelassen wird, nach Jahren vergeblichen Wartens auf dessen Rückkehr erfahren muß, daß der Treulose in Amerika verheiratet ist, und daraufhin den Entschluß faßt, aus dem Leben zu scheiden. Nur ihr inzwischen herangewachsenes Kind kann sie im letzten Augenblick (und hierin weicht Puccinis »Madame Butterfly« von der Realität ab) von ihrem Verzweiflungsschritt abhalten.

Während die Identität des Pinkerton-Urbildes (in der deutschen Version von Puccinis Oper wird aus ihm – wohl des sprachlichen Wohlklanges halber – ein Linkerton) ungeklärt ist und wohl auch für immer ungeklärt bleiben wird, sind Person, Lebensdaten und Lebensumstände der originalen Cio-Cio-san exakt überliefert. Tsuru Yamamura lautet ihr Name; am Neujahrstag 1851 kommt sie in Osaka zur Welt, wo ihr Vater einem der dortigen Geisha-Häuser vorsteht. Nach der für sie so enttäuschend verlaufenen Affäre mit »ihrem« Amerikaner, die sich um 1870 zugetragen haben muß und die sie – im Gegensatz zu dem in der Opernhandlung blutig vollzogenen Selbstmord – überlebt, tritt sie in die Dienste des schon erwähnten Großhandelsunternehmers Thomas Blake Glover, der nicht nur Tsuru (auf deutsch: Kranich) zur Frau nimmt, sondern auch ihr vaterloses Kind adoptiert. Am 23. März 1899 stirbt Tsuru Yamamura-Glover alias Cio-Cio-san; auch ihr Grab auf dem Friedhof von Nagasaki wird ein Opfer des Atombombenabwurfs vom Sommer 1945. Die einzige Spur ihres wechselvollen Daseins, die sich erhalten hat, ist das Glover-Haus, in dem sie für den Rest ihrer Tage Ruhe und Frieden findet.

Woher wir dies alles wissen? Über einen befreundeten Kaufmann, der im Glover-Haus ein und aus geht, kommt der Fall Tsuru Yamamura der Frau des methodistischen Missionars Irving Correll zu Ohren, der seit 1873 in Japan lebt und seit 1892 die Chinzei-Gakukan-Schule in Nagasaki leitet, zu deren Absolventen vor Jahren auch der junge Glover gezählt hat (Corrells *eigener* Sohn wird 1921 US-Konsul in Nagasaki).

Mrs. Correll, eine geborene Long aus Philadelphia, ist die Schwester des amerikanischen Schriftstellers John Luther Long, und dem berichtet sie, als sie wieder einmal auf Heimaturlaub in den USA weilt, von dem Gehörten. Long, zu dieser Zeit ein Mann von sechsunddreißig, greift ohne Zögern den Stoff auf und verwertet ihn, ohne jemals selber einen Fuß auf japanischen Boden gesetzt zu haben, zu einer Novelle, die im Januar 1898 unter dem Titel »Madam Butterfly« in der vielgelesenen amerikanischen Zeitschrift »Century Magazine« erscheint. Es folgt die Buchfassung – die 10000 Exemplare der Erstauflage sind im Nu vergriffen.

Unter den vielen, denen die Story unter die Haut geht, ist auch der amerikanische Regisseur, Impresario und Dramatiker David Belasco: Er erwirbt von Long das Recht zur Dramatisierung der Novelle, und schon am 5. März 1900 geht im New Yorker »Herald Square Theatre« die Uraufführung des Stückes über die Bühne. Auch hier ist der Erfolg so enorm, daß Belasco und seine Truppe sich alsbald zu einem England-Gastspiel entschließen: Über Monate ist das Londoner »Duke of York Theatre« Abend für Abend ausverkauft.

Der Zufall will es, daß zu ebendieser Zeit Giacomo Puccini, demnächst 42 Jahre alt, in der englischen Hauptstadt zu Besuch ist: In Covent Garden haben die Proben zur Erstaufführung seiner Oper »Tosca« begonnen. Frank Nielson, der Direktor der renommierten Bühne, macht seinen illustren Gast auf das Zugstück im »Duke of York Theatre« aufmerksam, und der besorgt sich daraufhin ein Billet für die 60. Vorstellung.

Obwohl Puccinis Sprachkenntnisse nicht im entferntesten für das Verständnis eines englischen Bühnentextes ausreichen und Autor Belasco seine Hauptfigur, um deren fernöstliche Herkunft zu unterstreichen, ein schauerliches »Pidgin-English« sprechen läßt, ist die mit bloßem Auge wahrnehmbare Handlung des Dramas durchsichtig genug, um Puccini aufs tiefste zu erschüttern: Ohnedies auf der Suche nach einem neuen Opernstoff, verständigt er auf der Stelle seinen Mailänder Verleger Ricordi und bittet diesen, die nötigen Schritte einzuleiten, um das Vertonungsrecht für »Madam Butterfly« zu erhalten. Am 7. April 1901 ist es soweit: Luigi Illica und Giuseppe Giacosa, seine beiden bewährten Librettisten, können sich an die Arbeit machen ...

Die Welt von Porgy und Bess

GEORGE GERSHWIN
Porgy und Bess

Pure and fragrant – man brauche nur etwas genauer hinzusehen, dann könne man ihn gut entziffern, den Reklameslogan auf der ausgedienten Seifenkiste. »Rein und wohlriechend«. Und das bei einem Ziegenbock als Zugtier!

Mrs. Patience, vom *Charleston City Guide Service* dazu ausersehen, mir bei der Erkundung der Welt von *Porgy and Bess* zur Hand zu gehen, kichert, und sie scheint ähnliches auch von mir zu erwarten. Als Vollblut-Amerikanerin ist sie auf Erfolgserlebnisse aus und wünscht, daß ihre Pointen Beifall finden.

In diesem speziellen Fall ist ihr Verlangen doppelt berechtigt: Mehrere Nachmittage, so vertraut sie mir an, habe sie in den Bibliotheken und Archiven der Stadt zugebracht, Gott und die Welt ausgefragt, sogar eigens das Buch noch einmal gelesen – und alles bloß, damit sie dem Gast aus Europa nur ja keine Antwort schuldig bleibe.

Ich zeige mich erstaunt: Wie – die Stadtführer von Charleston sollten die *Porgy-and-Bess*-Nummer nicht griffbereit haben?

Eben nicht. Sie habe sich das Thema hart erarbeiten müssen. Aber nun sei sie froh darüber: Nun kenne sie sich aus, habe eine Menge dazugelernt. Ehrlich, sie sei mir richtig dankbar dafür.

Jetzt dämmert mir auch, wieso in den Prospekten von Charleston die Sache immer nur am Rande erwähnt wird: Sollte die *Segregation* in diesem Williamsburg des Südens immer noch so wirksam sein, daß die »weiße« Fremdenverkehrswerbung nur wenig Neigung zeigt, für eine »schwarze« Attraktion zu trommeln?

Noch etwas fällt mir auf: Das Deckblatt des örtlichen Stadtrundfahrtprospekts von 1972 zeigt eine Straßenszene aus dem alten Charleston, auf dem Trottoir eine schwarze Blumenfrau. Der gleiche Prospekt, Jahre später, zeigt die gleiche Szene – nur ohne Blumenfrau. Wegretuschiert, ausgespart. An den *Flower Ladies* selber kann's nicht liegen: Auf dem Gehsteig neben dem *U.S. Post Office* sehe ich sie nach wie vor Morgen für Morgen in Stellung gehen, geduldig ihre frische Blütenpracht bewässernd, und wenn es auch keine ausufernden Gesänge mehr sind, sondern nur noch knappe Zurufe, mit denen sie die Passanten auf ihre Ware aufmerksam machen: Ein Stückchen Stadtbild sind sie allemal. Was also ist es dann, was sie auf einmal aus »ihrem« Prospekt verbannt hat?

Mrs. Patience mag darin keine böse Absicht erblicken. Und zum Beweis ihrer Unbefangenheit hebt sie an, das Bild des Bettlers Sammy Smalls, dessen äußere Erscheinung für die männliche Hauptfigur der Oper *Porgy and Bess* Pate gestanden ist, in den zärtlichsten Farben zu schildern. Als ob ich nicht genau wüßte, was für ein Halunke er in Wirklichkeit gewesen ist ...

Pure and fragrant – der Bettlerkrüppel Sammy Smalls sah keinen Grund, den alten Werbespruch zu tilgen, als er daranging, sich aus einer ausrangierten Seifenkiste sein Transportmittel zu zimmern: das primitive hölzerne Behältnis als Chassis, von einem herrenlosen Kinderfahrrad, irgendwo auf einer Müllhalde geborgen, die Räder, dazu eine Ziege als Zugtier. »Rein und wohlriechend« – welch ein Witz! Mußte Sammy denn nicht gerade wegen seines bestialisch stinkenden Gefährten immer wieder den Standplatz wechseln? Hieß eine Aufschrift wie diese nicht geradezu den Hohn der Mitbürger herausfordern?

Mrs. Patience zeigt mir alte Photos – zum Beweis dafür, daß Ziegen nichts Ungewöhnliches in Charleston waren, damals um 1920. Mitten in der City hatten sie ihre eigene Weide, und eine Weide, wenn man's genau nehme: eine *Menschen*weide, sei es ja noch immer – etwa, wenn nach Büroschluß der *Peanutman* aufkreuze und dem Volk, das sich's heute hier auf den Parkbänken bequem mache, im altvertrauten Singsang seine frische Ware aufdränge: »*I have 'em hot, I have 'em cold – peaeaeaeaeaeaea-nuts!*«

Und dann: Waren nicht auch Ziegen die erklärten Lieblinge der Kinder aus den wohlhabenden Familien? In den Photoalben von einst, die der Nostalgiewelle ihre schmukken Reprints verdanken – als romantisches Mitbringsel für all die South-Carolina-Pilger aus Massachusetts und Maine, aus Michigan und Minnesota –, sieht man sie im Bilde: die verzogenen Rangen mit den Matrosenblusen und Ballonhüten, ganz auf Herrenmensch getrimmt, eine schwarze *Nurse* als Begleitpersonal, eine schwarzweißgescheckte Ziege in der Deichsel ihres Zweirades und dazu die kesse Weidengerte in der Hand, um das blöde Vieh in die gewünschte Richtung zu lenken: bei der Nachmittagspromenade in den *White Point Gardens*.

Ihnen, den verwöhnten Sprößlingen der reichen Weißen, hatte Sammy Smalls, der Bettler aus der geschäftigen *King Street*, von früher Kinderlähmung verstümmelt, ein Analphabet aus den Slums der Vorstadt, die Lösung seines Transportproblems abgeschaut: Nur: Was *ihnen* zur *Lust* gereichte, zum Vergnügen, war für *ihn* die *Existenz*. Das Seifenkistenwägelchen, das ihn morgens zu seinem Stammplatz und abends zurück zu seinem Quartier brachte. Und das so sehr zu seinem Markenzeichen wurde, daß ihn die Leute, die ihm im Vorübergehen einen *Nickel* in seine Blechbüchse warfen, bald nur noch *Goatcart-Sammy* nannten. Den Ziegenwagen-Sammy.

Bis einer aus der Stadt, der ehemalige Eisenwarenverkäufer, Baumwollagerkontrolleur und Versicherungsmakler Dubose Heyward, herging und eine Geschichte über ihn schrieb. Zuerst als Roman, dann (zusammen mit seiner Frau) als Theaterstück, schließlich (zusammen mit dem Komponisten George Gershwin) als Oper. In der *Charleston Library Society* zeigen mir die Bibliothekarinnen das Original – es ist ihr bestgehüteter Schatz: mit weichem Bleistift auf bräunliches Papier hingefetzt. *Porgo*. Erst später wurde *Porgy* daraus. Und wieder eine Weile später *Porgy and Bess*. Ein Welterfolg. Ein Welterfolg, für dessen Hauptfigur kein anderer als unser *Goatcart-Sammy* den Anstoß geliefert hatte. Das Modell? Ich sage es mit Zögern. Der gehunfähige Porgy, der ganz in der Liebe für seine Bess aufgeht, der im Kampf um sein kleines bißchen Glück sogar den Widersacher aus dem Weg räumt und schließlich mit seinem lächerlichen Vehikel ins ferne New York aufbricht, um die von den Verführungskünsten des Kokainhändlers Sporting Life ihm abspenstig gemachte Geliebte zu suchen, ist von seinem Prototyp Samuel Smalls ein gutes Stück entfernt. Seine Strafkarte weist Sammy als einen ziemlich windigen Burschen aus, seine Pistole saß ausgesprochen locker, und was das Ärgste ist: Er richtete sie mit Vorliebe auf Frauen …

Der Taxichauffeur, der mich durch jene nördlichen Stadtviertel zwischen *Hampton Park* und *Mount Pleasant Street* fahren soll, wo sich das polizeibekannte Privatleben des Bettlers Sammy Smalls abgespielt hat, besteht auf Nennung einer festen Adresse.

»Tut mir leid, Sir. Sie müssen mir schon genau sagen, wo Sie abgesetzt werden wollen.«

»Das ist es ja eben: nirgends. Kein bestimmter Punkt. Ich möchte einfach die Gegend kennenlernen. Nur so durch die Straßen, von Block zu Block.«

Ob ich mir vielleicht einen Scherz mit ihm erlauben wolle.

Ich versuche zu erklären: »Die eine Straße hinauf, die andere hinunter. Und vielleicht da und dort einen Moment anhalten – wenn mir etwas besonders ins Auge sticht. Okay?«

Mein Taxler bleibt abweisend. Hat er es nicht nötig, solche ausgefallenen Aufträge zu übernehmen? Oder will er im Gegenteil die Verhandlungen nur in die Länge ziehen, um einen guten Preis zu erzielen?

Ich beginne noch einmal von vorn: »Es geht mir nicht um eine bestimmte Adresse, nicht um ein einzelnes Haus. Mann, verstehen Sie doch! Ich möchte einfach das Viertel kennenlernen. Atmosphäre. Lebensweise. Die Menschen in ihrem Wohnbezirk.«

Jetzt ist der Groschen gefallen, der Mann hinterm Lenkrad beginnt zu begreifen. Und winkt endgültig ab: »Ausgeschlossen. Vielleicht ein Kollege. Ich nicht.«

Ich mache einen letzten Versuch: »Wie sagt ihr hier zu diesen Straßen, die nicht einfach bloß der Überwindung einer bestimmten Distanz dienen, sondern auch eine gewisse Sightseeing-Valeur haben – ›*scenic road*‹, heißt es nicht so? Etwas in dieser Art – das muß doch möglich sein?«

»Nicht in den Slums der Schwarzen.«

Stimmt also doch, was mir die ängstliche Mrs. Patience eingeschärft hat: daß es für einen Weißen nicht ungefährlich ist, sich in den schwarzen Wohnbezirken frei zu bewegen?

»Mir haben sie einmal einen Backstein gegen das Heckfenster geschleudert. Mir langt's.«

Ich lenke ein. »Okay, Romney Street number four.«

Wir fahren los. Das ist die Adresse, die ich aus Sammy Smalls' Strafakt kenne. Hier hat er das letzte Mal auf ein Opfer geschossen. Maggie Barnes. März 1924. Das Miststück hatte sich seine Armbanduhr unter den Nagel reißen wollen, verantwortete er sich später vor dem Sheriff. Und hatte sie, als er daraufgekommen war, nicht wieder hergeben wollen. Da zog Sammy die Pistole ...

Das Villenviertel der *Upper ten* von Charleston liegt im Nu hinter uns: die Magnolienbäume *vorm* und die Azaleensträucher *hinterm* Haus, die Kieswege aus Austernschalen, die weißen Säulenverandas und die geduckten *Kitchen houses*, weit genug vom Herrschaftstrakt entfernt, damit kein Feuer auf diesen übergreifen konnte und auch keine zu enge Intimität mit dem Personal. Von Block zu Block immer weniger Backstein: Holz ist das billigere Baumaterial. Die Abfallhaufen vor den Haustüren werden chaotischer, die Blicke der streunenden Hunde kläglicher. Außer einem Supermarkt-Lieferanten, der aus seinem *Station car* Brot auslädt, sind wir die einzigen Weißen. Ein Wegweiser wie der drunten an der *South Battery*: Richtung und Distanz nach Phoenix, Washington und Hollywood anzeigend, zum Nordpol, zum Südpol und nach Paris – dergleichen Aufschneiderei wäre hier undenkbar. *Gospel Extravaganza* lese ich im Vorüberfahren auf einem Plakat, *Food Stamps Accepted* am Eingang zu einem Laden.

Der Fahrer klärt mich auf. »Das sind die Lebensmittelmarken für die Fürsorgefälle. Können nur in *Grocery stores* eingelöst werden – damit die Typen nicht etwa auf den Gedanken kommen, das Geld zu vertrinken. Porgy, Ihr Porgy – der wäre heute so ein Fall fürs staatliche *Welfare program*. Betteln – das brauchte er heute nicht mehr. Heute wäre für ihn gesorgt, heute äße er Steaks. Oder vielleicht ginge er sogar einem geregelten Beruf nach, sie haben ja jetzt überall diese Rehabilitationszentren. Auch für einen Krüppel wie ihn gäbe es einen Job.«

Romney Street Nr. 4: ein schäbiges Holzhaus, heruntergekommen wie alles hier. Mangels *Air condition* sitzen die Bewohner an den heißen Tagen auf der Türschwelle – drinnen ist es dann nicht auszuhalten. Eine düstere Kneipe, nur mit *Identity card* zu betreten, eine Bowling-Bahn, ein Flohkino, da und dort ein *Corner store* – viel mehr Auslauf gibt es da nicht. Das Stadion, ein Cola-Lager, schließlich die Warntafeln, die das Abknallen von Singvögeln unter Strafe stellen: ein Zeichen, daß wir die Stadtgrenze erreicht haben.

Hier lebte bis zum Winter 1961 in ihrer Zwei-Zimmer-Behausung, elf Dollar Miete den Monat, Mrs. Elvira Gibbs, ihren Sohn Sammy, das Porgy-Urbild, eines von insgesamt siebzehn Kindern, die sie zur Welt gebracht hat, um siebenunddreißig Jahre überlebend ...

Die Touristen, die nach Charleston kommen, sind normalerweise auf anderes aus, und nichts davon ist zu verachten: Sie wollen sich in den *Magnolia Gardens* ergehen, sie brennen darauf, in *Middleton Place* jene berühmten drei Kamelien in Blüte zu sehen, die hier seit 1787, die ersten ihrer Art in der Neuen Welt, ihren Duft verströmen, sie möchten in den *Cypress Gardens* Kahnpartien unter-

Der »originale« Porgy hieß Sammy Smalls (hier das Gefängnis in Charleston, wo er seine Strafe absaß)

nehmen, sie haben ein berechtigtes staatsbürgerliches Interesse daran, das der Stadthalbinsel vorgelagerte *Fort Sumter* zu besichtigen, wo am 12. April 1861 die ersten Schüsse des Bürgerkrieges gefallen sind (und wo sich – laut örtlicher Sprachregelung – die Flüsse Cooper und Ashley vereinigen, »um den Atlantischen Ozean zu bilden«), sie buchen eine Pferdedroschkenfahrt durch die gaslaternenerhellten, kopfsteingepflasterten Gassen von *»colonial Charleston«*, sie lassen sich in der Markthalle, für fünf Dollar in historische Leihkostüme gesteckt, »auf alt« photographieren, und sie stehen geduldig vor der *»Planter's Tavern«* Schlange, um, von lieblichen Servierfräulein in knöchellangen *Antebellum-Kostümen* umsorgt, das Feinste vom Feinen aus dem Fischfang der vorangegangenen Nacht zu verspeisen: Flunder mit Krabbenfleisch gefüllt, Austern und Catfish und vor allem die berühmte *»she-*

crabs soup«, die natürlich in Wirklichkeit eine »*he*-crabs soup« ist, weil die kostbaren Weibchen, um der Fortpflanzung der delikaten Tiere willen, unter besonderem Schutz stehen und das vom Rezept zwingend vorgeschriebene Gelb schon längst nicht mehr aus den Eiern, sondern – es lebe die Nahrungsmittelindustrie! – aus der Dose stammt.

Ihr Interesse an *Porgy and Bess* beschränkt sich im allgemeinen auf einen kurzen Stop in der *Church Street*, deren Nr. 89-91 einst jene *Cabbage Row* gewesen ist, die Autor Dubose Heyward zur *Catfish Row* umstilisiert hat. Schräg gegenüber, in Nr. 98, logierte er selbst – damals noch Angestellter einer Feuer- und Unfallversicherung. Auf dem Weg zu seinem Büro in der nahen *Broad Street* kam Heyward, Sproß einer im Gefolge der Depression verarmten Charlestoner Aristokratenfamilie, die in der Person des Urahns Thomas sogar einen der Unterzeichner der Unabhängigkeitserklärung gestellt hat, Tag für Tag an jenem Häuserblock vorbei, der von Schwarzen bewohnt war und seinen Namen von jenen Gemüsehändlern bezog, die hier im Hof oder auf den Gehsteigen ihre Ware feilboten.

Das farbige Leben, das da herrschte und in das ein Weißer nur Einblick erhielt, wenn er von der Polizei war oder der Inkassant einer Lebensversicherung, machte auf den schwächlich-kränklichen Heyward so starken Eindruck, daß er auf Grund der mitreißenden Schilderung dieses Milieus in seinen Büchern wiederholt für einen »Insider«, allen Ernstes für einen Farbigen gehalten wurde – kein schöneres Kompliment für die Authentizität seiner Darstellung hätte er sich wünschen können! Bei aller Armut der Leute aus der *Cabbage Row* war ihm sehr wohl klargeworden, wieviel näher sie den einfachen Freuden des Lebens waren, und als er eines Tages im Lokalblatt eine

Polizeimeldung vom Bettler Sammy Smalls las, der, jedermann in *downtown Charleston* seines wunderlichen Vehikels wegen ein vertrauter Anblick, auf eine Frau geschossen, in seinem Ziegenwägelchen die Flucht vor der Polizei ergriffen und erst nach abenteuerlicher Verfolgungsjagd im Fabrikviertel hinterm Güterbahnhof sich der Amtsgewalt ergeben hatte, schnitt er die bewußte Notiz, von ihrer Dramatik elektrisiert, aus dem »*News and Courier*« aus und bewahrte sie sorgfältig auf.

Wenige Monate später, inzwischen verheiratet und von seiner jungen Frau Dorothy dazu überredet, den Versicherungsjob an den Nagel zu hängen und sich als Schriftsteller zu versuchen, griff Heyward auf den Fall zurück und schrieb *Porgo*. Seinen ersten Roman. Das Quartier seines »Modells« verlegte er vom Stadtrand in die ihm wohlvertraute *Cabbage Row* und die *Cabbage Row* ihrerseits – unter dem Namen *Catfish Row* – zwei Blocks näher an die *Waterfront*, die Gemüsehändler kurzerhand in Fischervolk verwandelnd. Und dabei blieb's auch, als zwei Jahre später dem Buch die Theaterfassung und der Theaterfassung weitere zwei Jahre darauf die Oper folgte.

Wer es also bei einem *Porgy-and-Bess*-Lokalaugenschein ganz genau nähme, hätte sich an drei verschiedenen Plätzen umzusehen: im *Mount-Pleasant-Street*-Viertel am äußersten Nordrand der Stadt, wo Ur-Porgy Sammy Smalls seine dürftige Bleibe hatte; in der *Cabbage Row*, von der sich der Dichter inspirieren ließ; schließlich in jenem ehemaligen Fischerviertel an der *East Bay*, wo er seine Geschichte ansiedelte. Was mochte aus diesen dreien geworden sein?

Das Slum an der *City Boundary* ist nach wie vor ein Slum. Die *Cabbage Row* hingegen – wie alle Häuser rundum – hat sich zum fashionablen Wohnbezirk der Weißen gemausert und damit freilich nur zu ihrer ursprünglichen Bestimmung zurückgefunden, als dies hier, noch in der Kolonialzeit, das Sommerquartier der reichen Pflanzer der Region gewesen war. Und an der *Waterfront* würde wohl mit behördlicher Strenge gegen jegliche Fischhändleraktivitäten eingeschritten werden – so piekfein geht's da heute zu: Die *Rainbow Row*, jedes Haus in einer anderen Nuance eingefärbt, wird den Fremden auf ihrer Stadtrundfahrt als Muster denkmalschützerischer Revitalisierung vorgeführt. Ich muß allerhöchste Fürsprache mobilisieren, um in »*Colonel Beale's House*«, Ruhesitz einer altehrwürdigen Richterswitwe, vorgelassen zu werden. Nicht leicht, angesichts des hier angehäuften Reichtums sich das Elendsquartier eines Bettlerkrüppels vorzustellen. Und gar Hof und Garten! Die gepflegten Blumenbeete und der theatralische Terrassenbrunnen, der Taubenschlag hinterm Rosarium und die Franziskusstatue in der Heckennische, der *Peppermint Peach*, rosa und rot zugleich in Blüte, das obligate *Joggling* aus dem biegsamen Pinienholz: Siesta-Wippe der *Upper ten* – hier sollte der brutale Crown seinen Würfelspielpartner Robbins umbringen und der eifersüchtige Porgy seinen Nebenbuhler Crown? Hier sollte die Polizei den Honigverkäufer Peter als Tatzeugen abführen? Hier sollte der Mulatte Sporting Life sich mit seinen New-York-Lockrufen und mit seinem Glückspulver an die labile Bess heranmachen?

In früheren Zeiten, als *Rainbow Row* und *Cabbage Row* noch nicht saniert waren, hat man dort – vom Porgy-Kult überrollt – den begierigen Fremden tatsächlich »*Porgy's Room*« gezeigt. Es war in den Jahren, da – auf bürgermei-

George Gershwin (links), der den Roman von Dubose Heyward (Mitte) als Vorlage für die Oper »Porgy und Bess« verwendete

sterliche Weisung – eine veritable Menschenjagd in Szene gesetzt worden war, um dem Urbild des *Goatcart beggar* auf die Spur zu kommen ...

Autor und Komponist waren bereits unter der Erde, da erlebte *Porgy and Bess*, sieben Jahre nach dem mäßig glücklichen Start, seinen eigentlichen Triumph. Und als sich herumsprach, der verkrüppelte Bettler mit dem Ziegenwagen sei keineswegs ein Produkt dichterischer Phantasie, sondern in der Stadt Charleston »in natura« anzutreffen, begannen die Opernfans in die ehemalige Hauptstadt von South Carolina zu pilgern und nach dem realen *Porgy* zu fragen.

Das wiederum brachte die *Charlestonians* in Verlegenheit: Ja gewiß, natürlich erinnerte man sich an ihn. Sammy war sein »richtiger« Name. Aber was aus ihm geworden war? Keine Ahnung. Hatte er sich davongemacht? Saß er wieder einmal im Kittchen? Hatte er das große Los gezogen? War ihm etwas zugestoßen?

Thomas Porcher Stoney, Bürgermeister von Charleston, beauftragte Chefdetektiv John J. Healy von Amts wegen, die Fahndung nach dem Verschollenen aufzunehmen. Der »Schutzvorhang des Schweigens, hinter dem sich die Schwarzen verkriechen, wenn ein Weißer in ihr Leben dringt« – Heyward hatte ihn zu einem der Motive seines *Porgy*-Romans gemacht, nun bekam ihn auch Kommissar Healy zu spüren. Die Suche brauchte Monate, sie verlief mühsam, und sie endete – vor einem Grab: Sammy Smalls war tot. Wer also konnte einen daran hindern, eine der Wohnkammern in der Cabbage Row, mochte er auch niemals leibhaftig jenes Viertel betreten haben, als *Porgy's Room* auszugeben?

Heute begnügt man sich damit, die Besucher zu Souvenirkäufen zu animieren: in zwei Boutiquen, deren eine (auf männliche Klientel zugeschnitten) *Porgys* und deren andere (das weibliche Gegenstück) *Bess'* Namen trägt. Das Artikelangebot schert sich nicht um den genius loci: kein Ziegenwagen, kein Glückspulver, nur der übliche Plunder. Da ist der *Gift shop* im ehemaligen Gefängnis, drüben an der Ecke Magazine-Franklin-Street, entschieden besser sortiert: Hier, wo Sammy Smalls möglicherweise seine diversen Strafen abgesessen hat und wo heute ein *Jail Museum* Wachsfigurenschauer verbreitet, kann man für die lieben Kleinen T-Shirts kaufen und Blechnäpfe mit dem humorigen Aufdruck »Eigentum der Gefängnisverwaltung«.

Nicht mit dem Entsetzen Scherz treibend, sondern mahnend und aufs schlechte Gewissen der Besucher spekulierend – so versteht sich der *Old Slave Mart* in der *Chalmers*

Street, wo man sich um 10 Cent Nachdrucke jener Handzettel mit heimnehmen kann, mit denen der Charlestoner Öffentlichkeit in der Zeit vor dem Bürgerkrieg regelmäßig der Abverkauf frisch eingetroffener Sklavenlieferungen zur Kenntnis gebracht wurde. Auf die Nummer folgt der Name, auf den Namen das Alter, auf das Alter die Leistungsfähigkeit. Fehlt letzteres, so ist der Kandidat entweder ein Baby oder ein Greis. Ist er als *prime* eingestuft, so muß der Käufer mit 1000 Dollar rechnen – eine Hälfte des Betrages sofort, der Rest in Raten zahlbar.

Wenig zimperlich sind auch die Manager der *Boone Hall Plantation* am *Highway 17 North*, eine halbe Autostunde von der City entfernt. Geben sie schon wider besseres Wissen den Besitz als einen der Drehorte des Monumentalfilms »Vom Winde verweht« aus, so läßt erst recht ihre gut erhalten gebliebene Sklavenstraße die Herzen der Touristen höher schlagen. Die Zufahrt zur Farm ist von einer Reihe Ziegelsteinhütten gesäumt: neun jener einstmals zwanzig Pferche, in denen das schwarze Hauspersonal untergebracht war.

Im Inneren des Herrenhauses wartet die unvermeidliche *Hostess* auf den Besucher: Es gilt, Profundes über Herkunft und Datierung, über Wert und Rarität der Vertikos und Pianinos anzuhören, der Suppenterrinen und der Treppengeländer. Das Arrangement scheint lückenlos auf heile Welt getrimmt, nichts dem Zufall überlassen: Das Notenalbum auf dem Klavier ist bei dem Lied *Tiny little snowflake* aufgeschlagen, das Buch in der Kaminecke bei dem Kapitel *Virtues* …

Unwillkürlich muß ich an Rhett Butler denken, den forschen Captain aus »Vom Winde verweht« – wie ist das, kommt nicht auch er aus Charleston? Und läßt er nicht in seinen lästerlichen Reden kein gutes Haar an dieser Stadt?: »Da gibt es so viel, was man tun muß, nur weil die Leute es immer so getan haben, und ebenso viele ganz harmlose Dinge, die man aus demselben Grunde nicht tun darf ... Unsere Lebensweise hier im Süden ist so veraltet wie das Lehnssystem des Mittelalters. Wenn ich an meinen Bruder denke, wie ehrerbietig er unter den heiligen Kühen von Charleston dahinlebt, und an seine dicke Frau, seine Bälle am Cäcilientag und seine ewigen Reisfelder – dann weiß ich es erst zu schätzen, daß ich mit allem gebrochen habe.«

Auch Scarlett findet Charleston, als sie auf Verwandtenbesuch herüberkommt (das Telefonbuch, in dem ich blättere, geht über von O'Haras, Butlers und Wilkes!), »einfach schrecklich«. Und doch kann sie nicht verhindern, daß sie heute im Hafen der verhaßten Stadt vor Anker liegt – schon von weitem sehe ich den flachen weißen Flußdampfer mit dem berühmten Namen. Rhett Butler hat das Startsignal dafür gegeben: indem er einen der vier Blockadebrecher, mit denen er sein Glück gemacht hat, der Geliebten widmete. Ein cleverer Gastwirt der siebziger Jahre ging einen Schritt weiter und serviert nun an Bord der *»Scarlett O'Hara«* beziehungsvolle Menüs: *»Ashley's Steak Supreme«*.

Cliquish – das ist das Prädikat, das dem jungen Harlan Greene zu seiner Vaterstadt einfällt. »Cliquish ist hier alles: die Weißen, die Schwarzen – und natürlich erst recht beide untereinander.« Harlan sitzt auf dem Dachboden des *Fireproof Building* in der Meeting Street und ordnet den Heyward-Nachlaß, er wird die erste Biographie des *Porgy*-Autors schreiben. In einer Stadt, die derart ausschweifend mit ihrer Vergangenheit prunkt (einst hieß sie, dem Britenkönig Charles II. zu Ehren, Charles Town), ist es nur konsequent, daß sie die Mauern ihres berühmten *Fireproof Building* nicht einer Bank oder einer Versicherung zur Verfügung stellt, sondern ihrer *Historical Society*. Nicht auszudenken, was geschähe, wenn etwa der »*Catalogue of Charleston Firsts*« ein Opfer der Flammen würde! Alles müßte frisch zusammengetragen werden: daß das *Dock Street Theatre* als erste Bühne Nordamerikas Opernaufführungen gezeigt und ein gewisser Isaac Hammond die ersten Buchumschläge der Vereinigten Staaten gedruckt, daß es hier am Ort die erste Feuerversicherung, die erste Handelskammer und das erste Stadtmuseum gegeben hat, die erste Apotheke mit Rezeptpflicht, den ersten Unterseebooteinsatz und den ersten Schuß im Bürgerkrieg. Und natürlich auch das Fireproof Building selbst, das die Belege all dieser vielen stolzen *Firsts* verwahrt, ist solch ein *First*. Dazu dann noch »*Porgy and Bess*«, die erste Negeroper …

Es ist ihnen ein bißchen zur Marotte geworden, den *Charlestonians*: dieses Protzen mit der *glory of the past*, diese Sucht, selbst das berühmte New Orleans noch auszustechen. Kaum ein Haus südlich der Broad Street, dessen Tafel neben dem Portal nicht Bedeutendes über Baugeschichte und Bauherrn verriete, und wo Festspiele überall sonst auf der Welt eine Sache der darstellenden Künste sind, sehe ich in Charleston allen Ernstes ein *Festival of Houses* angekündigt.

Aus dem reichen Angebot – fünfundzwanzig Varianten stehen zur Wahl – entscheide ich mich für die *Friday Night Church Street Candlelight Tour*, und ich habe es nicht zu bereuen. Für zehn Dollar erhalte ich eine Art Sammelpaß mit Lageplan und Anschriften jener dreizehn Privatvillen, die an diesem Abend zwischen 19 und 22 Uhr für uns Touristen ihre Pforten offenhalten. Mein Ausweis ermächtigt mich, an der kollektiven Befriedigung einer sehr amerikanischen Form von Neugierde teilzuhaben: dem Bürgertum in die gute Stube zu schauen. Es ist eine Lust, die mit einer zweiten, noch stärkeren korrespondiert und ohne diese nicht stillbar wäre: der Lust des *show off*. Herzuzeigen, was man hat.

Das ist im Fall Charleston nicht wenig. Gediegen, kultiviert. Und doch bekommt man es nach einer Weile satt: das Windlicht auf dem Trottoir, das mir den Weg zum Eingang weist, die *Hostess*, die im Puffärmelkleid zum *Antebellum-Solo* bereitsteht, die kerzenbeflammte Geistertafel im Speisezimmer, der florentinische Spiegel und das chinesische Porzellan, bitte beachten Sie die feine Drechslerarbeit an den Bettpfosten, Adam-Stil und Stolz der Hausfrau, bitte greifen Sie den Fauteuilbezug ruhig an, und noch ein Blick in den Garten, nicht wahr: das macht denen heute kein Handwerker mehr nach, alles echt, Gott wie zauberhaft, vielen Dank auch, bye-bye.

Mir ist das alles um eine Spur zu perfekt, zu feierlich, zu hochgestimmt – schließlich leben ja in allen diesen Häusern auch Menschen. Wo sind sie, wo stecken sie, wie sehen sie aus? Hat man sie für die Dauer dieses *Festivals* mit Kinokarten versorgt? Am Ende sitzen sie in den Schränken – ob ich mal einen vorsichtig öffne? Die gespenstische Szene schreit nach einem Fünkchen Leben, nach einem erlösenden Zwischenfall, schon für den kleinsten Schabernack wäre ich dankbar. Könnte nicht der Sohn des Hauses mit seiner Spritzpistole den Tafelaufsatz bekleckern? Oder auf dem Schaukelstuhl ein Marmeladenglas umkippen? Was gäbe ich für den Auftritt eines angeheiterten Hausherrn, der die Zwei-Zentner-Lady aus meiner Gruppe in den Hintern kneift! Doch nichts dergleichen. Nichts. Nicht einmal eine Tür, die ins Schloß fällt. Nicht einmal eine Klo-Spülung, die rauscht. Die *Church Street Candlelight Tour* endet, wie sie begonnen hat: steif und steril.

Nr. 94 ist das letzte Haus, das zur Besichtigung freigegeben ist. Nr. 98 wäre das Heyward-Haus, Nr. 99-101 der Cabbage-Row-Block. Doch Porgy and Bess empfangen nicht. Wie sollten sie auch mit ihrem bißchen Habe mithalten bei so viel Prunk und Pracht? Wie singt der verkrüppelte Bettler in seinem berühmten Lied von Armut und Zufriedenheit? *»I got plenty of nothing, and nothing is plenty for me ...«*

Im Hotel hat unterdessen ein Mister Arthur Clement Nachricht für mich hinterlassen: Er habe gehört, ich sei daran interessiert, mit jemandem zu sprechen, der den »Original«-Porgy noch persönlich gekannt habe, und er, Arthur Clement, sei ein solches Exemplar. Wir verabreden uns für den nächsten Vormittag: 10.45 Uhr in seinem Haus in der Rutledge Avenue. 10.45 Uhr – das ist wieder echt amerikanisch, denke ich mir. Das soll doch wohl ausdrücken: Lieber Freund, ich bin ein vielbeschäftigter Mann, meine Zeit ist knapp, etwas Tempo, wenn ich bitten darf. So wie ja auch die inneramerikanischen Flugpläne längst nicht mehr mit runden Zahlen operieren: Die Maschine, mit der ich von Atlanta nach Charleston angereist kam, war für 20.37 Uhr avisiert. Und wann setzte sie auf? Um 20.37 Uhr.

Ich füge mich dem amerikanischen Pünktlichkeitsritual und drücke um 10.45 Uhr in der Rutledge Avenue Nr. 517 den Klingelknopf. Die Dame des Hauses läßt mich ein, Mister Clement (so nennt sie ihren Mann) sei noch am Telefonieren. Jedes Wort der Entschuldigung erübrigt sich: Er telefoniert in *meiner* Angelegenheit – zuletzt mit einem *Reverend* der *Baptist Church* auf *James Island.* Von ihm erhofft er Näheres zu erfahren über Sammy Smalls' Grab.

»Okay, Reverend, mit dem Grab ist es also nichts. Schade. Aufgelassen, unauffindbar. Na ja, kein Wunder nach so langer Zeit. Und vielen Dank auch, Reverend.«

Mister Clement legt den Hörer auf und stürzt auf mich zu: ein Ausbund an Temperament – mit seinen neunundsechzig. Er war *District Manager* bei einer großen Lebensversicherung, nebenbei auch Präsident einer Bewegung *for the advancement of coloured people*: ein Schwarzer, der es geschafft hat. Der Karriere gemacht, sich seinen Wohlstand erkämpft und seinen Kindern eine erstklassige Ausbildung finanziert hat. Jetzt, wo er die Stadt nicht mehr für seine Entfaltung braucht, kehrt er ihr, sooft er kann, den Rücken und zieht sich in sein Retiro auf Edisto Island zurück: eine der subtropischen Atlantikinseln vor der Stadt, von denen gemunkelt wird, sie seien – zufolge ihrer zollstrategischen Unkontrollierbarkeit – Umschlagplätze im heftig florierenden Drogenhandel. Dort hat er seine Hütte – dort ist er mit sich und der Natur allein. Und mit seinen Büchern. Und dort denkt er darüber nach, wie er noch immer, auf seine alten Tage, seinen schwarzen Brüdern in Charleston zu mehr Geltung verhelfen kann. Stolz zeigt er auf das Programmheft des Spoleto Festivals USA, das in diesem Jahr zum erstenmal in Charleston über die Bühne geht: Er hat durchgesetzt, daß auch »schwarze« Produktionen in den Spielplan aufgenommen werden. »Black Medea« zum Auftakt: Euripides à la New Orleans.

»Es war 1950«, erinnert sich Mister Clement, »eine Theateraufführung. Im Parkett die Weißen, wir Schwarzen oben auf der Galerie. Vier Jahre später kam das Gesetz, das die *Segregation* aufhob. Allerdings nur auf dem Papier – in Wirklichkeit blieb die Rassentrennung weiter in Kraft. Ich sagte den Leuten: Kinder, so etwas geht nicht von einem Tag auf den anderen. Versucht es schrittweise! Versucht es zuerst einmal fifty-fifty: die linke Parketthälfte den Weißen, die rechte den Schwarzen. Das gleiche auf der Galerie. Was war die Folge? Die Weißen blieben aus. Gingen einfach nicht mehr ins Theater. Und wissen Sie, wann es endlich soweit war? Wann es endlich geklappt hat? 1970 bei *Porgy and Bess*! Da saßen auf einmal alle bunt durcheinander. Sechs Vorstellungen – alle ausverkauft. Im riesigen *Municipal Auditorium.* Zur 300-Jahr-Feier der Stadt. Ja, *Porgy and Bess* war der große Durchbruch. Es war aber auch eine phänomenale Aufführung – lauter Einheimische auf der Bühne! Die einzige Laienaufführung, die die Gershwin-Erben jemals zugelassen haben. Oder glauben Sie, an der Geburtsstätte von *Porgy and Bess* hätte ein Ensemble aus New York oder San Francisco eine Chance gehabt? Hier, wo der echte Porgy mit seinem Ziegenkarren durch die Straßen gezogen ist, wo es in jedem Block eine Bess gibt und in jedem zweiten einen Sporting Life? Soll ich sie Ihnen zeigen?«

Mister Clement fackelt nicht lange und packt mich in seinen Chrysler; im Schrittempo fahren wir durch die Geschäftsstraßen seines Wohnbezirks – es kümmert ihn nicht, daß wir durch unser ständiges Anhalten ein beträchtliches Verkehrshindernis sind: »Sehen Sie den Cadillac da drüben – Marke Eldorado? Typisch Sporting Life. Weiße Reifen, eingebauter Fernsehapparat. Und in dem Schuhladen an der Ecke: sehen Sie dieses überspannte Zeugs mit den hohen Absätzen? Dazu ein weißer Velours-Hut: Sporting

Life, wie er im Buche steht. *Superfly* – das ist heute der Spitzname für diesen Typ. Einen Spitznamen hat ja hier jeder – auch ich. Mich nennen sie *Brother Rump*. Wegen meinem Riesenhintern.«

Dazu wieder sein dröhnendes Lachen – wirklich, dieser Mann ist ein Naturereignis. Bei der nächsten Nummer, die er abzieht, fürchte ich ernstlich um Charlestons Verkehrssicherheit, so sehr kommt er dabei ins Gestikulieren: Ich habe ihm das Stichwort *Charleston* geliefert. Nicht Charleston, die *Stadt*, sondern Charleston, den *Tanz*. Ob der vielleicht *auch* seinen Ursprung hier hat?

»Wo sonst? Ich habe den alten Jenkins noch persönlich gekannt. Ein großer Mann. Reverend Daniel J. Jenkins. Ein Pastor, den die Weißen ebenso verehrten wie die Schwarzen. Als ihm das Geld für das Waisenhaus ausging, das er um die Jahrhundertwende gestiftet hatte, kam ihm die Idee, mit den musikalischen unter seinen Zöglingen eine Kinderkapelle zu gründen und die Gruppe in den Straßen von Charleston aufspielen zu lassen. Nachher wurde gesammelt, und es ging eine Menge Geld ein. Die größeren Buben, die schon ein Instrument spielen konnten, machten die Musik, die kleineren den Tanz. Das war die Geburtsstunde des *Charleston*.«

Mister Clement hält an, steigt aus dem Wagen aus und illustriert seinen Bericht mit praktischen Beispielen. Das Temperament, aber auch die natürliche Würde dieses bemerkenswerten Mannes werden mich noch lange beschäftigen. Vor allem am nächsten Abend, als ich im Konzert der *Society for the Preservation of Spirituals* sitze.

Die Veranstaltung ist mir von allen Seiten ans Herz gelegt worden, auch scheint sie gut zu meinen *Porgy-and-Bess*-Recherchen zu passen: Hatte nicht auch George

Gershwin im Sommer 1934, als er zusammen mit dem Librettisten Dubose Heyward am nahen *Folly Beach* Quartier bezog, die zwei Monate dazu genützt, an Ort und Stelle dem Gesang der Schwarzen zu lauschen und sich davon für seine Partitur inspirieren zu lassen?

Mir ist klar, daß ich derartiges nicht erwarten darf. Das Klischee vom Schwarzen, bei dem alles zu Gesang wird, jede kleinste Alltagsemotion sich in Rhythmus, in äußere Bewegung umsetzt, hat schon früher nicht gestimmt: Heute schlägt er genauso wie sein weißer Landsmann vor dem Fernsehschirm die Zeit tot. Die Spirituals, die seine Vorfahren bei der Feldarbeit auf den Plantagen des *Low Country* gesungen haben, haben längst den »Besitzer« gewechselt: Nun sind es die Weißen, die Nachkommen der Pflanzer, die in einer Art retrospektiver Sehnsucht die alten Hymnen auf den *Lord* wieder ausgraben, und das ist gar keine so einfache Sache: Da es von den Spirituals keine Notenaufzeichnungen gibt, ist man bei ihrer Rekonstruktion auf die eigene Kindheitserinnerung angewiesen.

Sie zu mobilisieren ist schwer genug. Noch schwerer ist es, die originale Singweise von einst nachzuahmen. Und das Fiasko ist komplett, wenn solch ein weißes Großmütterchen dann auch noch verzweifelte Versuche unternimmt, sich in Bewegung und Tanz dem fremden Vorbild anzunähern. Da sitzen sie nun brav auf ihren Stühlchen und imitieren »schwarze« Inbrunst, »schwarze« Spontaneität, »schwarze« Heilserwartung, »schwarze« Gläubigkeit, »schwarze« Wildheit und Naivität und bringen dafür nichts als ihre blassen Stimmchen mit, ihre steifen Bewegungen, ihren kläglich unzulänglichen guten Willen.

Auch dem *Peanutman* im Park kommt sein Lied nur mehr zaghaft über die Lippen, die Tiefkühltruhen der Supermärkte haben den fliegenden Krabbenhändlern den Garaus gemacht, und das traditionelle Herzstück des alljährlichen Azaleenfestes, der Marktschreierwettbewerb, ist seit Jahren aus dem Programm verbannt. Gewiß, noch immer ist dieses Charleston gemütlicher und pittoresker als fast jede andere amerikanische Stadt, noch kann es einem hier passieren, daß man von einem Wildfremden auf der Straße gegrüßt wird, noch drosseln bei Pfützenwetter manche Autofahrer angesichts eines Fußgängers ihr Tempo, noch ist mein Hotelzimmer mit seinem im Wandschrank versteckten Fernsehapparat ein imponierendes Beispiel für die Bändigung eines sonst so aufdringlichen Mediums, aber ich sehe den Tag kommen, an dem die schwarzen Kellnerinnen in den Nostalgiekneipen nicht mehr Schwarze, sondern künstlich eingeschwärzte Weiße sein werden, den Tag, an dem die Rechnung zwischen weißer Oldtimer-Romantik und schwarzer Emanzipation einfach nicht mehr aufgeht.

»They look down on it«, hatte mich schon Harlan Greene, der Heyward-Biograph, in seinem Archivzimmer an der Meeting Street aufgeklärt. »Das einfache Volk: ja. *Sie* lieben das Werk. Aber die schwarzen Intellektuellen schauen auf *Porgy and Bess* verächtlich herab.«

Ich war neben einen von ihnen im Flugzeug zu sitzen gekommen – auf dem letzten Streckenabschnitt, von Columbia nach Charleston. Wir kamen miteinander ins Gespräch, ich fragte ihn, ob er *Porgy and Bess* kenne, wie es ihm gefalle. Mein Nachbar verneinte – beinah entrüstet. Es war, wie wenn ich einen Burschen, der gerade sein erstes Auto bekommen hat, gefragt hätte, ob er noch mit Murmeln spielt.

Porgy and Bess, 2. Akt, 1. Szene: Picknick auf der einsamen *Kittiwah-Insel.* Hier sucht das Völkchen aus der *Catfish Row* Vergessen von der mühseligen Arbeit im Hafen und beim Fischfang; das Regiebuch schreibt »Scherz, Gesang und Tanz« vor. Hier hält sich Porgys Widersacher Crown versteckt, hier kommt es zu dessen verhängnisvoller Wiedervereinigung mit Bess, hier singt Sporting Life sein *It ain't necessarily so.*

Kittiwah – das ist nichts anderes als die Dialektversion von *Kiawah*. Heyward läßt seine Figuren ja durchwegs ihr angestammtes *Gullah* sprechen: jenes Kauderwelsch aus Englisch, Portugiesisch und Afrikanisch, in dessen Namen sich vielleicht – wer wüßte das heute noch so genau? – die Urheimat Angola erhalten hat. Die Insel, einst von den Kiawah-Indianern bewohnt, liegt südwestlich von Charleston, etwas über zwanzig Meilen vom Stadtzentrum entfernt. Die eine Seite dem Festland, die andere dem Meer zugewandt.

Charly Lehmann von der *Chamber of Commerce* wird mich mit seinem Wagen hinbringen. Charleston (altes Scherzwort: »owned by the Germans, ruled by the Irish and enjoyed by the Negros«) hat neben seinem englischen, seinem irischen, seinem schottischen, seinem französisch-hugenottischen, seinem spanischen und seinem afrikanischen auch einen starken deutschstämmigen Bevölkerungsanteil: Charly Lehmann ist solch ein Exemplar. Da aber schon seine Großeltern gebürtige Amerikaner waren, hat sich das »e« in der Aussprache seines Familiennamens längst zum »i« verwandelt, und es ist ganz klar, daß er – übrigens ebenso wie auch die meisten Mitglieder der honorigen *German Friendly Society* – kein Wort Deutsch spricht. Schon von Mister Clement mußte ich mich auf-

Eine Geschichte aus dem Leben: »Porgy und Bess« (hier eine Filmszene mit Dorothy Dandridge und Sidney Poitier)

klären lassen, daß er den Afrika-Teil seiner großen Weltreise, die er sich vor einigen Jahren geleistet hat, ohne alle Spurensuche, ohne die geringsten genealogischen Anwandlungen absolviert habe (»Wir sind alle miteinander Einwanderer: die Schwarzen wie die Weißen. Meine Heimat ist Amerika – nicht Afrika«), und ebenso hält sich auch Charly Lehmanns Neugier auf das Land seiner Vorväter in Grenzen. Was er mich über Deutschland fragt, fragt er mit amerikanischem Bezug: Was ihm ein Jagdschein in Deutschland kosten würde, wie man in Deutschland über Bill Clinton denkt.

Der Weg zur Insel zieht sich. Wir fahren an Sojabohnenfeldern vorbei, an Pinienwäldern. Eine einfache Holzbrücke überquert den *Kiawah River*: Ob der schwarze

Angler am Ufer wohl nach ein paar fetten *Porgys* Ausschau hält? *Porgy* – das ist hier der Name für einen bestimmten Fisch: mickerig, nichts als Gräten, kaum etwas dran. Ein Armeleuteessen. *Porgy walk/Porgy talk/Porgy eat with knife and fork* – so sangen einst die Fischhändler vor den Häusern der *Charlestonians*: Hier also hat sich Heyward bei der Namensgebung seines Helden bedient.

Noch einmal eine Brücke – diesmal ist es die Zufahrt zur Insel. Schranke, Wärterhäuschen, uniformierte Wache, wir müssen uns ausweisen: *Kiawah* ist Privatterritorium. Das Scheichtum Kuweit hat dafür 17 Millionen Dollar auf den Tisch geblättert. Und weitere 23, auf daß hier ein Ferienparadies entstehe, das alle Stückln spielt. Klimaanlage und Farbfernsehen, Sandbar, Golfplatz, Restaurant mit Krawattenzwang. Jeep Tours zu den Alligatorteichen und Fahrradverleih, wenn einer aufs Vogelbeobachten aus ist und das Objekt seiner Studien nicht aufscheuchen will – für alles ist gesorgt. Auch für den Notfall: Eine eigene Privatpolizei steht Gewehr bei Fuß, um Eindringlinge von außen fernzuhalten – rund um die Uhr. Ein Picknickdampfer mit den Leuten aus der *Catfish Row* würde vergebens um Landeerlaubnis ansuchen. *Kiawah* ist fashionable geworden.

Auf dem Rückweg zur Stadt durchqueren wir *James Island*, das über eine große Brücke mit Charleston verbunden und auch magistratisch ein Teil von ihm ist. Wir lassen uns dabei Zeit – so kann ich nochmals eine Lektion *Sammy Smalls* einlegen, die letzte: Hier, auf einer der Farmen, ist Porgys Urbild zur Welt gekommen, von hier zog die Familie, als er zwölf war, in die Stadt, und hierher kehrte er, der niemals eine Schule besucht, niemals einen Beruf erlernt, sich immer nur als Bettler durchgebracht hat, am Ende seines kurzen Lebens zurück: von schwerem Siechtum gezeichnet, vorzeitig aus der Gefängnishaft entlassen, von einer liebenden Bess, die Normie hieß, umsorgt. 1924 starb er – ohne die geringste Ahnung, daß im Jahr darauf ein Buch erscheinen und alle Bestsellerlisten der USA erobern würde, welches ihn, Sammy Smalls, den Ziegenwagenbettler aus Charleston, literarisch verewigen würde …

Von seinem Grab weiß man heute nur mehr, daß es ein Kindergrab war: Für ihn, den Krüppel mit den verkümmerten Beinen, reichte es. Wenige Tage später folgte ihm seine Ziege in den Tod nach: Das verstörte Tier hatte von Stund an jede Nahrungsaufnahme verweigert.

Wir kommen an Holzkirchen vorüber und an Friedhöfen – die der Schwarzen erkennt man an den kleineren Grabsteinen, an den Kunstblumen: sie sind billiger als die echten, zugleich bunter und haltbarer.

Hier, irgendwo hier könnte auch Sammy Smalls zur letzten Ruhe bestattet worden sein.

Erinnerung an den Eugen B.

BERTOLT BRECHT
Erinnerung an die Marie A.

»Erinnerung an die Marie A.« – die Lexika sprechen von »einem der schönsten Liebesgedichte der deutschen Literatur«. Es steht in Brechts »Hauspostille« – eine zarte Idylle in rauher Umgebung. Seeräuber und Konquistadoren, Schienenleger und Soldaten sind die Akteure jener »Dritten Lektion«, der der Gesang auf die vergessene Geliebte angehört, an die nur noch eine weiße Wolke erinnert:

Und auch den Kuß, ich hätt' ihn längst vergessen
Wenn nicht die Wolke da gewesen wär
Die weiß ich noch und werd ich immer wissen
Sie war sehr weiß und kam von oben her.
Die Pflaumenbäume blühn vielleicht noch immer
Und jene Frau hat jetzt vielleicht das siebte Kind
Doch jene Wolke blühte nur Minuten
Und als ich aufsah, schwand sie schon im Wind.

Seltsam: immer diese Wolken, die von den frühen Liebschaften übrigbleiben – auch bei Hesse, beispielsweise. Hier ist es eine Marie, dort eine Elisabeth. Hier »ein Tag im blauen Mond September«, dort »dunkle Nacht«:

Geht und erglänzt so silbern
Daß fortan ohne Rast
Du nach der weißen Wolke
Ein süßes Heimweh hast.

Eugen Berthold Friedrich Brecht, Schüler des königlich bayerischen Realgymnasiums zu Augsburg, ist achtzehn Jahre alt – im nächsten Frühjahr, kurz vor den Osterferien 1917, wird er, kriegsbedingt, das Notabitur ablegen. Ein unbequemer Zögling – er soll Bibel und Katechismus verbrannt haben, heißt es, Schillers Argumentation im »Wallenstein« kanzelt er in einem Schulaufsatz als »oberlehrerhaft« ab, sein anfänglicher Patriotismus ist längst in zorniges Mitleid für die Frontopfer umgeschlagen. Es ist die Zeit der nächtlichen Kneipenstreifzüge mit den Kumpanen, aber auch die Zeit der ersten erotischen Kontakte mit dem anderen Geschlecht. Bei einer Prostituierten in der Hasengasse hat er sich »die nötigen Kenntnisse« verschafft, nun ist die erste Liaison fällig.

Sie heißt Marie Rose, geht zu den Englischen Fräulein in

Brechts Augsburger Jugendliebe Marie Rose Amann, die in dem Gedicht »Erinnerung an die Marie A.« verewigt ist

die höhere Töchterschule, ihr Vater ist der Damenfriseur Amann vom Kesselmarkt. Mit ihrem Prachtexemplar von Zopf kann es keine ihres Jahrgangs aufnehmen – ihm gilt, als Eugen der Fünfzehnjährigen in der Eisdiele ein erstes Brieflein zusteckt, seine ganze Bewunderung. Ihr wunderschönes langes schwarzes Haar – in Versform natürlich. Der gewünschte Kontakt kommt zustande: Eugen »geht« mit der Marie Rose, bald holt er sie Tag für Tag von der Schule ab.

Doch die Sache fällt auf, es folgen Zurechtweisungen, Ermahnungen. Brecht stellt sich dem Präses und erwirkt Gnade, indem er ernste Absichten äußert. Ist es ihm mit seinen ernsten Absichten wirklich ernst? »Ihre Augen sind schrecklich leer, kleine, böse, saugende Strudel«, wird er später über sie sagen. »Ihre Nase ist aufgestülpt und breit, ihr Mund zu groß, rot, dick. Ihr Hälschen ist nicht reinlinig, ihre Haltung kretinhaft, ihr Gang schusselig und ihr Bauch vorstehend. Aber ich habe sie gern.«

Gern hat er so manche. Etwa auch Maries Freundin Paula. Und zu der wechselt er denn auch eines Tages über. Paula Banholzer. *Paul Bittersüß* nennt sie der angehende Dichter. Abgekürzt *Bie*. Die berühmte *Bie*. Mit der geht er sogar zur Maiandacht in den Dom. Und natürlich auch ins Theater. Etwas über ein Jahr später erwartet Paula von Brecht ein Kind. Marie Rose, die Vorgängerin, ist aus seinem Leben gestrichen. Man sieht einander nie wieder, kein Blick, kein Brief, kein Wort.

Oder doch?

Ein Gedicht.

Drei Strophen in der »Hauspostille«.

Dritte Lektion: Chroniken.

Erinnerung an die Marie A.

An jenem Tag im blauen Mond September
Still unter einem jungen Pflaumenbaum
Da hielt ich sie, die stille bleiche Liebe
In meinem Arm wie einen holden Traum.
Und über uns im schönen Sommerhimmel
War eine Wolke, die ich lange sah
Sie war sehr weiß und ungeheuer oben
Und als ich aufsah, war sie nimmer da.

Seit jenem Tag sind viele, viele Monde
Geschwommen still hinunter und vorbei
Die Pflaumenbäume sind wohl abgehauen
Und fragst du mich, was mit der Liebe sei?
So sag ich dir: Ich kann mich nicht erinnern …

Also gut, der *Dichter* kann sich nicht erinnern. Aber wie ist das mit dem *Modell* – vielleicht *sie*? Und wie ist das überhaupt, wenn man in die Literatur eingeht, selber zu Literatur wird – sogar namentlich: Schmeichelt es einem, schafft es Verdruß? Geht es an einem vorüber, wird man ein anderer dadurch? Ich meine es ganz ernst: Hängt man sich fortan einen Brecht übers Bett, speist nur noch mit Gelehrten aus Princeton, Uppsala und Berlin? Und die Milchfrau – nimmt einen die nun früher dran? Schickt das Stadttheater zu jeder Brecht-Premiere eine Freikarte – dürfen wir uns erlauben, es wäre uns eine Ehre?

Ich frage mich zur Argonstraße durch, es ist das Augsburger Wohnviertel Jakobervorstadt, gleich hinter der einstigen Stadtbefestigung. Eine Industriesiedlung – ein paar Schritte noch, und ich wäre am Ufer des Lechs. Ein unansehnliches Zweifamilienhaus, Zugang vom Hof. Am Türschild beide Namen: der des Mannes, den sie später geheiratet hat, und der Mädchenname. Eigen und Amann. Der Mann öffnet mir, bedeutet mir hereinzukommen, mit Sprechen tut er sich schwer, seitdem Asthma und Sklerose den Werkmeister i. R. Theodor Eigen fest im Griff haben. In der Fensterecke des Wohnzimmers ein Fauteuil: Marie A. in Kissen gebettet, in Plaids eingewickelt, es ist etwas mit dem Fuß, der Arzt hat ihr strengste Ruhe verordnet. Aber sprechen werde sie gern – welch willkommene Abwechslung. Fragen erübrigen sich, sie könne sich denken, um was es sich handle, Marie A. setzt sich in Positur und zieht ihre Nummer ab. Ihre Wie-das-war-als-der-Brecht-mit-mirging-Nummer. Mit verteilten Rollen: Der Mann als stille Wache im Hintergrund, Emma, die ältere Schwester (die sich unterdessen hinzugesellt hat) für den literarischen Aspekt der Angelegenheit, sie selber für den biographischvegetativen Unterbau sorgend. Eine verheiratete Frau von sechsundsiebzig, die ihre erste Liebe rekapituliert und dabei mancherlei Einschränkungen unterworfen ist: Kleinbürgerliche Moral und ehelicher Takt halten den Stolz darüber im Zaum, einem Künstler von Weltrang Muse gewesen zu sein.

Aber es ist halt eine zu schöne Geschichte, als daß es nicht immer wieder ein Erlebnis für sie wäre, sie abzuspulen. Und was das Wunderbare daran ist: sie wird immer noch schöner, von Mal zu Mal um eine Kleinigkeit reicher, ein bißchen Aufputz hier, ein bißchen Beschönigung dort – Marie A. hat längst die Kontrolle über ihre eigene Erinnerung verloren. Auf dem Tischchen neben dem Krankensessel liegen »Bild« und »Goldenes Blatt«, auch Heftchenromane, sagt sie, lese sie gern – wie könnte das ohne Folgen bleiben für ihre *eigene* Geschichte? Für Brecht-Zeloten ein arger Dämpfer: ihr Idol – in welch dubioser Gesellschaft! Oder irren sie da? Würde nicht gerade der Dichter der »Hauspostille« mit Leserinnen von Lore-Romanen ein Einsehen haben?

Und fragst du mich, was mit der Liebe sei?
So sag ich dir: Ich kann mich nicht erinnern.

Marie A. kann es dafür um so besser. Da ist alles da, wie wenn es gestern gewesen wäre. Nicht die kleinste Lücke. Erinnerung im Überfluß, gestreckt und ausgebaut, darf's ein bißchen mehr sein. Eine Sache von einigen wenigen Monaten Dauer, die sukzessive prolongiert wird. Derzeit hält Marie A. bei zweieinhalb Jahren.

Mache ich mich lustig darüber? Greife ich korrigierend ein? Es liegt mir fern. Mein Gott, wie gleichgültig das auf einmal alles ist: ob sich die erste Begegnung der beiden jungen Leute in der Eisdiele zugetragen hat, auf der Stehgalerie des Theaters oder auf dem Heimweg von der Klavierstunde. Marie A. bietet einmal diese, dann wieder jene Variante an. Welch schwerer Stand für den Biographen: von ihm würde verlangt, Klarheit in die Angelegenheit zu bringen, er muß auf Eindeutigkeit dringen, muß bohren und überprüfen, muß seine Zeugen zur Ordnung rufen – ich muß dies alles nicht. Protokoll und Zettelkasten sind meine Sache nicht, mir kann es gleich sein, ob die Marie beim ersten Kuß ihren Eugen nur verstört von sich stieß oder aber wahrhaftig zu Boden ging, ob eine Ohnmacht daran schuld war oder die dumpfe Angst, ein Kind zu kriegen. Welche Rolle spielt es für mich, ob er ihr vorm Elternhaus seine Ständchen dargebracht hat oder aber vorm Institut der Englischen Fräulein, ob die Brecht-Verse in ihrem Poesiealbum der Zensur der Schulschwestern zum Opfer gefallen sind oder den Bombenangriffen des Zweiten Weltkriegs? Die Heimlichtuerei im strengen Elternhaus, die Taschengeldbettelei beim Dienstmädchen, die Vorleserei bei der kranken Brecht-Mutter, die Kahnpartien und die Schiffschaukelnachmittage und schließlich das abrupte Ende: weil er ihr auf einmal so »unheimlich wurde«, weil er »etwas wollte, was ich ihm nicht geben konnte« – ist es wirklich so wichtig, zu wissen, wo die »nackten Fakten« aufhören und wo die Legende beginnt? Daß es sie gibt, die Legende, befruchtet von der plötzlichen Erfahrung, nicht irgendeines, sondern eines berühmten Mannes Jugendliebe gewesen zu sein, ja mehr noch: diesen berühmten Mann sogar zu einem Kunstwerk inspiriert zu haben – ist das nicht aufregend genug?

Zur Legende der Marie A. gehört übrigens auch die entschlossene Abwehr jeglicher Brecht-Kritik. Mag darüber noch so viel Gegenteiliges geäußert werden: Brecht und die Frauen – *sie* duldet da keinen dunklen Punkt. Was das andere betreffe, das Politische, da könne sie sich nicht äußern, dafür habe sie sich nie interessiert. Auch seine Bücher und seine Theaterstücke – da wisse sie nicht Bescheid, die habe sie nie gelesen, und ins Theater habe sie immer nur ihre Schwester geschickt, ihr selber liege halt mehr das Lustige. Nur das Gedicht – ja, das bewußte Gedicht besitze sie natürlich, in der Wochenendbeilage der »Augsburger Allgemeinen« sei es einmal abgedruckt gewesen und da habe sie es ausgeschnitten, zweifach, ich könne gerne eins davon haben, drüben in der Kredenz, die Schwester werde es holen, und vielleicht ein Glas Bier dazu, sei so gut, Emma, und warte dem Herrn bitte auf.

Was auch immer an weiteren Fragen mir einfiele, Marie A. würde mir gewiß auf keine die Antwort schuldig bleiben, würde wohl selbst über Standort und Beschaffenheit des Pflaumenbäumchens Auskunft geben können, das Brecht in »ihrem« Gedicht besungen hat. Ja, vielleicht sogar über die bewußte Wolke, »die ich lange sah / und als ich aufsah, war sie nimmer da«. Marie A. bietet auf, was sie aufzubieten vermag.

Die Schande und das Glück

ANTON WILDGANS

Kirbisch oder Der Gendarm, die Schande und das Glück

Alle doch weit übertraf schon auf Grund seines Lebendgewichtes
Fürbaß Romanus Ägid, der lendengewaltige Selcher!
Wohl, einem Stiere glich er an Widerrist, Schultern und Nacken!

Sein *Vater*, das Modell des »lendengewaltigen Selchers«, drohte noch an der Schande, die ihm der Autor in seinen Augen zugefügt hatte, zugrunde zu gehen – er *selber*, der *Junior*, hielt den »Kirbisch« für »die größte deutsche Dichtung des zwanzigsten Jahrhunderts«. Dem *Vater*, zutiefst gekränkt über sein literarisches Ebenbild, mußte Anton Wildgans, von besorgten Nachbarn des Bedauernswerten alarmiert, einen weitausholenden Besänftigungsbrief schreiben – *er*, der *Junior*, hielt in der kleinen Leihbibliothek seines Hotels sämtliche Werke des Dichters für seine Gäste bereit, und als einmal der »Kirbisch« eine Zeitlang nicht im Buchhandel erhältlich war, sprach er gleich von einer Schande für Österreich und beschwerte sich bei der Wildgans-Gesellschaft, deren Mitglied er war. Karl Binder, Hotelier in jenem Mönichkirchen, das vor einem Dreivierteljahrhundert – unter dem Decknamen Übelbach – die Kulisse für das österreichische Nationalepos »Kirbisch oder Der Gendarm, die Schande und das Glück« abgab, und einer der Söhne jenes zitherspielenden, gstanzlsingenden, frauenbetörenden Fleischermeisters, der Anton Wildgans zu der Prachtfigur des Fürbaß Romanus Ägid inspirierte, ist ein lebendes Beispiel dafür, wie der Groll auf einen Künstler unter dem Eindruck von Zeit und Ruhm ins gerade Gegenteil umschlagen kann.

Dort, wo Wildgans – im letzten der zwölf Gesänge – die »schmerzhafte Magd« Cordula aus dem Ort, der ihr so übel mitgespielt hat, scheiden läßt: beim Friedhof, dem »mauerumwehrten«, hat die Gemeindeverwaltung gleich *zwei* Erinnerungsstätten angelegt: die *Wildgans-Rast* und die *Wildgans-Promenade*. Und jenes Idyll aus dem Ersten Gesang, »wo über dem Dorf als Vorwacht der oberen Wälder, einsam, verwettert und alt, eine mächtige Fichte emporragt« und der »Hirte der ländlichen Seelen« mit Cordula und Vitus, der »Einfalt des Dorfes«, zusammentrifft, hat

Bürgermeister Karl Binder, Urbild des »lendengewaltigen Selchers Fürbaß Romanus Ägid« aus Anton Wildgans' Versepos »Kirbisch«

man mit allem Drum und Dran, mit Denkmalschutz und Schenkungsurkunde, mit Widmungsplakette und Gedichttafel, zur *Wildgans-Fichte* ernannt. Ja, als die Mönichkirchner im Frühling 1971, neununddreißig Jahre nach dessen Tod, den neunzigsten Geburtstag des Hochverehrten feierten, komponierte einer der ihren sogar eine Polka dieses Namens, und die Dorfmusik mit dem Bürgermeister an der Spitze hob das Opus an Ort und Stelle aus der Taufe. Nur die Aufstellung der Cordula-Statue, die ein unbekannter Meister geschaffen hatte und der ein Ehrenplatz über dem Portal des Schulhauses zugedacht war, scheiterte am Einspruch des Ortspfarrers. Hochwürden konnten sich nicht zu des Dichters Auffassung durchringen, der »Schenkin vom Gasthaus zum Störrischen Engel« komme, obwohl »gefallen«, der Rang einer »irdischen Maria« zu. Und so ziert sie nun, an der Stätte ihrer Schmach noch immer eine Ausgestoßene, beziehungslos den Dorfpark irgendeiner anderen niederösterreichischen Gemeinde, während von der Vorderfront der Mönichkirchner Volksschule ein etwas grämlicher Wildgans in die Runde blickt.

Im *Gasthof Wechselpaß*, dem Nachfolger jenes Stirner-Hofes, wo Anton Wildgans von 1913 bis 1932 regelmäßig die Sommermonate verbracht und – laut Gedenktafel – »den überwiegenden Teil seiner Werke«, darunter auch den halben »Kirbisch«, geschrieben hat, haben sie für die Gäste von auswärts ein *Wildgans-Stüberl* eingerichtet. Daß als Textprobe ausgerechnet jene Stelle des versöhnlichen Schlußgesangs ausgewählt und zum Wandschmuck bestimmt wurde, an der »Übelbach« vorsorglich gegen jede voreilige Verdächtigung in Schutz genommen wird, es sei vielleicht ein ganz besonders übles Fleckchen Erde, nichts weit und breit komme ihm an Verworfenheit gleich (»Siehe, Übelbach ist ja ein Dorf nicht, in seiner Art einzig, kein Ausbund unter den Orten und Stätten der erdbewohnenden Menschen, Übelbach ist ja die Welt«): Wie soll man's deuten? Wirklich als Zufall? Oder darf man doch so etwas wie einen sanften Verweis an die Adresse jener allzeit Schadenfrohen herauslesen, die vielleicht, ihren »Kirbisch« im Kopf, auf die Idee verfallen könnten, als Nicht-Mönichkirchner sich *besser* zu dünken? Hat nicht auch jener Alois Glatzl, der vor Jahren zum Ruhme seiner Heimatgemeinde das Typoskript »Unser Dichter Anton Wildgans« schuf (darin sorgfältig alle Mönichkirchner Bezüge rot unterstreichend), das »Kirbisch«-Kapitel seiner Studie für alle Fälle mit dem »Trost« für die Ortsansässigen eingeleitet, der Dichter habe mit Übelbach durchaus nicht die Schlechtigkeit dieses einen Ortes anprangern wollen, Gott bewahre, sondern – nehmt alles nur in allem – die Schlechtigkeit der ganzen Welt?

Wildgans selber wußte sehr genau um die Gefahr, daß die Mönichkirchner seine in viertausend melodramatischen Versen daherdonnernde Abrechnung mit Schiebertum und Korruption und überhaupt allen nur denkbaren Spielarten ländlicher Niedertracht in die falsche Kehle bekommen konnten. »Es wird, wenn's mir gelingt, eine merkwürdige und einmalige Sache«, schrieb er am 4. Mai 1925 an seinen Verleger Alfred Staackmann nach Leipzig. »An dem moralischen Niedergang eines Dorfes während des Krieges wird der ganze moralische Zusammenbruch der Welt aufgezeigt werden, und der grimmigste Humor wird dabei nicht zu kurz kommen.«

Kurz darauf, in einem Brief an seine Mönichkirchner Quartiergeberin, klangen erste konkrete Befürchtungen an:

»Es spielt, vertraulich gesagt, in Mönichkirchen, und einzelne Mönichkirchner Personen und Ereignisse sind darin deutlich zu erkennen. Es könnte also immerhin sein, daß ich nach Erscheinen des Buches im Orte Feindseligkeiten begegne, die mir den dauernden Aufenthalt dort verleiden.«

Doch als es dann so weit war, beruhigte sich Wildgans mit der Wunschvorstellung, das Buch werde schon nicht nach Mönichkirchen gelangen: Wer sollte sich denn in dem punkto Literatur genügsamen Voralpendorf an der Wechselpaßstraße für ein Epos wie den »Kirbisch« interessieren? Doch das Unglück wollte es, daß ausgerechnet die Zeitung, auf die fast alle Mönichkirchner Haushalte zu jener Zeit abonniert waren, unterm Strich auf Seite 1 die Neuerscheinung groß herausstellte, zugleich enthüllend, dies Übelbach sei nichts anderes als ein Pseudonym für Mönichkirchen.

Die Folge davon war, daß eine der Figuren des Buches, das ihr vom Dichter zugeteilte Epitheton »der findige Krämer des Ortes« prompt wahrmachend, auf der Stelle beim Wiener Sortiment fünf Dutzend Exemplare des »skandalösen« Werkes bestellte und unter die Leute brachte. »Und nun«, so erinnerte sich später die Witwe des Dichters, »konnte man die Bewohner mit aufgeschlagenem Buch herumgehen und höhnisch konstatieren sehen: ›Siaxt es, dös bist du!‹« Im großen und ganzen habe es die Mönichkirchner mehr belustigt als geärgert – mit einer Ausnahme: Fürbaß Romanus Ägid, der lendengewaltige Selcher. Und so erreichte Anton Wildgans eines Tages an der Adresse seiner Wohngemeinde Mödling der schon erwähnte Alarmruf aus Mönichkirchen:

»Du hast da was Schönes angerichtet. Unser Bürgermeister, der Karl Binder, hat sich das Porträt, das Du von ihm gezeichnet hast, so zu Herzen genommen, daß er darüber regelrecht schwermütig geworden ist. Er hat sich in seine Wohnung eingesperrt, ißt nicht mehr, schläft nicht mehr und stöhnt nur immerfort vor sich hin: ›Nein, daß mir der Hofrat die Schand antut! Ich hab ihn doch allerweil so gern gehabt!‹ Du mußt das in irgendeiner Form wiedergutmachen, sonst geht der arme Mensch noch vor Kränkung zugrunde.«

Wildgans tat, wie ihm geheißen, und richtete an den »lieben und sehr geehrten Herrn Bürgermeister« einen sechs Seiten langen Rechtfertigungsbrief, in dem es unter anderem heißt:

»Gewiß ist es richtig, daß es in meinem Buch gewisse äußerliche Ähnlichkeiten mit wirklichen Personen aus Mönichkirchen gibt, aber gerade diesen Gestalten ist nichts nachgesagt, was sie irgendwie in den Kot zerren könnte. Was Sie betrifft, so habe ich geglaubt, daß Sie der erste sein würden, der über diese heitere Ähnlichkeit lachen wird! Es ist doch weiß Gott keine Schande, wenn jemand bei den Damen beliebt ist und großen Erfolg hat. Wenn ich in meinem Buch von einem ›lendengewaltigen Selcher‹ spreche, so meine ich damit einen Mann von großer Potenz! Na, und das ist doch nichts so Übles!«

Am Schluß seiner »offenherzigen und freundschaftlichen Aufklärung« durfte Wildgans nicht nur sicher sein, den Adressaten seines Schreibens von der vollkommenen Lauterkeit seiner Absichten überzeugt zu haben, sondern er konnte sogar die Bitte wagen, »daß Sie als Bürgermeister auch auf die anderen Mönichkirchner aufklärend und beruhigend einwirken mögen«. Ja, der Dichter trieb das dialektische Spiel so weit, sich denselben Ort, der eben noch aufs äußerste über ihn aufgebracht gewesen, sogar zu tiefstem Dank zu verpflichten, wo er doch, man denke, dessen »Schönheiten so liebevoll beschrieben« habe ...

Ein psychologisches Meisterstück des gelernten Juristen, dem der Erfolg denn auch nicht versagt blieb: Der Wildgans-Kult nahm seinen Lauf, und er tut dies in mancherlei Gestalt bis heute – freundlich ignorierend, daß die übrige Welt dabei längst nicht mehr mithält. Da ist der Wirt, der sich zu mir an den Tisch setzt und voller genüßlichem Pathos das Wildgans-Gedicht vom »befriedigten Gast« deklamiert: Er weiß es zu schätzen, daß es in seinem Ursprung ein Preislied auf die Mönichkirchner Gastronomie ist. Oder, ein paar Häuser weiter, das Hotel, wo ich mich in einem eigenen *Kirbisch-Zimmer* wiederfinde: sämtliche Wände mit Szenenbildern aus »Cordula«, der Verfilmung des Wildgans-Stoffes, geschmückt – alles fein säuberlich unter Glas, verziert mit gepreßten Feldblumen, kalligraphisch synchronisiert mit den dazugehörigen Textstellen: Kino, Reader's Digest und Herbarium in einem. Als seinerzeit der Film herausgekommen sei, so erzählen sie mir, habe man sich sogleich in den Wagen gesetzt und sei nach Wien gefahren, um sich ihn anzuschauen, doch sei man von dem Gebotenen sehr enttäuscht gewesen. Ja, an das Buch komme halt nichts heran, Hexameter seien nun einmal nicht zu verfilmen, und auch gedreht worden sei ganz woanders: nicht in Mönichkirchen, wie es sich doch wohl gehört hätte, sondern drüben in Vorau, im Steirischen.

Übelbach heißt die Gemeinde am Hang des gewaltigen
Volland,
Wo die Geschichte von Schande und Glück
des Gendarmen sich zutrug.
Volland nannten die Väter verschollener Läufte
den Teufel,
Und so erzählt auch die Sage von jenem Ursteingebirge,
Daß es der Luzifer sei, der Engel des Aufruhrs,
den Gottes
Machtanspruch aus Himmeln verstieß, und hierlands
fiel er zur Erde.

Die Mönichkirchner sind dem Thema »Kirbisch« in jeder erdenklichen Weise nachgegangen: kaum eine Spur, die dabei vernachlässigt worden wäre. Der frühere Gemeindesekretär, obwohl gar nicht aus der Gegend stammend, sondern aus dem Norden des Landes zugewandert, glaubte die typischen Züge etlicher Gestalten des Buches in deren heutigen Nachkommen wiedergefunden zu haben und verwies dabei auf die gesicherten Erkenntnisse der Vererbungslehre. Aus dem Buch, das ihm die Schwiegermutter zu seinen ersten Mönichkirchner Weihnachten unter den Christbaum gelegt habe, sei so für ihn binnen kurzem ein über alle Maßen vergnüglicher »Kirbisch redivivus« geworden. Und sein Amtsvorgänger, den die Frage nicht ruhen ließ, wieso gerade Mönichkirchen einen Dichter wie Wildgans derart reich inspiriert habe, erging sich sogar, als er vor Zeiten die Festschrift zur »Markterhebungsfeier« der Gemeinde zusammenstellte, in gewagten Theorien über die »besondere Eignung Mönichkirchens für die Freimachung geheimnisvoller, die geistige Zeugung fördernder Kräfte« und fand heraus, daß dafür – neben der »Höhenlage von tausend Metern« und »dem Blick hinaus in die Ferne, den man von diesem Paßörtchen genießen kann« – vor allem jenes »Einsprengsel von Urgestein in die rings sich breitenden Kalkgebirge« verantwortlich zu machen sei, das bekanntermaßen »auf empfindsame Nerven eine wohltätige Wirkung« ausübe.

Noch in den siebziger Jahren des vorigen Jahrhunderts konnte sich der Wildgans-Spurensucher, der sich in und um Mönichkirchen nach dem Verbleib der »Kirbisch«-Modelle erkundigte, daran ergötzen, daß seine Gewährsleute sich nicht der wirklichen, nicht der bürgerlichen, sondern der ihnen vom Dichter *verliehenen* Namen bedienten. Nicht also der alte Rehberger sei – als letzter Überlebender – vor Jahren zu Grabe getragen worden, sondern »Hiebaum, der Schreiner«; nicht der Laden des alten Rois, sondern des »Kaufmanns Johann Baptist Populorum« befinde sich nach wie vor in Familienbesitz, nicht vom Herrn Windpichler, sondern von »Fleps, im Zivil der Adjunkt, jetzt Fähnrich bei den schweren Haubitzen«, habe man vernommen, er sei auf seine alten Tage nach Wien übersiedelt, und »Rose Rachoinig, die ärarische Jungfrau«, habe vor kurzem in einem Seniorenheim an der Südbahn das Zeitliche gesegnet.

Mit manchen der mittlerweile aus dem Ort verschwundenen Namen, so erfuhr man weiter, sei zugleich auch das ihnen von Wildgans zugeordnete Metier erloschen: Ein Schmied habe sich, seitdem es im Gemeindegebiet von Mönichkirchen kaum noch Pferde gebe, als entbehrlich erwiesen; der nächste Glaser habe drunten in Aspang seine Werkstatt; und Hebamme – ja, auch Hebamme habe man nun schon lange keine eigene mehr. *Andere* Berufe wiederum hätten gewisse Wandlungen durchgemacht: So sei der

Selcher, wenn man's genau nehme, heute eigentlich kein Selcher mehr, sondern nur noch der Filialleiter eines Betriebes aus dem Nachbarort, und der Gendarm, der dem Wildgans-Epos den Namen gegeben hat, »ein Löwe an Mut, eine Schlange an Klugheit«, habe es mittlerweile weniger mit »Elementen subversiver Natur« zu tun als mit harmlosen Touristen, die sich nach dem Sessellift auf die Schwaig erkundigten, nach dem Wanderweg zum Studentenkreuz oder nach der Schneelage auf dem Kogel.

Oder – auch das komme vereinzelt vor – nach Anton Wildgans und dem »Kirbisch«.

Lederstrumpf – ein pfälzischer Auswanderer?

JAMES FENIMORE COOPER
Lederstrumpf

Daß der Johann Adam Hartmann aus dem südpfälzischen Weinort Edenkoben etwas Besonderes ist, steht außer Zweifel: Welcher einfache Soldat im Range eines Feldwebels hätte Anspruch auf eine Gedenktafel am Rathaus seiner Heimatgemeinde sowie auf ein Heldengrab, das noch 165 Jahre nach seinem Tod intakt ist?

Sogar in die Literatur geht er ein: Als der Tiroler Autor Johannes Kaltenboeck unter dem Pseudonym Max Felde 1902 sein Buch »Addy, der Rifleman« herausbringt, ist unser Johann Adam Hartmann die Titelfigur. Die Handlung der »Erzählung für die reifere Jugend« spielt im Milieu der pfälzischen Auswanderer am River Mohawk, hoch droben im Norden des amerikanischen Bundesstaates New York, wo in den siebziger Jahren des 18. Jahrhunderts eine Reihe von Schauplätzen des Unabhängigkeitskrieges nah beieinander liegen. Schütze Hartmann ist unter denen, die in der ruhmreichen Schlacht von Orisgany die Briten und die mit ihnen kooperierenden Indianer bezwingen.

Auch in den USA bringt's unser biederer Pfälzer zu Romanehren – es ist Walter D. Edmonds' Buch »Drums along the Mohawk«, das in der 1938 erscheinenden deutschen Übersetzung den Titel »Pfauenfeder und Kokarde« erhält. Kein Geringerer als der legendäre Hollywood-Regisseur John Ford verfilmt den Stoff, und auch hier, im Rollenverzeichnis des mit Stars wie Henry Fonda, Claudette Colbert und John Carradine besetzten Streifens »Trommeln am Mohawk«, stoßen wir auf einen Krieger namens Hartmann: Ist der Kerl denn wahrhaftig nicht umzubringen? Als der 1939 gedrehte 20th-Century-Fox-Farbfilm in den fünfziger Jahren auch in die deutschen Kinos kommt (und in den achtziger Jahren ins deutsche Fernsehen), geht zumindest in Edenkoben und Umgebung wie ein Lauffeuer die Nachricht von Haus zu Haus: Unser Mann in USA! Ja, die Eingeweihten gehen sogar noch einen Schritt weiter und fügen hinzu: Der Lederstrumpf!

Wieso denn das? Was hat der 1748 in der Südpfalz geborene und als Sechzehnjähriger nach Amerika ausgewanderte Leinenweberssohn Johann Adam Hartmann mit James Fenimore Coopers weltberühmter Romanfigur zu tun?

Lederstrumpf lebt – zumindest in Edenkoben, wo für alle kleinen und großen Besucher ein »Double« bereitsteht

In seiner Vaterstadt Edenkoben glaubt man es zu wissen: Das Urbild des Waldläufers Natty Bumppo, der als Held der »Lederstrumpf«-Erzählungen ganze Generationen junger Leser in seinen Bann gezogen hat, ist niemand anderer als Johann Adam Hartmann. So steht's in allen einschlägigen Publikationen der örtlichen Heimatforscher, so steht's in den Touristenprospekten der gastfreundlichen Gemeinde, und so steht's auch auf der 1952 enthüllten Gedenk tafel.

Die 1987 von der Kreis- und Stadtsparkasse großzügig gesponserte Skulpturengruppe im Ortszentrum ist ein Lederstrumpf-Brunnen; im Heimatmuseum wartet auf die jugendlichen Besucher, die das improvisierte »Lederstrumpf-Examen« bestehen, ein »Waldläufer-Diplom«; die »Erlebnis-Tour« im Planwagen (Mindestteilnehmerzahl 10, Preis pro Person DM 59,–) beinhaltet einen Phototermin mit dem örtlichen Lederstrumpf-Double, ein zünftiges Trapper-Picknick sowie einen Stop beim Hartmann-Elternhaus am Fuß des Stadtberges, und wem dies alles noch nicht genug ist, der kann sich im nahen Schloß Ludwigshöhe – welch glückliche Koinzidenz! – auch an den Originalen des berühmtesten deutschen »Lederstrumpf«-Illustrators gütlich tun: Max Slevogt, mit einer Pfälzerin verheiratet, hat in deren Heimat Jahr für Jahr die Sommermonate verbracht und hier nicht nur viele seiner impressionistischen Bilder gemalt, sondern auch die 1909 im Berliner Verlag Paul Cassirer erschienene großformatige Cooper-Prachtausgabe mit Lithographien ausgestattet. Auf achtzigtausend Mark oder mehr beläuft sich der Wert des nur in 310 Exemplaren verbreiteten Werkes; im Edenkobener Heimatmuseum ist man stolz, eines davon zu besitzen.

Um sich nicht dem Verdacht auszusetzen, in dubioser, ja

anmaßender Weise eine der populärsten Gestalten der Weltliteratur für seine Zwecke einzuspannen, ist man in Edenkoben froh, darauf verweisen zu können, daß die Versuche, das Modell des »Lederstrumpfs« als einen der ihren zu identifizieren, nicht etwa von *hier* ihren Ausgang genommen haben, sondern von *Amerika*. Carl Suesser heißt der New Yorker Literaturkundler, der 1934 mit einer Abhandlung in »Westermanns Monatsheften« als erster die Behauptung wagt (und ausführlich begründet), hinter Coopers »Lederstrumpf« verberge sich der pfälzische Amerikaauswanderer Johann Adam Hartmann.

Da ist zunächst einmal die örtliche Nähe: Hartmann verbringt seinen Lebensabend unweit des Städtchens Herkimer – es ist eine der Nachbargemeinden von Cooperstown, wo der Dichter ansässig ist. Wie leicht kann es da zu einer Begegnung zwischen dem Kriegsveteranen und dem vierzig Jahre Jüngeren gekommen sein! Ja, Cooper – begierig, aus dem Munde eines der letzten Überlebenden des Unabhängigkeitskampfes über die seinerzeitigen Vorgänge unterrichtet zu werden – könnte diese Begegnung sogar selber herbeigeführt haben, um sich mit authentischem Material für seine Bücher einzudecken. Dafür, daß er ihm im »Lederstrumpf« nur eine Nebenrolle (in Gestalt des »vom Rhein stammenden Majors Hartmann«) einräumt, statt ihn dezidiert in den Rang der Titelfigur zu erheben, hat Carl Suesser eine plausible Erklärung parat: Cooper, wiewohl in alle gängigen Kultursprachen übersetzt, schreibt in erster Linie für ein amerikanisches Leserpublikum, und dem kann er, der englischstämmige Amerikaner, schwerlich einen Helden vorsetzen, der seine Wurzeln in Deutschland hat.

Er selber äußert sich dazu mit keinem Wort, obwohl sich

mit dem Siegeszug der »Lederstrumpf«-Bücher schon bald die Anfragen an den Autor häufen, ob er denn bei seiner Titelfigur an eine bestimmte Person, an ein konkretes Original gedacht habe. Dafür lüpft Coopers Tochter Susan den Schleier: In späteren Jahren auch selber schriftstellerisch tätig, erledigt sie dem Vater die Sekretariatsgeschäfte. Daß es, wofür sie vor allen anderen prädestiniert wäre, keine Cooper-Biographie aus ihrer Feder gibt, liegt am Autor selbst: Er hat es seiner Zweitältesten noch auf dem Sterbebett strikt untersagt. Nur im Vorwort des »Wildtöters« läßt er sie zu Wort kommen, und dort gibt sie unter anderem auch Antwort auf die Frage, die Coopers Lesern so sehr unter den Nägeln brennt: Jawohl, ihr Vater habe, was die äußere Erscheinung seines Helden anlange, tatsächlich aus dem Leben geschöpft und verschiedene Individuen, deren Bekanntschaft er gemacht und deren Bild sich seinem Gedächtnis eingeprägt habe, in die Figur des Natty Bumppo einfließen lassen.

Natürlich nennt Susan Cooper keine Namen – und schon gar nicht den des Johann Adam Hartmann. Doch manches spricht dafür, daß Johann Adam Hartmann einer von ihnen ist. Bleiben wir also dabei – ohne nun freilich kleinkrämerisch nachrechnen zu wollen, zu wieviel Prozent. Inspiration kann niemals eine Frage der Arithmetik sein.

Was ist es, das unseren Helden in die Neue Welt treibt? Es ist keine gute Zeit für die Bauern und Handwerker im linksrheinischen Deutschland – jetzt, um die Mitte des 18. Jahrhunderts. Immer noch wirken die Erschütterungen der pfälzischen Erbfolgekriege nach, Fürstenwillkür verleidet den einfachen Leuten die Gründung neuer Existenzen, dazu kommen Marodeure, die Hab und Gut der Alteingeses-

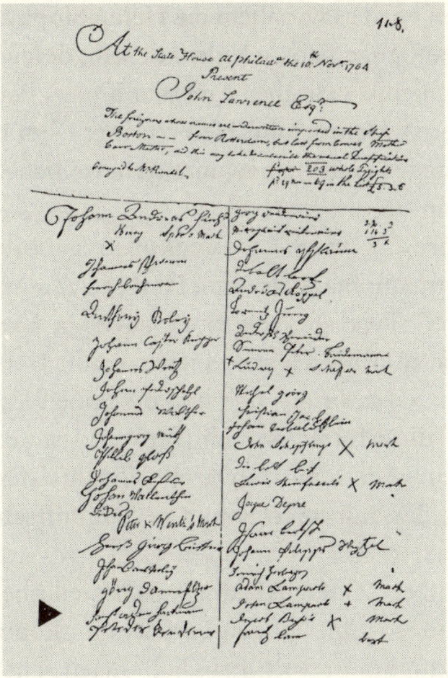
At the State House at Philad^a the 10th Novr 1764
Present
John Lawrence Esqr

Johann Adam Hartmann war einer jener Pfälzer Auswanderer, die am 10. November 1764 im State House von Philadelphia registriert wurden

senen bedrohen. Da haben die Werber, die sich unter den Auswanderungswilligen umtun, darunter eine große Zahl von Glaubensflüchtlingen, ein leichtes Spiel: Im Land der unbegrenzten Möglichkeiten warte schneller Reichtum auf sie, herrenloses Land, die große Freiheit.

Bald sind es ihrer so viele, die die Pfalz in Richtung Amerika verlassen, daß die »Palatines«, wie man sie drüben nennt, zum Synonym für die deutschen Einwanderer werden. Manche haben Glück und ziehen mit ihren in die alte Heimat gemeldeten Erfolgen neue Aussiedler nach. (In späteren Jahren wird es vor allem die Heinz-Sippe aus der pfälzischen Weinbaugemeinde Kallstadt sein, deren triumphale Firmengeschichte sich über Amerika hinaus herumspricht: Familiensproß Henry John Heinz bringt es mit seinen Tomatenplantagen zum vielbewunderten, vielbeneideten »Mister Ketchup«.)

Auch der um 1748 in Edenkoben geborene Johann Adam Hartmann mag, als er im Herbst 1764 in Rotterdam die »Boston« besteigt, von einer besseren Existenz träumen, als sie ihm die Heimat bieten kann. Der Vater, von Geburt Schweizer, bringt sich und die seinen als Leinenweber durch, die Mutter ist Hausfrau und stammt aus der Pfalz. Johann Adam hat zahlreiche Geschwister – was soll da für ihn, den mittleren Sohn, an Zukunftschancen herausschauen?

Daß es über seinen Abgang aus Edenkoben keinerlei Aufzeichnungen gibt, hat den Verdacht aufkommen lassen, Johann Adam könnte sich heimlich – vielleicht gar, um einer Abstrafung wegen Wilderei zu entgehen – aus dem Staub gemacht haben. Wie auch immer: Er ist mit Sicherheit eine Abenteurernatur, und seines niedrigen Alters wegen wird er sich kaum allein auf den Weg gemacht, sondern einer Gruppe Gleichgesinnter angeschlossen haben.

Am 10. November 1764 trifft er in Philadelphia ein, in der im *State House* erstellten Passagierliste rangiert er unter den 68 Ankömmlingen auf Platz 18. Die des Schreibens Unkundigen tragen sich mit einem Kreuzzeichen ein, Johann Adam unterschreibt mit vollem Namen.

Was in der Folgezeit mit ihm geschieht, liegt im dunkeln, läßt sich nur erahnen. Fest steht, daß er eines Tages im Mohawk-Tal landet, jenem Siedlungsgebiet an der »Indianergrenze« im Norden des heutigen Bundesstaates New York, wo auch schon manche seiner ehemaligen Landsleute sich niedergelassen haben. Neun Jahre später finden wir seinen Namen im *Book of Names* der *General Assembly* der *Tryon County* wieder: Johann Adam Hartmann ist »naturalisiert«, ist englischer Untertan geworden. Und dient seinen neuen Herren als Waldläufer, der die Siedler der Gegend vor feindlichen Übergriffen schützt, bei Grenzkonflikten einschreitet und schließlich auch im nordamerikanischen Unabhängigkeitskrieg – unter dem Kommando des ebenfalls aus der Pfalz zugewanderten Generals Nikolaus Herchheimer – seinen Mann stellt und mit seiner Teilnahme an der Schlacht von Orisgany im Sommer 1777 der republikanischen Sache mit zum Sieg verhilft.

Natürlich bleiben ihm bei seinem gefährlichen Metier auch Auseinandersetzungen mit den Ureinwohnern nicht erspart, und einer dieser Zwischenfälle, wie immer er tatsächlich verlaufen sein mag, trägt ihm sogar eine Mordanklage ein: Hartmann ist ein Mann um die vierzig, als er in einer Spelunke der Gegend die Bekanntschaft eines Indianers macht, der sich unter dem Einfluß reichlich genossenen »Feuerwassers« des Besitzes eines Tabakbeutels rühmt, den er aus der gegerbten Haut eines Kindes weißer Siedler angefertigt habe. Als Hartmann die grausige Trophäe erblickt, von der noch die Fingernägel des wehrlosen Opfers herabbaumeln, dreht er offenbar durch und lockt den Wildling in einen Hinterhalt, in dem ein Jahr später tatsächlich ein männlicher Leichnam, ein Gewehr und eine Reihe weiterer verräterischer Gegenstände gefunden werden. Hartmann wird verhaftet, leugnet jedoch, mit dem gewaltsamen Ende des Indianers irgend etwas zu tun gehabt zu haben, und wird mangels Beweisen freigesprochen.

1777 wird Hartmann zum erstenmal Vater, dürfte also

relativ spät geheiratet haben. Maria Catherina – von seiner Frau ist nur der Vorname überliefert – schenkt ihm noch weitere neun Kinder. Als sie 1829, sieben Jahre vor seinem eigenen Tod, stirbt, geht der einundachtzigjährige Witwer eine zweite Ehe ein; den Lebensabend verbringt er im Haushalt eines der zahlreichen Enkel. Die bescheidene Invalidenpension, die ihm gewährt wird, muß mit Zuwendungen aus der Armenkasse der Bezirksstadt Herkimer aufgebessert werden.

Um so ehrenvoller der Sterbe- und Begräbniseintrag in den Annalen der deutsch-reformierten Kirche von Herkimer:

»Johann Adam Hartmann aus Deutschland, mit 16 Jahren aus der Stadt Edenkoben pfälzischer Botmäßigkeit zugewandert, Einwohner von Schuyler in der Herkimer County, ein untadeliger Patriot in den Unabhängigkeitskämpfen, hat viele Jahre am Rheumatismus gelitten und war seit drei Jahren teilweise gelähmt; er starb im Alter von 92 Jahren und sieben Monaten und wurde auf dem Friedhof bei der Kirche der Stadt Herkimer begraben. Text: Apokalypse Kapitel 20, Vers 12. Begräbniskosten 2 Dollar 50 Cent, gleich bezahlt.«

Der Grabstein samt dem ihm beigegebenen Veteranenkreuz wird in späterer Zeit auf den nahen Mohawk-Friedhof verlegt und dort noch heute, 165 Jahre nach Hartmanns Tod, alljährlich am *Memorial Day* von Männern der *American League* mit Sternenbanner und Blumen geschmückt.

In seiner Heimatgemeinde Edenkoben, wo noch etliche Nachkommen seiner Geschwister am Leben sind, geht man einen Schritt weiter und huldigt nicht nur dem tapferen *Krieger*, sondern vor allem dem *»Lederstrumpf«*-Urbild:

Der Weltruhm eines der Klassiker der Abenteuer- und Jugendliteratur bedeutet Hartmanns ehemaligen Landsleuten mehr als noch so gloriose Verdienste um die amerikanische Staatswerdung.

Natürlich ist man in Edenkoben keineswegs blind: Selbst dem fanatischsten Heimatforscher fiele es nicht ein, Johann Adam Hartmann als den alleinigen Inspirationsquell für Coopers Romanfigur auszugeben. Schließlich ist da auch noch der gefeierte Kentucky-Pionier Daniel Boone, der sich nach übereinstimmender Ansicht der Amerikaner hinter der Gestalt des Waldläufers Natty Bumppo verbirgt. Hat die US-Postverwaltung nicht auch deshalb dem vier-

Alljährlich am Memorial Day mit dem Sternenbanner geschmückt: Johann Adam Hartmanns Grab auf dem Mohawk-Friedhof

zehn Jahre Älteren 1968 eine eigene Sonderbriefmarke gewidmet?

Fest steht, daß selbst amerikanische Forscher, die die Figur des »Lederstrumpfs« in alle ihre Einzelteile zerlegt haben, nicht ausschließen, in das Bild des Cooper-Titelhelden könnten durchaus auch Züge mancher »Konkurrenten« aus dem einstigen Waldläufer-, Grenzer- und Jägermilieu Eingang gefunden haben. »Lederstrumpf ist eine Sammelfigur«, resümiert der Edenkobener Pastor Alfred Hans Kuby, der sich in unermüdlichem Briefwechsel mit amerikanischen Auswanderern, Heimatforschern und Behörden um eine gerechte Würdigung des großen Sohnes der Stadt verdient gemacht hat, und Herbert Hartkopf, der Kustos des Heimatmuseums, findet sogar in der Lebensgeschichte des »Lederstrumpf«-Autors James Fenimore Cooper Anhaltspunkte für seine These, Natty Bumppo habe pfälzisches Blut in seinen Adern.

Es geht in diesem Zusammenhang um die Europa-Aufenthalte des Globetrotters Cooper: 1826 bricht der Sechsunddreißigjährige, dessen Vorfahren aus dem Shakespeare-Geburtsort Stratford stammen, zu einer Reise auf den alten Kontinent auf, die sich über sieben Jahre erstrecken und den Dichter samt Familie nach England, nach Frankreich, nach Italien, in die Schweiz und auch nach Deutschland führen wird. Zwei seiner am Schluß fünf »Lederstrumpf«-Bände, nämlich »Die Ansiedler« und »Der letzte Mohikaner«, sind bereits auf dem Markt, der dritte (»Die Prärie«) ist in Arbeit – da scheint Cooper der Zeitpunkt gekommen, seine Kenntnisse von Geschichte und Kultur der Alten Welt mit einer jener Bildungsreisen zu vertiefen, wie sie sich in diesem Umfang wohl nur wohlhabende Amerikaner wie er leisten können.

Im fünften Jahr dieses Unternehmens – die Familie Cooper befindet sich gerade, von Heidelberg kommend, auf dem Weg nach Paris – wird auch ein Stop in der Pfalz eingelegt. Eine momentane Unpäßlichkeit von Gattin Susan veranlaßt die Reisegesellschaft zu mehrtägigem Verweilen in Bad Dürkheim, und Cooper, in Gesprächen mit den Wirtsleuten des Gasthauses »Zum Ochsen« auf eine interessante neue Spur gelenkt, nutzt seinen Zwangsaufenthalt zu historischen Recherchen über die Glaubenskämpfe in der vorreformatorischen Pfalz, aus denen kurz darauf sein einziger in Deutschland spielender Roman hervorgehen wird: »The Heidenmauer«. Dürkheim, das benachbarte Benediktinerkloster Limburg und die ebenfalls nahebei gelegene Hartenburg sind die Schauplätze der Handlung; von in den Stoff eingeweihten Einheimischen läßt sich Cooper von Ort zu Ort geleiten und über die geschichtlichen Zusammenhänge aufklären, und da spricht in der Tat vieles dafür, daß bei dieser Gelegenheit auch das Schicksal der »Palatines«, also der nach Amerika ausgewanderten Pfälzer, zur Sprache kommt.

Johann Adam Hartmann, zu dieser Zeit zweiundachtzig, ist unter ihnen einer der renommiertesten, auch lebt er in nächster Nähe von Coopers Wohnort Cooperstown – da ist schwer vorstellbar, daß der Dichter, bei seinen Recherchen im von Hartmanns Vaterstadt Edenkoben nur fünfundzwanzig Kilometer entfernten Dürkheim nicht auch Erkundigungen nach dem ihm namentlich bekannten Mitstreiter der Schlacht von Orisgany anstellt. Für seinen drei Jahrhunderte früher spielenden Roman »The Heidenmauer« (dessen deutschen Titel er übrigens auch fürs englischsprachige Original beibehält) kann er diesen Johann Adam Hartmann zwar *nicht* brauchen, *wohl* aber vielleicht für die noch ausständigen Schlußbände der »Lederstrumpf«-Serie, die den berühmten Waldläufer in vorgerückten Jahren zeigen.

Das alles mag zwar sehr spekulativ anmuten, aber den Edenkobener Heimatforschern reicht es aus, das Urbild des »Lederstrumpfs« für sich zu reklamieren – und sei es auch nur zu einem nicht näher quantifizierbaren »Prozentsatz«. Man kann über solche Ambitionen lächeln, man kann sie aber auch verstehen und gutheißen, und in jedem Fall wird man dem Eifer Respekt zu bezeugen haben, mit dem ein Städtchen von kaum achttausend Seelen sich in die Geschichte seiner Bewohnerschaft im allgemeinen und die seiner Aussiedler im besonderen hineinkniet – und sei es aus noch so eigennützigen Motiven. Im übrigen zieht aus den nun schon so lange anhaltenden pfälzischen »Lederstrumpf«-Aktivitäten auch der Literaturbetrieb Profit: James Fenimore Coopers einstige Weltbestseller, von den Kollegen Goethe und Stifter, Tolstoi, Gorki und Balzac ebenso gepriesen wie von dem einfachen Leser Franz Schubert noch am Sterbebett – einer Droge gleich – begehrt, sind heute von rasanteren, actionreicheren Abenteuerromanen in den Hintergrund gedrängt. Da kann ihnen ein Diskurs, wie er nun schon bald siebzig Jahre von dem kleinen Edenkoben aus Schlagzeilen macht, nur guttun.

Selbst ist der Mann

ALOIS THEODOR SONNLEITNER
Die Höhlenkinder

Wenn die *Kids* aus Wien und Niederösterreich anrücken, um im Nationalpark-Camp am Rande der Donauuferlandschaft Lobau *Outdoor-Learning* zu betreiben, haben sie hoffentlich ihre Handys, ihre Gameboys und ihre Walkmen daheimgelassen. Denn in diesen drei oder fünf Tagen – je nachdem, welches der vom Verein »Grüne Insel« offerierten Programme der Klassenlehrer für seine Schützlinge bucht – sollen diese von den Segnungen der Zivilisation so radikal wie möglich abgeschottet sein. Die Zelte, in denen sie kampieren, haben sie selbst errichtet, und auch beim gemeinsamen Feuermachen, beim Getreidemahlen und Brotbacken, beim Tümpeln im nahen Auwasser, beim Weben und Schmieden achten die Fachkräfte vom Institut für Frühgeschichte der Universität Wien, die das Projekt leiten, streng darauf, daß es bei dem *Event* wirklich »urig« zugeht und sich keinerlei Schwindel einschleicht. *Autarkie* lautet die Parole – da haben weder Cola-Dose noch Pommes-Tüte etwas verloren, weder Inlineskater noch Kickboard.

Brechen die Zehn- bis Zwölfjährigen, nachdem sie ihr Nachtlager in Ordnung gebracht und ihr Steinzeitfrühstuck eingenommen haben, zu ihrer morgendlichen Wanderung auf, um in der Wildnis der Au die Tiere zu beobachten, Bruthöhlen und Baumwurzeln zu inspizieren oder seltene Pflanzen kennenzulernen, gelangen sie in ein Areal, das manche von ihnen vielleicht aus einer Kinderbuchserie kennen, die allerdings eher vor der Mitte des vorigen Jahrhunderts en vogue gewesen ist: »Die Hegerkinder«. Drei Bände sind es, die ihr Autor, der 1869 in dem ostböhmischen Dorf Daschitz geborene und 1939 in Perchtoldsdorf vor Wien verstorbene Alois Theodor Sonnleitner, den Leseratten der Zwischenkriegszeit gewidmet hat: »Die Hegerkinder von Aspern«, »Die Hegerkinder in der Lobau« und »Die Hegerkinder im Gamsgebirg«. Und sind ihnen diese drei, die heute nur mehr in Büchereien mit reichlichem Altbestand oder in Antiquariaten kursieren, fremd, so entsinnen sie sich um so lebhafter jener drei weiteren, die den Verfasser weit über Österreich hinaus berühmt gemacht haben und die nach wie vor – innerhalb der Taschenbuchreihe »dtv junior Klassiker« – lieferbar sind: »Die Höhlenkinder im heimlichen Grund«, »Die Höhlenkinder im Pfahlbau« und »Die Höhlenkinder im Steinhaus«.

Es ist die ebenso spannende wie lehrreiche Geschichte von Peter und Eva, die in der Zeit nach dem Dreißigjährigen Krieg, beide verwaist und von ihrer bei einer Naturkatastrophe ums Leben gekommenen Pflegemutter in einer von der Außenwelt abgeschlossenen Dolomitenschlucht zurückgelassen, völlig auf sich gestellt sind und alles, was sie zum Überleben benötigen, sich selbst schaffen müssen: Wohnung und Kleidung, Jagdwaffe und Haushaltsgerät. Indem sie sich beim Erfinden und Nachbauen all der Utensilien an die Gebrauchsgegenstände aus ihrer früheren, noch geborgenen Kindheit erinnern, erleben sie also die Kulturgeschichte der Menschheit am eigenen Leibe nach – sozusagen in gigantischem Zeitraffertempo. Als die beiden Robinsons die Geschlechtsreife erreichen, werden sie ein Paar und zeugen einen Sohn, der das Werk der Eltern fortführt, und ihm, dem sie den Namen Hans geben, gelingt es eines Tages, den Weg zu den Menschen zurückzufinden:

Sie fehlten in keinem Kinderzimmer der Großelterngeneration: die Höhlenkinder-Bücher von Alois Theodor Sonnleitner

Aus dem Höhlenkind, das sich sogar seine eigene Buchstabenschrift erarbeitet hat, ist wieder ein Mitglied der Zivilisationsgesellschaft geworden.

Wer ist dieser Alois Theodor Sonnleitner, dessen Abenteuerromane, von unserer Großelterngeneration verschlungen, noch heute, über sechzig Jahre nach seinem Tod, zu den Longsellern der Kinderbuchliteratur zählen – Seite an Seite mit Autoren wie Mark Twain, Robert Louis Stevenson und Karl May?

Das Haus auf der Perchtoldsdorfer Sonnleiten,
die Jugendbuchautor Alois Theodor Tlučhőr
zu seinem Pseudonym inspirierte

Vereinzelte Hochbetagte aus der Wienerwaldgemeinde Perchtoldsdorf erinnern sich noch an die markante Erscheinung des bärtigen Greises mit dem zerbeulten Schlapphut auf dem Kopf und der Tabakspfeife im Mundwinkel: halb Tolstoi, halb Whitman. In der Walzengasse, die zur Perchtoldsdorfer Heide hinaufführt, steht nach wie vor sein Haus, und da dem malerischen Besitz auf der Sonnleiten (wie die Einheimischen dieses Fleckchen nennen) seine ganze Liebe gilt, nimmt Alois Theodor Tlučhoř, wie er von Geburt heißt, deren Namen an und nennt sich von Stund an Sonnleitner – ein Pseudonym, das in jeder Hinsicht vorzüglich zu ihm paßt: Der im Hauptberuf leidenschaftliche Pädagoge ist ein Autor vom auferbaulich-positiven Schlag, der den Leser bei allen Abgründen, die er die Figuren seiner Bücher durchmessen läßt, zu guter Letzt auf die *Sonnenseiten* des Daseins führen will.

Er selber wächst *nicht* auf der Sonnenseite auf: Sowohl der ererbte Bauernhof des Vaters wie das Wirtshaus, das die Mutter als Mitgift erhalten hat, gehen verloren. Alois ist fünf, als das Wanderleben der Familie einsetzt: Als Eisenbahner muß Vater Tlučhoř gezählte sieben Mal den Wohnort wechseln – zuerst im heimatlichen Böhmen, dann in Niederösterreich. Als Alois mit zehn in Melk aufs Gymnasium kommt, hat er sieben verschiedene Volksschulen besucht.

Die Schule bleibt auch weiterhin seine Lebensmitte: Apotheke und Tierpräparatorenwerkstatt sind nur Zwischenstationen, der junge Mann strebt ins Lehrfach. Erst mit fünfzig – da lebt er schon viele Jahre in Wien und ist nacheinander in einer Reihe von Bürgerschulen für die Naturkundefächer zuständig – holt er das akademische Studium nach und wird zum Dr. phil. promoviert. Alois Tlučhoř ist ein engagierter Pädagoge, der nicht stehenbleibt: Für eine Versuchsklasse erstellt er selber den Lehrplan; um Minderbegabten das Mitkommen zu erleichtern, regt er an, das Notensystem abzuschaffen; unter seiner Ägide entstehen die ersten Elternvereine; und sogar in punkto Sexualkunde leistet er Pionierarbeit: Der siebzig Jahre später an den österreichischen Schulen eingeführte (und heißumstrittene) »Sexkoffer« hat in Tlučhořs Aufklärungskampagnen einen frühen Vorläufer.

Mit dem *Schreiben* – auch hierin also ein Spätberufener – beginnt er erst mit fünfzig. Um so durchschlagender der Erfolg: Seine Bücher werden, was man heute Bestseller nennt, fehlen in keiner Familien-, Schul- oder Volksbücherei, und schon in einer der ersten Rezensionen wird die Vermutung laut: »So kann nur einer schreiben, der dies alles selbst erprobt hat.«

In der Tat: Genau so ist es. Sowohl die »Höhlenkinder«-Bücher, die der Autor in Südtirol spielen läßt, wie die Abenteuer der Hegerkinder, die sich im Raum Aspern/ Groß-Enzersdorf/Lobau tummeln, gehen auf Alois Tlučhořs Kindheitserlebnisse zurück – in seinem autobiographischen Rechenschaftsbericht »Aus meiner Werkstätte« wird er gegen Ende seines Lebens minuziös Auskunft geben über seine Methode, die Phantasiegestalten seiner Erzählungen mit Abenteuern zu verlebendigen, die nichts anderes sind als seine eigenen – im Alter zwischen vier und zwölf. Ja, nicht einmal die Schauplätze der Geschichten braucht er zu erfinden: Im Areal der Wildhüterkinder am südöstlichen Stadtrand von Wien kennt er jeden Strauch und Stein, seitdem er an der Bürgerschule von Stadlau als Lehrer wirkt.

Was den jungen Alois Tlučhoř von seinen Spielgefährten unterscheidet, ist, daß er – sei es bedingt durch die ärmlichen Lebensverhältnisse des Elternhauses, sei es kraft eigener Neigung – schon im frühen Kindesalter lernt, sich mit Bastelarbeiten nützlich zu machen und schwierige Situationen zu meistern. Da ist der Vierjährige, der einem älteren Buben im heimatlichen Daschitz die Fähigkeit abschaut, aus knetbarem Lehm haltbare Gefäße zu modellieren; da ist der Fünfjährige, der beim Sickerwasser der nahebei vorüberfließenden Elbe Sandmühlen und Flöße zimmert; da werden im Verein mit Sandor und Maruscha, den Sprößlingen des aus Ungarn stammenden Bahnhofsvorstehers, mit Hilfe von Bachbettvertiefungen und Staudämmen Badetümpel aus dem Boden gestampft; man errichtet ohne jede fremde Hilfe Blockhütten, und beim »Strickfräulein«

im Dorf übt man sich in den Künsten des Flechtens, Webens und Häkelns (und kassiert sogar, indem man nach den Vordrucken der Heimarbeiterinnen Hosenträger und Pantoffeln mit Stickereien versieht und die fertige »Ware« bei der Sammelstelle in Reichenberg abliefert, einen schönen Batzen Taschengeld). Julie, die achtjährige Tochter des Dorfkrämers, versorgt Alois mit den schönsten »Manderlbögen«, aus denen sich, wenn man die Figuren ausschneidet, durch Abpausen vervielfältigt, bunt bemalt, mittels selbstgekochten Kleisters auf Pappkarton aufklebt, an Holzklötzchen befestigt und mit Moospolstern, Trockenblumen und Steinen garniert, Fensterbilder anfertigen lassen, die den Abnehmern zu deren Entzücken alpine Szenerien vorgaukeln.

Nach und nach lernt der ebenso ehrgeizige wie geschickte Eisenbahnerbub auch mit Metall und Holz umzugehen: Da wird gegossen und geschmiedet, daß es eine Freude ist; da wird gezimmert und getischlert; aus Löwenzahn und Maßliebchen, aus Haselnüssen und Bucheckern, aus Wildäpfeln und Schwammerln und aus der Milch der Hirschkuh bereiten er und seine Kameraden ihre eigenen Mahlzeiten; wenn der Winter ins Land zieht, sammelt man dürre Äste und Reben, um Rodelschlitten zu bauen; und als Alois mit zwölf in der Donauufergemeinde Pöchlarn, wo der Vater gerade seinen Dienst als Kondukteur angetreten hat, auf einem Lagerplatz für unbrauchbar gewordenes Bauholz einen Haufen ausrangierter Bahnschwellen entdeckt, versucht er sich auch im Umgang mit Säge, Keil und Beil und fertigt sein Meisterstück an: Ein Mittelding zwischen Waschtrog und Kahn, von dem aus man bei Hochwasser die Bergungsarbeiten in Angriff nehmen kann.

Sogar der Keim für spätere *schriftstellerische* Bewährung

wird hier gelegt: Es ist Kirtag, Alois bekommt zwei Kreuzer in die Hand gedrückt, er soll sich aussuchen, was sein Herz begehrt. Und was begehrt sein Herz? Originalton Tlučhoř: »Was sollte ich mir kaufen? Zuckerln wären nur eine kurze Freude gewesen. In der Qual der Wahl ging ich von einem Standel zum andern. Da fiel mein Blick auf ein dünnes Heftchen aus geschöpftem Papier, auf dessen Titelblatt ein Bildchen war: ein bärtiger Mann in Fellkleidung und mit Blätterschirm, daneben ein ziegenähnliches Tier ohne Hörner, darüber die Krone eines Palmenbaumes wie im Heiligen Land (das ich aus den Bibelbildern kannte), und über alledem war in alten Schwabacher Lettern ein geheimnisvolles Wort gedruckt: »Robinson«. Es war eine gar lange Geschichte: acht Seiten hatte das Heftchen, es kostete mich mein ganzes Geld.«

Aber das Geld ist, wie sich sehr bald erweisen wird, gut angelegt: Alois, von den Überlebenskünsten des »einsamen Mannes auf seiner fernen Insel« tief beeindruckt, geht daran, sich seine eigene Robinsonade auszudenken. »Aber nicht draußen inmitten des Weltmeeres siedelte ich mich in meinen Märchenträumen an, sondern in unserem Waldgebirg, wo der Rübezahl hauste, und so entstand, als ich ein sechsjähriger Junge war, der Grundplan meiner ›Höhlenkinder‹, auch wenn ich sie erst über vierzig Jahre später niederschrieb ...«

Als der Schullehrer Alois Tlučhoř nach Ende des Ersten Weltkrieges beginnt, seine ersten Erzählungen aufzuzeichnen, braucht er sich also nur seine eigenen Kindheitserlebnisse ins Gedächtnis zurückzurufen. Als Stimulantien dienen ihm dabei die in all den Jahren gesammelten Fundstücke aus der Natur – er nennt sie »die befreundeten

Dinge«. Mineralien und Versteinerungen, Tier- und Pflanzenpräparate, bizarre Wurzelknollen, Nester von Erdbienen und Glasschlacken aus alten Kalköfen, aber auch selbstfabrizierte Steinwerkzeuge sowie Teile seiner Schädelsammlung – sie alle breitet er auf einem Spezialaufsatz seines Schreibtisches aus, und sobald er eines der Objekte für eine gerade im Entstehen begriffene Episode »braucht«, heftet er den Blick auf das betreffende »Exponat« und bringt sich auf diese Weise in Stimmung. Geht es um bestimmte Personen, die ihm für seine Figuren Modell stehen, greift er, soweit vorhanden, auf Porträts aus seinem Photoalbum zurück: Die Suggestivkraft des Konterfeis beschleunigt den Fabulierfluß.

Bei seinen Wien-Büchern, also vor allem der Hegerkin-

»Alles selbst erprobt«: Alois Theodor Tlučhoř alias Sonnleitner, der Autor der Höhlenkinder-Bücher

der-Serie, tut Tlučhoř noch ein übriges, um in der Schilderung von Land und Leuten äußerste Detailgenauigkeit zu erzielen: Er holt den Rat von Fachleuten ein, befragt den einen oder anderen aus dem Lehrerkollegium, plündert die Archive der örtlichen Heimatforscher, geht selber mit den Wildhütern und Forstleuten aus der Lobau auf die Pirsch. In einem eigenen Nachwort seiner Bücher nennt er seine Helfer beim Namen und stattet ihnen den gebührenden Dank ab.

Dies alles mag den heutigen Leser wunderlich anmuten: Alois Tlučhoř hält unbeirrt an seiner Methode fest. Und zu dieser Methode gehört es auch, den Illustrator seiner Bücher dazu anzuhalten, nicht einfach mit dem Zeichenstift draufloszuphantasieren: Die in den Text eingestreuten Skizzen sollen vor allem die geschilderten Naturfunde, Utensilien und Geräte korrekt wiedergeben, gleichen also weniger Romanszenen als Lexikonbildern. Dem jugendlichen Leser, den es reizt, den Hegerkindern nachzueifern und auf deren Spuren die ihn umgebende Natur zu erkunden, ist damit ein anschauliches Hilfsmittel an die Hand gegeben, Adlerknochen und Hirschgeweih, Zirbelzapfen und Wurzelballen, Tropfstein und Termitenbau um so leichter wiederzuerkennen.

Tlučhoř ist und bleibt in erster Linie Lehrer – auch wenn er am Schreibtisch sitzt, seine Phantasie schweifen läßt und daraus seine Erzählungen formt. Um den einen vom anderen, den Schriftsteller vom Pädagogen abzuheben, leistet er sich nur eine einzige Extravaganz: Er wählt für seinen Zweitberuf einen »nom de plume« und vertauscht seinen (außerdem auch schwer auszusprechenden) böhmischen Familiennamen gegen das ebenso wohlklingende wie beziehungsvolle Pseudonym *Sonnleitner*.

Alois Sonnleitner ist als *Person* heute vergessen, doch seine *Bücher* (zumindest die der Höhlenkinder-Serie) haben überdauert, und vielleicht haben sie sogar, seitdem Umweltschutz, Ökologie und Überlebenstaktik im schulischen wie im außerschulischen Bereich boomen, eine neue Chance. Ist nicht er auch unter den ersten Autoren, die (gemeint ist sein 1927 erschienenes Buch »Der Zwerg am Steuer«) einen schwerbehinderten Jugendlichen in den Mittelpunkt einer Romanhandlung stellen? Hans Heinz Hahnl, der in seiner 1990 in Wien veröffentlichten Monographie über verschollene österreichische Literaten (»Hofräte, Revoluzzer, Hungerleider«) auch Sonnleitner, zu dessen begeisterten Lesern er als junger Mensch gezählt hat, ein sehr berührendes Kapitel widmet, übt mit Recht Kritik an der Engstirnigkeit der etablierten Literaturwissenschaft, die glaubt, es sich leisten zu können, eine Sparte wie diese gänzlich unter den Tisch fallen zu lassen. »Kein Erwachsener«, so sagt der heute Achtundsiebzigjährige aus eigener Erfahrung, »nimmt so intensiv auf wie ein Zehn- oder Vierzehnjähriger.« Dem ist nichts hinzuzufügen.

Bildnachweis

DIZ München/SV Bilderdienst: S. 115, 117, 129, 241

Bildarchiv der Österreichischen Nationalbibliothek: S. 337

C. Shih, Wien: S. 103, 105

Die weiteren Abbildungen stammen aus dem Archiv des Autors bzw. des Insel Verlags.

In einzelnen Fällen konnte der Verlag die Inhaber der reproduzierten Bilder nicht ausfindig machen. Wir bitten daher, dem Verlag bestehende Ansprüche zu melden.

Umschlagabbildungen: Sean Connery in »James Bond jagt Dr. No«, 1962, Foto: Cinetext. Isabelle Huppert in »Madame Bovary«, 1991, Foto: Cinetext. Geisha, Foto: Joshua Ets-Hokin, Getty images.

Zu dieser Ausgabe

insel taschenbuch 2938: Dietmar Grieser, Sie haben wirklich gelebt. Literarische Figuren und ihre Vorbilder.

Der Text folgt in leicht veränderter Form der in 2., durchgesehener Auflage 2001 im Amalthea Verlag erschienenen gebundenen Ausgabe.

Biographien · Leben und Werk
im insel taschenbuch
Eine Auswahl

Jane Austen. Leben und Werk in Texten und Bildern. Von Angelika Beck. it 1620. 214 Seiten

Lou Andreas-Salomé. Eine Biographie. Von Cordula Koepcke. it 905. 474 Seiten

Elizabeth von Arnim. Eine Biographie. Von Kirsten Jüngling und Brigitte Roßbeck. Mit zahlreichen Fotografien. it 1840. 426 Seiten

Johann Sebastian Bach. Eine Biographie. Von Charles Sanford Terry. Mit einem Nachwort von Klaus Peter Richter. it 2588. 304 Seiten

Bertolt Brecht. Sein Leben und Werk in Bildern und Texten. Mit einem Vorwort von Max Frisch. Herausgegeben von Werner Hecht. Gestaltet von Willy Fleckhaus. it 1122. 351 Seiten

Die Brentanos. Eine deutsche Familiengeschichte.Von Klaus Günzel. Mit zahlreichen Abbildungen. it 1929. 330 Seiten

Die Schwestern Brontë. Leben und Werk in Texten und Bildern. Herausgegeben von Elsemarie Maletzke und Christel Schütz. it 814. 230 Seiten

Caffarelli. Das Leben des Kastraten Gaetano Majorano, genannt Caffarelli. Von Hubert Ortkemper. Mit Abbildungen. it 2599. 272 Seiten

Dostojewski. Leben und Werk. Von Wolfgang Kasack. Mit Abbildungen. it 2267. 160 Seiten

Elisabeth von Österreich. Tagebuchblätter von Constantin Christomanos. Herausgegeben von Verena von der Heyden-Rynsch. Mit zeitgenössischen Abbildungen. it 1536. 213 Seiten

Elisabeth von Thüringen. Von Reinhold Schneider. Mit einem Geleitwort von Bernhard Vogel. Mit Bildern von Moritz Schwind. it 2118. 136 Seiten

Dietrich Fischer-Dieskau. Eine Biographie. Von Hans A. Neunzig. it 1984. 384 Seiten

Theodor Fontane. Leben und Werk in Texten und Bildern. Herausgegeben von Otto Drude. it 1660. 296 Seiten

Frauen um Goethe:

Christiane und Goethe. Eine Recherche. Von Sigrid Damm. Mit 10 Abbildungen. it 2800. 544 Seiten

Cornelia Goethe. Von Sigrid Damm. it 1452. 260 Seiten

Goethes Mutter. Eine Biographie von Dagmar von Gersdorff. it 2925. 464 Seiten

Ottilie von Goethe. Eine Biographie von Ruth Rahmeyer. it 2875. 400 Seiten

Werthers Lotte. Goethes Liebe für einen Sommer. Die Biographie der Charlotte Kestner. Von Ruth Rahmeyer. it 2272. 270 Seiten

NF 38/2/2.02

Georg Friedrich Händel. Von Christopher Hogwood. Übersetzt von Bettina Obrecht. it 2655. 500 Seiten

Heinrich Heine. Leben und Werk in Daten und Bildern. Herausgegeben von Joseph A. Kruse. it 615. 352 Seiten

Hermann Hesse. Sein Leben in Bildern und Texten. Herausgegeben von Volker Michels. Mit einem Vorwort von Hans Mayer. Gestaltet von Willy Fleckhaus. it 1111. 365 Seiten

Hermann Hesse. Werk und Wirkungsgeschichte. Von Siegfried Unseld. Mit zahlreichen Abbildungen. it 1112. 414 Seiten

Hermann Hesse. Leben und Werk im Bild. Herausgegeben von Volker Michels. Mit dem ›kurzgefaßten Lebenslauf‹ von Hermann Hesse. it 36. 235 Seiten

Marie Hesse. Ein Lebensbild in Briefen und Tagebüchern.Von Adele Gundert. Mit einem Essay von Siegfried Greiner. Mit frühen Lithographien von Gunter Böhmer. it 261. 261 Seiten

Hölderlin. Chronik seines Lebens. Von Adolf Beck. Mit zahlreichen Abbildungen. it 2873. 270 Seiten

Friedrich Hölderlin. Eine Biographie. Von Pierre Bertaux. it 2652. 730 Seiten

Hölderlin und Diotima. Eine Biographie. Von Beatrix Langner. it 2716. 228 Seiten

E. T. A. Hoffmann oder Die Tiefe zwischen Stern und Erde. Von Eckart Kleßmann. Mit zahlreichen Abbildungen. it 1732. 592 Seiten

NF 38/3/2.02

Marie Luise Kaschnitz. Eine Biographie. Von Dagmar von Gersdorff. Mit Abbildungen. it 1887. 364 Seiten

Katharina die Große. Memoiren. Übersetzt von Erich Boehme. Mit einer Einleitung und einem Nachwort von Hedwig Fleischhacker. it 1858. 467 Seiten

Harry Graf Kessler. Eine Biographie. Von Peter Grupp. it 2533. 400 Seiten

Lawrence von Arabien. Leben und Werk. Von Werner Koch. Mit einem Bildteil und Lebensdaten von Michael Schroeder. it 1704. 190 Seiten

Vögel, die verkünden Land. Das Leben des Jakob Michael Reinhold Lenz. Von Sigrid Damm. it 1399. 425 Seiten

Das Ende König Ludwigs II. Von Philipp Fürst zu Eulenburg-Hertefeld. Herausgegeben von Klaus von See. it 2734. 192 Seiten

Die Familie Mendelssohn. 1729-1847. Nach Briefen und Tagebüchern herausgegeben von Sebastian Hensel. Mit einem Nachwort von Konrad Feilchenfeldt. Mit zeitgenössischen Abbildungen. it 1671. 936 Seiten

Yehudi Menuhin. Von Tony Palmer. Übersetzt von Cornelia C. Walter. Mit zahlreichen Abbildungen. it 1989. 266 Seiten

Das Leben Michelangelos. Von Herman Grimm. it 1758. 865 Seiten

NF 38/4/2.02

Claude Monet. Von Georges Clemenceau. Betrachtungen und Erinnerungen eines Freundes. Aus dem Französischen von Hannah Szàsz. Mit farbigen Abbildungen und einem Nachwort von Gottfried Boehm. it 1152. 140 Seiten

Leopold Mozart. Eine Biographie. Von Erich Valentin. it 2224. 223 Seiten

Mozart. Leben und Werk in Texten und Bildern. Von Gernot Gruber. it 1695. 286 Seiten

Gabriele Münter und Wassily Kandinsky. Von Gisela Kleine. Mit zahlreichen Abbildungen. it 1611. Überarbeitete Neuauflage. 814 Seiten

Franziska Nietzsche. Von Klaus Goch. Mit zahlreichen Abbildungen. it 1623. 392 Seiten

Friedrich Nietzsche. Leben · Schriften · Zeugnisse. Von Ralph-Rainer Wuthenow. Mit zahlreichen Abbildungen. it 2601. 175 Seiten

Nijinsky. Der Gott des Tanzes. Von Romola Nijinsky. Mit einem Vorwort von Paul Claudel. Übersetzt von Hans Bütow. Mit zahlreichen Fotografien. it 566. 399 Seiten

Novalis. Dokumente seines Lebens und Sterbens. Herausgegeben von Hermann Hesse und Karl Isenberg. it 178. 220 Seiten

Edith Piaf. Ihr Leben in Texten und Bildern. Von Monique Lange. Übersetzt von Hugo Beyer. Mit einer Discographie. it 516. 227 Seiten

NF 38/5/2.02

Marcel Proust. Leben und Werk in Texten und Bildern. Von Renate Wiggershaus. it 1348. 350 Seiten

George Sand. Leben und Werk in Texten und Bildern. Herausgegeben von Gisela Schlientz. it 565. 407 Seiten

Mary Shelley. Eine Biographie. Von Muriel Spark. Übersetzt von Angelika Beck. it 1258. 368 Seiten

Schillers Sohn Ernst. Ein Psychogramm in Briefen. Herausgegeben und mit einem Nachwort versehen von Hilde Lermann. it 2788. 304 Seiten

Clara und Robert Schumann. Eine Biographie. Von Wolfgang Held. it 2715. 272 Seiten

Peter Tschaikowsky. Eine Biographie. Von Edward Garden. Übersetzt von Konrad Küster. it 2232. 302 Seiten

Iwan S. Turgenjew. Eine Biographie. Von Juan Eduardo Zúñiga. Übersetzt von Peter Schwaar. Mit zahlreichen Abbildungen. it 2744. 288 Seiten

Giuseppe Verdi. Eine Biographie. Von Christoph Schwandt. Mit zahlreichen Abbildungen. it 2696. 304 Seiten

Antonio Vivaldi. Eine Biographie. Von Michael Talbot. Übersetzt von Konrad Küster. it 2217. 378 Seiten

Das Leben des Voltaire. Von Jean Orieux. Übersetzt von Julia Kirchner. it 1651. 1024 Seiten

Wilhelmine von Bayreuth. Eine preußische Königstochter. Neu herausgegeben von Ingeborg Weber-Kellermann. Mit Illustrationen und sieben Porträts. it 1280. 562 Seiten

NF 38/6/2.02

Stefan Zweig. Leben und Werk im Bild. Herausgegeben von Donald A. Prater und Volker Michels. it 532. 362 Seiten

Im Aufbruch. Biographien deutscher Jüdinnen. Von Marianne Goch. it 2541. 287 Seiten

Luise F. Pusch (Hg.)
- Mütter berühmter Männer. Zwölf biographische Portraits. Herausgegeben von Luise F. Pusch. it 1356. 490 Seiten
- Schwestern berühmter Männer. Zwölf biographische Porträts. Herausgegeben von Luise F. Pusch. Redaktionelle Mitarbeit: Jutta Wasels. it 796. 561 Seiten
- Töchter berühmter Männer. Neun biographische Portraits. it 979. 468 Seiten

Fünf Dichter – ein Jahrhundert. Frank Schirrmacher über George, Hofmannsthal, Rilke, Trakl und Benn. it 2549. 190 Seiten

Berühmte Liebespaare. Von Johann Wolfgang Goethe und Christiane Vulpius bis Simone Signoret und Yves Montand. Herausgegeben von Thomas Schröder. Farbig illustriert von Hans Hillmann. it 2532. 304 Seiten

Frauen mit Flügel. Lebensberichte berühmter Pianistinnen. Von Clara Schumann bis Clara Haskil. Herausgegeben von Monica Steegmann und Eva Rieger. it 1714. 402 Seiten

Die großen Komponistinnen. Von Hildegard von Bingen bis Germaine Tailleferre. Mit zahlreichen Abbildungen. it 2116. 435 Seiten

NF 38/7/2.02

Dietmar Grieser
im Insel Verlag

Alle Wege führen nach Wien. Abenteuer eines Literaturtouristen. it 2543. 255 Seiten

Große historische Straßen. Von der Via Appia bis zur Avus. Eine kunsthistorische Spurensuche. Mit zahlreichen Fotografien. it 1974. 130 Seiten

Im Rosengarten. Eine literarische Spurensuche in Südtirol. Mit zahlreichen Abbildungen. it 2509. 245 Seiten

Mit den Brüdern Grimm durch Hessen. Ein literarischer Lokalaugenschein zum 200. Geburtstag von Jacob, Wilhelm und Ludwig Emil Grimm. Mit zahlreichen Abbildungen. Hessen-Bibliothek. 177 Seiten. Gebunden

Nachsommertraum im Salzkammergut. Eine literarische Spurensuche. Mit zahlreichen Abbildungen. it 1848. 262 Seiten

Pinocchio, Pumuckl und Peter Pan. Kinderbuchfiguren und ihre Vorbilder. Mit zahlreichen Abbildungen. it 2928. 244 Seiten

Schauplätze der Literatur. Vom Zauberberg zur Strudlhofstiege. Mit zahlreichen Abbildungen. it 1822. 302 Seiten

NF 79/1/4.03

Dietmar Grieser

Pinocchio, Pumuckl und Peter Pan

Kinderbuchfiguren und ihre Vorbilder
insel taschenbuch 2928
244 Seiten

Woher kommen die Helden unserer geliebten Kinderbücher? Kaum einer der populären Kinderbuchcharaktere ist reine Fiktion, fast alle haben ein Vorbild in der außerliterarischen Wirklichkeit. Dietmar Grieser, der bewährte literarische Spurensucher, hat Erstaunliches zutage gefördert: vom »echten« Mädchen Heidi, das Maiali geheißen hat, bis zum wirklichen Paulinchen, das nicht in den Flammen seiner Zündhölzer, sondern an Lungenschwindsucht gestorben ist. In der Nähe New Yorks hat er jenes Versteck ausfindig gemacht, in dem der Kleine Prinz das Licht der Welt erblickt hat, und im Staate Nebraska die Ortschaft Winnetoon, der Karl Mays Held seinen Namen verdankt. Pinocchio ist er in die Toskana nachgereist, und das Zwieselchen hat er sogar noch lebend angetroffen. Ein Buch für alle, die gern einen Blick hinter die Kulissen werfen.

NF 80/1/4.03